Social welfare With The Disabled

장애인복지론

제6판

정일교 · 김만호 공저

양성원

제6판 머리말

그간 우리나라의 장애인복지제도는 장애인의 권리를 보장하기 위하여 꾸준히 발전되어 왔으며, 제1차 장애인복지발전 5개년 계획(1998~2002) 중에는 장애인의 완전한 사회참여와 평등 보장을 이루기 위해 '장애인인권헌장'이 선포되고, 「장애인복지법」이 전면 개정되었다. 특히 2022년은 '제5차 장애인복지정책발전 5개년 계획(2018~2022)'이 마무리되는 해로 "장애인의 자립생활이 이루어지는 포용사회"를 비전으로 복지 · 건강, 교육 · 문화 · 체육, 경제적 자립기반, 권익 및 안전 증진, 사회참여 등의 5대 분야의 계획이 추진되고 있다.

이러한 제5차 장애인복지정책발전 5개년 계획의 내용이 실질적으로 실천되어 장애인의 삶의 질을 향상시키기 위해서는 '장애인권리협약'의 내용이 적극적으로 실현되는 것이 필요하다. 장애인권리협약은 장애가 있는 사람의 존엄과 권리를 보장하기 위해 21세기의 첫 국제인권법에 근거한 인권협약으로써 2006년 12월 13일에 제61회 UN총회에서 채택되었으며, 우리나라는 2008년 12월에 국회에서 비준되어 2009년 1월 10일에 발효되었다. 장애인권리협약은 4년마다 '유엔장애인권리위원회'에 협약이행에 대해 보고할 의무가 있다.

인권 원칙에 따른 인권모델은 인간의 고유한 존엄성에 초점을 둔다. 장애는 모든 형태로 존중되고 각각의 장애유형과 정도에 따른 장애의 정체성(identity)이 인정되어야 한다고 강조한다. 또한 국가는 모든 사람의 존엄성과 평등에 대한 완전한 존중을 보장하기 위해 사회적으로 만들어진 장애를 해결해야 할 책임이 있다고 강조한다. 인권모델은 각각 공공영역에서 장애인의 권리를 실현하기 위해 국가가 취해야 할 조치를 설명하여야 한다. 우리나라는 제3차 보고서를 2019년 3월 8일에 제출하였다.

그럼에도 불구하고 장애인권리협약에서 규정하고 있는 장애인권리보장은 아직 갈 길이 멀다. 장애인권리보장을 실현하기 위하여 가능한 한 국가에서 추진되고 있는 장애인복지정책 5개년 계획, 장애인권리협약 이행 국가보고서 등에 그 내용이 반영되고 실현될 수 있도록 장애인당사자의 참여는 물론 우리 사회 구성원 모두 함께하는 연대가 필요하다. 장애인 권리보장은 장애인의 삶의 질 향상뿐만 아니라 우리 모두의 삶의 질 향상을 가져올 것이다. 장애인이 행복한 세상은 우리 모두가 행복한 세상이기 때문이다.

이번 6판 개정판에서는 장애인복지 실천모델 중 인권 원칙을 중심으로 장애인권리협약의 실질적 실천을 강조하는 인권모델을 추가하였으며, 최근의 장애인 통계와 장애인 실태, 현황을 중심으로 변화된 내용을 수정하였다. 그리고 장애인복지 전달체계와 재정의 내용을 보다 쉽게 보완하였으며, 외국의 장애인복지제도의 내용을 수정 보완하였다.

구체적으로 수정한 것은 다음과 같다. 제4장에서는 장애인실천모델 중 인권모델을 추가하였다. 제5장에서는 2020년에 실시한 장애인실태조사와 2020년 장애인통계를 중심으로 장애인 실태를 수정하였으며, 제6장에서는 장애인복지전달체계를 보다 이해하기 쉽게 수정하였으며, 제7장에서는 장애인복지재정을 보다 실질적 내용으로 수정하였다. 제9장에서는 장애인복지제도와 실천적 서비스를 최근의 제도를 반영하여 수정하였다. 그리고 제11장에서는 외국의 장애인복지를 최근에 변경된 내용을 중심으로 수정하였다.

제5판 개정판에 비하여 비교적 많은 부분을 개정하였음에도 불구하고 아직도 충분하지 못한 부분은 이후 지속적으로 보완할 것을 약속드리며, 장애인복지를 이해하려는 학생, 장애인복지 실천현장 및 사회복지 관련 종사자와 전문인력 등에게 장애인복지를 이해하는 데 유용한 교재가 될 수 있기 바란다.

부족한 원고에도 불구하고 꾸준히 본 교재를 이용하여 주신 대학관계자, 사회복지, 장애인복지 관련자에게 감사를 드린다. 또한 제6판 개정을 위해 적극적 지원을 해 주신 양성원 강철원 대표와 편집부에 감사를 드린다.

2022년 2월

정일교 · 김만호 올림

제5판 머리말

2019년은 장애인 권리보장의 새로운 장이 펼쳐지는 해라고 할 수 있다. 2019년 7월 1일부터 장애등급의 폐지를 단계적으로 시행하기 때문이다. 장애등급이 기존의 6등급에서 2등급으로, 즉 장애 정도가 심한 정도와 심하지 않은 정도로 구분되는 것이다. 이는 장애를 의학적 기준에 의해 판단하는 것이 아니라 개인의 욕구와 환경적 조건을 기준으로 판단하는 것이며, 장애인에게 필요한 서비스를 개인적 욕구에 적합한 수준에서 제공해야 한다는 장애인의 정당한 요구가 수용되는 의미를 가지고 있다. 물론 장애 등급의 단계적 폐지가 장애인의 문제들이 모두 해결된다는 것을 의미하는 것은 아니다.

분명한 것은 지금까지 장애인의 권리가 종종 무시당하거나 거부되어 왔다는 점이다. 일상생활 영위에 필수적인 의 · 식 · 주의 보장은 여전히 불충분한 상황이다. 장애인활동지원제도 등이 시행되고 있지만 일상생활동작이나 수단적 일상생활동작에 필요한 지원은 여전히 적잖은 한계를 가지고 있다. 무장애 환경의 개념이 등장하지만 대중교통을 비롯한 장애인의 이동권 확보는 아직 해결하지 못한 난제이다.

이러한 제도와 환경으로 볼 때, 국제사회에서 통용되는 장애 개념이 신체적 구조와 기능의 손상이 아니라 환경요인에 의한 것임을 오래 전에 밝히고 있음에도 불구하고 우리나라에서 장애는 여전히 불행한 개인의 문제로 치부되고 있을 뿐이다. 따라서 장애에 대한 차별과 불평등의 원인이 만들어진 그 원인과 구조를 이해하고, 사회의 구성원인 우리 자신들도 장애인을 차별하는 사회를 만드는 데 기여하여 왔음을 인지하고, 보다 장애인에게 평등한 사회를 만들기 위한 행동의 주체자로서 환경변화에 적극적으로 참여하는 것이 필요하다.

다행스러운 것은 그동안 법과 제도의 지원에서 배제되어 온 발달장애인에 대한 국가적 관심이 증가하고, 제도가 확대되고 있다는 점이다. 발달장애인 당사자와 그 가족의 정당한 권리 확보를 위한 국가적 지원으로 권리가 확충될 것으로 판단한다.

제5차 장애인정책종합계획에서 장애인의 권리, 건강, 교육, 문화, 사회참여, 그리고 경제적 자립 등을 강조하고 있다. 너무나 당연한 장애인의 요구를 오랫동안 무시하여 왔음을 알 수 있다. 하지만 이러한 과업을 선언하는 것보다 중요한 것은 과업을 지속적으로 실천하는 것이며, 장애인이 비장애인과 더불어 살아가는 보편적 생활이 이루어질 수 있도록 무차별적이고 통합된 시민의식이 필요하다. 장애인과 비장애인이 하나의 시민으로 통합될 수 있도록 강력한 차별금지법이 시행되는 것도 고려할 수 있다.

이번 5판 개정판에서는 부족하지만 변화하는 장애인의 권리와 장애인복지제도, 그리고 장애인복지발전계획 등을 중심으로 내용을 수정하였다. 구체적으로 수정한 것은 다음과 같다. 제1장에서는 ICF의 내용을 알기 쉽게 정리하였으며, 제3장에서는 한국의 장애인복지발전 5개년 계획을 상세하게 추가하였다. 제5장에서는 2017년에 실시한 장애인실태조사를 기반으로 장애인실태를 수정하였으며, 제8장에서는 단계별 등급제 폐지를 반영하여 장애인복지대상을 수정하였다. 제9장에서는 장애인복지제도와 실천적 서비스를 최근의 제도를 반영하여 수정하였다. 그리고 제12장에서는 장애인복지의 과제를 장애인복지정책발전 5개년 계획을 중심으로 수정하였다.

이와 같은 개정에도 불구하고 저자들의 역량부족과 시간적 한계로 인하여 수정하지 못한 부분이 적지 않다. 우선적으로 급한 부분을 수정하였음을 해량하여 주시기를 당부드리고자 한다. 미처 수정하지 못한 부분은 빠른 시간 내에 추가적으로 수정할 것을 약속드린다. 그동안 졸저임에도 불구하고 꾸준히 본 교재를 이용하여 주신 선후배의 충고와 고언을 감히 청하고자 한다.

부족한 원고에도 불구하고 바쁜 일정 중에 제5판 개정을 흔쾌히 수락하신 강철원 대표께도 감사를 드린다. 또한 저자들의 부족한 역량을 최고의 수준으로 편집하여 준 편집부에도 감사의 말씀을 드린다. 물심양면으로 지도와 격려를 아끼지 않으신 분들께도 무한한 감사와 존경을 표한다.

2019년 8월

정일교 · 김만호 올림

제4판 머리말

장애인이 지역사회에서 정당한 권리를 가지고 비장애인과 더불어 사는 것은 지극히 당연한 일이다. 장애인이 비장애인과 더불어 살기 위해서는 장애인의 일상생활을 지원하는 편의시설, 장애 관련 정책과 제도가 필수적으로 동반되어야 한다. 장애인 편의시설은 장애인이 비장애인과 더불어 살아가는 데 필요한 사회적 간접자본이며, 정책과 제도는 사회적 간접자본을 조성하는 데 필요한 환경적 조건이다. 이와 같은 사회적 환경이 갖추어지면 장애인은 비장애인과 아무런 차별 없이 사회적 활동에 참여할 수 있다. 그리되면 장애 정도를 구분하는 장애 등급 판정은 아무런 의미가 없다.

하지만 장애인의 사회참여를 보장하는 사회적 환경은 장애인 당사자의 노력만으로 조성되기는 어렵다. 장애인의 권리는 비장애인과 평등하게 살아갈 수 있도록 어떠한 차별도 용인하지 않을 때 보장된다. 이러한 이유로 장애인의 주체성과 주체적 역량은 장애인복지의 기본 개념이다. 장애인은 서비스의 대상이 아니라 일상생활의 주체이며, 사회참여의 당사자이기 때문이다. 현실적으로 우리 사회에서 배리어 프리(Barrier Free)는 구호에 지나지 않는 상황이다. 장애등급판정도 전문가에 의한 객관적 기준을 적용하고 있지만 그 역시도 주관적 판단이라는 한계를 가지고 있다는 것을 인식하여야 한다. 장애등급에 의한 장애인 복지서비스의 차등적 제공은 장애 정도로 장애인을 또 다시 구분하는 차별이다.

장애인의 권리를 보장하기 위한 제도적 변화는 꾸준히 이루어지고 있으며, 장애인복지의 내용은 더욱 구체화되고 있다. 중한 장애인 활동지원사업, 장애아동바우처, 발달장애인 후견인제도 등이 잔여적 복지라는 한계를 가지고 있지만 시행되고 있다는 사실에 의미를 둘 수 있다. 여기에 더 보태어야 할 것은 영역의 확대이다. 장애인의 일상생활에 관련되는 모든 영역이 장애인복지의 범주가 되어야 한다. 물론 전통적 사회적 위험에 대비하기 위한 소득, 교육, 의료와 같은 영역이 기본적으로 모든 장애인에게 보장되고, 노동・레저・문화와 같은 영역이 장애인의 욕구에 따라 제공되어야 한다. 장애인의 현실을 기준으로 보면 사회복지제도의 보편성 논쟁은 식상하지만 또 절박한 현실이다.

본 교재가 초판이 발간된 이래로 네 번째 개정을 맞고 있다. 그동안 장애인복지의 수준도 변화되었다. 장애인의 권리를 보장하기 위한 장애인복지 정책과 제도가 확대되고 있으므로, 이를 분명하게 인지할 수 있도록 정확한 정보를 제공하는 것은 매우 중요하다. 전체적으로 독자들의 이해를 높이기 위하여 교재의 구성에 변화를 주었으며, 새로이 추가되는 내용(후견인제도)을 보충하였고, 바뀐 제도를 교체하였다. 변화되는 장애인복지 정책과 제도를 최대한 반영하려고 노력하였지만 적잖은 아쉬움이 남아 있다. 넓은 마음으로 혜량하여 주시기를 당부 드린다.

졸저에 깊은 관심을 가지고 기꺼이 제4판을 출판하여 주신 양성원 강철원 대표님과 직원 여러분께 감사를 드리며, 저자들의 게으름을 깊은 인내심으로 기다려 주신 편집부 직원 여러분께 특별히 감사를 드린다. 또한 물심양면으로 지도와 격려를 아끼지 않으신 분들께 감사를 드린다.

2016년 1월

정일교・김만호

제3판 머리말

장애인의 권리를 보장하기 위한 장애인복지제도는 빠르게 변화되고 있으나 장애인과 그 가족의 욕구를 충족하기에는 아직도 많이 부족하다. 장애인의 욕구가 제대로 충족되지 않고 있는 현실은 장애인이 차별을 받고 있는 현실과 다르지 않다. 장애 욕구의 불충족은 생존과 생명의 위협이며, 인간으로서 당연히 누려야 할 권리의 침해이기 때문이다.

이러한 이유로 한국 사회에서 장애를 가지고 살아간다는 것은 매우 힘들고 어렵다. 장애를 가진 당사자와 그 가족에게는 일상생활의 영위가 고통의 연속이라 할 수 있다. 2007년 4월 10일 「장애인차별금지 및 권리구제 등에 관한 법률」이 제정되었지만 한국 사회에서 여전히 장애에 대한 차별이 일상적으로 일어나고 있다. 이는 장애인차별을 법으로 금지하고는 있지만 여전히 형식적이고 선언적 의미임을 보여 주는 것이다.

장애는 일상생활의 불편함을 초래하는 경우를 의미하는데, 역으로 일상생활을 영위하는 데 장애물이 없다면 장애의 개념이 성립되지 않는다는 가정이 가능하다. 모든 국민들의 편리함을 추구하기 위하여 설치한 물리적·공간적 시설이 어떤 사람들에게는 불편함을 초래할 수 있기 때문에 이러한 불편함을 제거하기 위한 노력은 반드시 병행되어야 한다. 또한 장애 1급과 장애 6급을 구분하는 것도 무의미하다. 장애등급은 정도의 차이에 불과하지만 장애인복지의 대상은 정도의 차이를 기준으로 선별하고 있다. 장애등급 기준이 매우 객관적인 의학적 판단을 근거로 삼고 있는 것처럼 보이지만 의학적 판단도 객관화를 가정한 주관적 인식의 한계를 벗어나지 못하고 있다는 점을 기억하여야 한다.

'장애인을 배제하고 장애인복지를 논하지 말라'는 간절한 장애인의 외침에도 불구하고 급격한 변화를 목전에 두고 있는 장애인복지제도는 장애인의 목소리가 충분히 반영되지 못하고 있다. 이는 아직 장애에 대한 사회적 인식이 차별적 수준에 머물러 있음을 의미하며, 나아가 장애를 극복하는 책임이 개인에게 있음을 반영하고 있는 것이다.

이와 같이 획기적인 사회적 인식의 변화가 없는 상황에서 기초장애연금제도, 장애인의 자립생활을 지원하기 위한 일상생활지원서비스 등이 법제화를 앞두고 있지만 쌍수를 들고 환영할 수만은 없다. 제도변화의 수준이 장애수당제도나 노인장기요양보장 등의 다른 제도로부터 명칭을 바꾸는 수준에 머물러 있으며, 제도의 급여내용이 장애인의 욕구를 충족하기에는 너무나도 부족하기 때문이다.

그럼에도 불구하고 장애인복지제도의 변화는 장애인복지를 공부하는 대학생이나 실무자에게 시의적절하게 내용과 의미를 정확하게 전달할 수 있어야 한다. 이러한 이유로 부족하지만 장애인복지론을 부분적으로 개정하기로 하였다. 장애인 일상생활지원서비스 등이 시험적 단계에 있기 때문에 반영하지 못한 점은 다소 아쉬움을 남긴다. 이번 개정판에서는 장애인활동보조서비스와 기초장애연금제도를 중심으로 누락된 부분을 포함하였으며, 일부의 내용은 삭제하였다. 또한 국제장애분류 중 ICF 내용을 수정, 정리하였다. 충분하게 반영하지 못한 부분은 다음 기회로 미루고자 한다.

특별히 제3판을 기꺼이 출판하여 주신 양서원 박철용 회장님과 직원 여러분께 감사를 드리며, 물심양면으로 지도와 격려를 아끼지 않으신 분들께 감사를 드린다.

2010년 2월

정일교 · 김만호

장애인권리의 중요성은 아무리 강조해도 지나치지 않다. 이런 중요성에도 불구하고 주위를 둘러보면 장애를 가졌다는 이유만으로 생존의 위협을 받는 경우가 너무도 많다. 이러한 현실은 장애 당사자나 그 가족의 노력만으로 극복하기 어렵다. 당연히 국가와 사회가 장애인의 인간존엄성을 지키기 위한 '정당한 편의제공(reasonable accommodation)'을 위해 선도적 노력을 하여야 한다. 이러한 노력의 일부로 최근 '장애인활동보조인제도'의 도입, '자립지원센터'의 설립, 그리고 「장애인차별금지 및 권리구제에 관한 법률」 제정 등이 이루어지고 있다. 이것은 지금까지 비장애인 중심의 사회구조와 환경의 불편함을 극복하기 위한 장애 당사자와 그 가족의 헌신적인 노력의 결과에 국가와 사회가 움직이기 시작한 결과이다.

장애인복지론 초판을 출판할 때만 하여도 장애인차별의 문제는 결코 해결될 수 없는 것처럼 견고해 보였지만, 채 3년도 지나지 않아 「장애인차별금지 및 권리구제에 관한 법률」이 제정되어 장애인에게 인간다운 생활을 할 권리를 보장하고 정당한 편의제공을 강제화하게 되었다.

이번 장애인복지론 개정판을 준비한 이유도 이처럼 빠르게 변화하고 있는 장애인복지제도에 맞추어 내용을 수정하고자 함이다. 초판에서 부족한 내용을 보완하거나 첨가하고 불필요한 내용은 삭제하여 최신의 내용을 담고자 하였다. 하지만 개정판은 전체적인 틀은 수정하지 않고 「장애인차별금지법」(제3장)을 삽입하였으며, 최신의 정보를 추가하여 변화된 제도(제8장, 제9장)를 수정하였다. 또 장애 유형에 대한 용어가 일부 변경되어 이를 수정하였다(제7장). 정신지체는 지적장애로, 발달장애는 자폐성장애로 용어를 수정하였다. 한국현대사의 장애인복지발달과정(제3장)을 재구성하여 개념적으로 구분하였다. 2005년 장애인실태조사를 참고로 장애인실태(제7장)를 수정하였다. 이 외에도 여러 부분을 수정하였으며, 부록으로 「장애인복지법」과 「장애인차별금지 및 권리구제에 관한 법률」을 실었다.

장애인복지제도가 급격히 변화되고 장애인의 권리가 향상되고 있으나 아직도 장애인의 소득문제, 의료문제, 주택문제, 고용문제, 케어문제 등은 여전히 심각한 상태로 남아 있다. 그 어느 누구보다 장애인이 '장기요양보험제도'의 적용을 받아야 함에도 불구하고 배제되어 있으며, 접근권의 확보도 요원한 상황이다.

개선된 장애인복지제도가 여전히 많은 과제를 안고 있는 것처럼 적잖은 공을 들였음에도 불구하고 개정판이 만족스럽지 않다. 모든 부족함은 저자들의 책임이며, 진심 어린 고언을 마지않는다. 완전하고 완벽한 교재를 만들 수는 없겠지만 장애인복지제도는 완전하고 완벽하게 만들어지기를 간절히 기대한다.

개정판이 나올 수 있도록 지도와 격려를 해 주신 분들께 감사를 드리며, 양서원의 회장님과 직원 여러분께도 감사를 드린다.

2007년 8월

정일교 · 김만호

머리말

오늘날 장애인복지는 노인복지, 아동복지와 더불어 사회복지의 주요 분야로 주목받기 시작하였다. 그러나 우리 사회가 장애인에 대해 관심을 가지게 된 것은 그리 오래되지 않는다. 1981년 '세계장애인의 해'와 1988년 장애인올림픽을 중심으로 장애인에 대한 인식에 많은 변화가 생기게 되었으며 이후 인식의 변화 속도가 빠르게 진전되었다고 할 수 있다. 이제 장애인복지는 사회에서 해결해야 할 사회적 관심의 주요한 일부가 되었으며, 장애인도 사회의 한 구성원으로 인식되게 되었다. 또한 이러한 변화는 장애인의 사회참여를 위한 베리어후리의 문제, 인권과 차별의 문제 등 장애인들의 일상생활의 영역까지 확대되고 있다.

그러나 인식의 변화와 관심의 확대에도 불구하고 일상생활에 있어서 많은 장애인들은 기본적인 생활에 필요한 소득의 문제, 안심하고 치료받을 수 있는 의료의 문제, 편안하게 생활할 수 있는 주택의 문제, 쾌적한 생활을 위한 케어의 문제 등 해결해야 할 많은 문제를 안고 생활하고 있는 실정이다.

최근 장애인복지는 영국 등 서구를 중심으로 장애학이라는 학문으로 논하여지고 있다. 이제 장애인복지가 단순히 사회복지의 실천적 방법론적인 분야에서 벗어나 새롭게 주목받고 있는 것이다. 그러나 우리나라의 장애인복지는 최근에 들어서야 장애인복지학회가 창립되는 등 학문적 연구가 이제 시작되고 있다.

한편 대학에서도 장애인복지를 배우고 있는 학생들에게 장애인복지에 대한 이론과, 자원봉사활동 및 실습을 통해 장애인에 대한 이해와 경험의 폭을 넓히고자 노력하고 있다. 그럼에도 불구하고 장애인복지에 대한 올바른 관점과 사회복지사로서 장애인복지 영역에 대해 바르게 이해하고 접근하고 있는가 하는 의문을 가지게 되는 것도 사실이다.

이러한 의미에서 이 책은 장애인복지를 배우고자 하는 학생과 사회복지사들에게 장애인복지에 대한 올바른 관점과 폭넓은 영역의 이해를 통하여 보다 심화된 장애인복지의 이론을 학습하는 데 기초가 되고자 노력하였다. 따라서 이 책은 장애인복지에 대한 교육을 담당하는 대학 및 장애인 기관 및 시설의 관계자, 장애인복지에 관심이 있는 학생들 및 사회복지 종사자들에게 필수적인 교재로서 유용하리라고 생각된다.

장애인복지에 대한 올바른 관점과 체계적인 이해를 위해 이 책은 제1장에서 장애와 장애인복지의 개념에 대하여, 제2장에서 장애인복지의 이념에 대하여, 제3장에서 장애인복지의 발달에 대하여, 제4장에서 장애인복지의 관점과 장애인의 생애주기에 대하여, 제5장에서 장애인복지의 전달체계에 대하여, 제6장에서 장애인복지의 재정에 대하여, 제7장에서 장애인복지의 대상에 대하여, 제8장에서 장애인들의 제도적 접근 방법에 대하여, 제9장에서 이념에 의한 접근 방법에 대하여, 제10장에서 장애인의 접근권에 대하여, 제11장에서 선진국의 장애인복지에 대하여, 제12장에서 장애인복지의 과제와 전망에 대하여 다루고 있다.

끝으로 이 책이 나올 수 있도록 지도와 격려를 해 주신 분들께 감사를 드리며 양서원 회장님과 직원 여러분께도 감사드린다.

2005년 2월

정일교 · 김만호

CONTENTS

CONTENTS

CHAPTER 01

장애인복지의 개념

1. 장애의 개념

장애는 일반적으로 신체적·정신적 결함에 의하여 일상생활이나 사회생활에 불편함을 가진 것으로 규정하고 있지만, 사회적·문화적·경제적 여건과 수준에 따라 다르게 정의되고 있다. 즉, 장애를 규정하는 절대적 기준이 있는 것이 아니라 사회의 규범적 수준에 따라 다른 기준이 적용되고 있다. 우리나라 「장애인복지법」에서는 "장애인은 신체적·정신적 장애로 오랫동안 일상생활이나 사회생활에서 상당한 제약을 받는 자"로 정의(「장애인복지법」 제2조)하고 있다. 따라서 장애의 정의는 신체적·정신적 장애라는 의학적 분류와 일상생활 또는 사회생활에 제약을 받고 있는 상태라는 두 가지 조건으로 규정하고 있다.

그러나 신체적·정신적 결함이라는 것은 사회적 상황에 따라 다양한 해석이 가능하며, 마찬가지로 적용이 상이하다. 예를 들어, 신체적으로 불편한 것은 노인이 보청기를 착용하거나 청년이 보청기를 착용하는 상황이 같다고 하더라도 노인을 장애인으로 인식하지는 않는다. 또 안경을 착용하거나 보청기를 착용하는 것처럼 보조용구를 사용하는 것은 같음에도 불구하고 안경을 착용한 경우는 장애인으로 인식하지 않는다. 이와 같이 장애에 대한 규정은 사회의 규범적 수준에 따라 다양하게 정의될 수 있다. 사회적 약자에 대한 국가 혹은 사회의 수용 정도에 따라 장애인의 범주는 광범위하게 적용될 수 있음을 의미하는 것이다.

장애에 대한 정의는 국가에 따라 주관적으로 정의하고 있으나 의학적 개념에 의한 분류보다는 직업능력, 일상생활과 사회생활에 제약을 받고 있는 상태에 따라 더 많이 정의되고 있다고 할 수 있다.

한편 장애의 개념에 대한 공식적 정의는 1980년 세계보건기구(WHO)에서 채택한 바 있는데, 이 또한 장애의 발생 원인을 의학적 맥락에서 사회적 맥락으로 보려는 모습을 찾아볼 수 있다. 세계보건기구의 장애분류는 다음과 같다.

1) ICIDH-1(International Classification of Impairments, Disabilities, and Handicaps)

장애에 대한 최초의 공식적인 정의는 1980년 세계보건기구(WHO)의 국제장애분류로 장애를 개인적 측면에서 기능장애(impairments), 능력장애(disabilities), 사회적 불리(handicaps)의 세 가지 차원으로 나누어 설명하고 있다.

첫째, 기능장애(impairments)는 사고, 질병 등에 의해 심리적·생리적·해부학적 구조 또는 기능의 상실이나 이상을 말한다. 세계보건기구에서는 지체부자유, 시각·청각장애, 지적장애뿐만 아니라 기억·사고·정서장애 등의 의식장애, 내부장애, 피부장애 등을 포함하고 있다.

둘째, 능력장애(disabilities)는 개인 수준의 동작과 행위능력의 저하, 상실을 말한다. 특히 기능장애의 결과로서 식사, 배변, 의복 갈아입기 등의 신변동작, 의사소통 활동 등이 잘 되지 않는 상태를 말한다.

셋째, 사회적 불리(handicaps)는 기능장애와 능력장애에서 발생하는 불이익을 말하는 것으로 환경의 개선(가옥의 개조, 교육기회의 확대, 직업적 자립의 원조, 경제적 자립의 보장 등)을 통한 지원이 필요한 상태를 말한다.

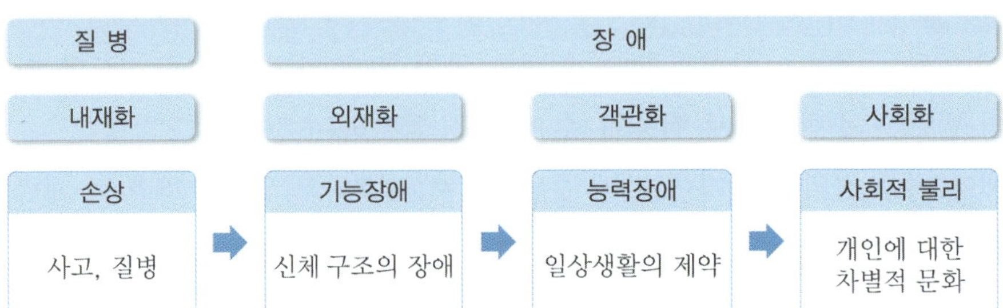

출처: WHO(1980: 30-33).

[그림 1-1] ICIDH-1의 분류

이러한 구분은 의학적 진단을 중심으로 하는 분류로 장애에 대한 사회적 책임과 역할을 배제하고 있다는 문제점이 제기되었다.

2) ICIDH-2(International Classification of Impairments, activities, and participation: A manual of dimensions of disablement and functioning)

1997년 세계보건기구는 장애가 ICIDH-1의 분류처럼 기능장애, 능력장애, 사회적 불리가 반드시 순차적으로 진행되지는 않는다는 점과 질병이나 부상, 기능장애 이외에도 능력장애와 사회적 불리에 영향을 미치는 다른 많은 요인이 있다는 점에서 장애의 개념과 범주에 대하여 ICIDH-2를 새로운 제안으로 제시하였다.

ICIDH-2에서는 장애인의 주체적 사회참여 및 당사자주의 원칙을 강조하며 장애를 기능·구조장애, 활동, 참여의 3축으로 나누어 설명하고 있다. 이는 장애인뿐만 아니라 비장애인도 활동과 참여의 제한이 일어날 수 있다는 것을 반영한 것으로 장애와 비장애의 경계가 사라짐으로써 신체적 손상이 없어도 사회적 활동과 참여에 장애가 있는 경우도 장애인(예: 후천성면역결핍증 환자)으로 인정할 수 있다는 것을 의미한다.

첫째, 기능·구조장애(impairments)는 신체 구조나 물리적·심리적 기능상의 상실이나 비정상을 말한다. 즉, 신체 기능, 신체 구조와 관련된 것으로 기능상의 제한, 기능을 수행하는 데 따르는 불능을 말한다.

둘째, 활동과 활동 제한(activity limitation, ICIDH에서는 능력장애)은 일상생활 활동의 수행에서 활동의 지속성이나 제한과 관련되어 정의된다. 제시된 활동 영역으로 보기, 듣기, 인지하기, 학습, 지식 적용, 과업 완수, 의사소통, 운동, 이동, 일상생활, 대인 간의 활동, 특정 상황에 대한 반응과 처리, 보조적 도구, 기술적 원조와 다른 관계된 활동 등으로 분류된다.

셋째, 참여와 참여 제한(participation restriction, ICIDH에서는 사회적 불리)은 기능·구조장애, 활동, 건강 조건, 상황 요인과 관련한 생활 상황에서의 개인의 참여 정도로 정의된다. 그러므로 참여는 환경과 장애를 가진 사람 간의 복합적인 상호작용으로 규정된다. 참여 영역은 개인적 유지와 보호에의 참여, 이동성의 참여, 정보 교환의 참여, 사회적 관계의 참여, 교육·노동, 여가와 정신적 영역의 참여, 경제생활의 참여, 도시 및 지역사회생활의 참여 등으로 분류된다.

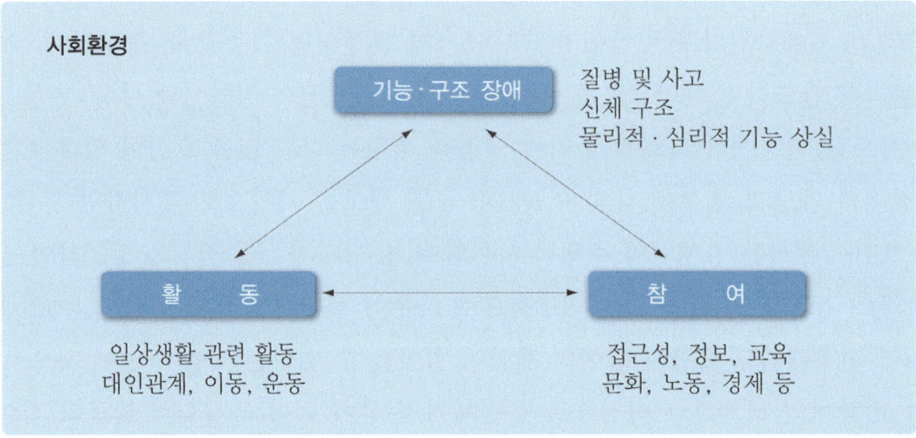

[그림 1-2] ICIDH-2 구성

3) ICF(International Classification of functioning, disability and health)

(1) ICF의 개념

현대 사회의 다양한 생활방식은 일상생활 전반으로 확대되고 있다. 문화적 다양성은 획일적인 생활패턴을 거부하고, 개인의 개성과 의식을 차별화하여 독특한 행동양식을 만들어 내기도 한다. 같은 옷을 입고, 같은 음식을 먹고, 같은 행동을 함으로써 집단적 존재감을 과시하는 것은 다양성을 강조하는 현대 사회에서는 존중받지 못하고 있다.

ICF는 이러한 사회적 환경의 변화를 장애분류에 적용한 결과이다. 언어, 풍습, 제도 등의 다양한 문화 속에 여러 가지 가치가 공존하면서 인간 존재에 대한 상대성을 적극적으로 수용하고 반영한 결과라고 할 수 있다. 사회적 환경과 맥락 속에서 인간 행동의 당위성을 수용하는 것은 존재로서의 가치를 인정하는 것이며, 사회적 환경이 인간 행동의 정당성을 부여하는 것이라고 할 수 있다. 따라서 ICF는 의학적 기준이나 사회학적 가치가 아니라 상황적 판단에 따라 인간 존재를 규정하고 있다.

세계보건기구는 ICIDH-2를 근간으로 5년 동안의 현장 검증과 국제회의를 거쳐서 2001년 5월 ICF(International Classification of functioning, disability and health)를 승인하였다. ICF는 장애를 개인의 건강상태와 환경적 요인의 상호작용의 결과로 보는 개념으로 ICIDH-2에서 제시하고 있는 내용을 포함하면서 보다 긍정적이며, 환경 지향적 측면으로 개정한 내용이라 할 수 있다. 즉, ICF는 개인의 기능은 신체기능과 구조, 활동, 참여 등으로 표현되며, 이 세 가지 기능은 개인적 장애나 질병과 상황적 요인(환경적 요인과 개인적 요인)과의 상호작용에 의해 설명한다. 따라서 특정 영역에서 개인들의 기능 수준은 건강상태와 상황적 요인의 상호작용의 결과라고 보는 것이다.

첫째, 기능 · 구조(생명차원)에서 심신 기능은 손발의 움직임, 정신활동, 시각 · 청각 등의 기능이다. 구조는 수족의 일부, 심장의 일부 등 신체의 부분을 말한다.

둘째, 활동(생활차원)에서 '활동(Activity)'은 생활행위, 즉 생활에서 목적을 가지고 하는 일련의 동작, 즉 구체적인 행위라 할 수 있다. 가장 이해하기 쉬운 것은 일상생활동작(ADL)으로 살아가기 위해 기본적으로 필요한 걷기, 세면, 이 닦기, 식사, 목욕, 화장실 사용, 옷 갈아입기와 같은 행위이다. 또 '활동'은 음식 만들기, 청소하기 등 가사, 일하기 위해 업무에 집중하고, 기계를 다룬다든가, 일하러 가기 위해 전철을 탄다든가 하는 등 사회생활에 필요한 행위 모두를 포함한다고 할 수 있다. 취미, 여행, 스포츠와 같은 여가활동도 포함된다.

셋째, 참여(인생수준)에서 '참여(Participation)'는 인생의 여러 상황에 관여하여 역할을 수행하는 것이다. 사회참여라 하기도 한다. '참여'는 보다 광범위한 개념으로 주부로서의 역할이라든가 직장에서의 역할, 혹은 취미와 스포츠에 참여하며 지역활동과 정치에 참여하는 등 여러 가지 내용을 포함하고 있다.

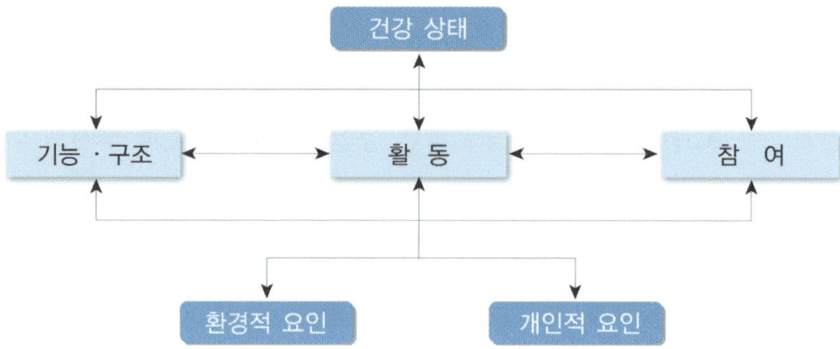

출처: WHO(2001: 17).

[그림 1-3] ICF 구성

(2) ICF의 특징

ICF의 기본적인 특징은 생활기능의 향상, 상호작용모델, 배경요인의 강조와 같은 세 가지 측면에서 살펴볼 수 있다.

① 생활기능 향상의 강조

ICIDH는 '장애'라는 생활 기능의 제한(마이너스 면)만을 주목하였지만, ICF는 '생활 기능의 향상'(플러스 면)에도 주목하고 있는 것이 큰 변화라 할 수 있다. 이것은 획기적인 것이며, 사고가 180도 전환된 것이다.

물론 생활기능의 제한이라는 마이너스 측면을 무시하는 것은 아니다. '심신 기능 · 구조'에 문제가 생겼을 경우 '기능장애(구조장애 포함)(Impairment)'가 초래되며, '활동'에 문제가 생겼을 경우 '활동제한(Activity limitation)'이 초래되고, '참여'에 문제가 생겼을 경우 '참여제약(Participation restriction)'이 초래될 수 있다. 그러나 이러한 생활기능의 제한(마이너스)이 생겼을 때 기능회복훈련이나 환경변화를 통해 생활기능의 향상을 가져올 수 있다는 점(플러스)을 강조하는 것에 ICF의 의미가 있다.

② 상호작용모델의 강조

ICIDH에서는 한 방향(일방적인 영향)을 강조하여 비판과 오해를 받았으나 ICF에서는 양방향(서로 서로 영향을 주고받음)의 영향을 강조한다. [그림 1-3]에서 보는 바와 같이 각각의 요소들은 모든 방향으로 연결되어 있다. 이것은 '모두가 모두에게 영향을 주고 있다'는 것으로 각 요소는 상호 간에 영향을 주고받는 상호작용모델이라 할 수 있다.

예를 들어 심신 '기능'의 문제가 있는 경우 '활동'의 부자유(보행 곤란, 글씨쓰기 곤란 등)가 일어날 수 있는데 이러한 것은 인과관계뿐만 아니라 역으로 영향을 받을 수 있다. 즉 '활동'이 저하되면 생활이 활발하지 못해 '활동저하'가 일어나는데 이는 심신의 모든 기능(근육, 뼈, 관절, 심장, 혈액, 지적 기능, 감정, 의욕 등)을 '사용하지 않기 때문'에 저하되는 것이다. 활동이 제한되면 취업, 쇼핑, 취미생활 등 사회생활에의 참여가 어려워진다. 반대로 같은 이유로 '참여'가 제약되면, 할 수 있는 활동이 제한된다.

이와 같이 '활동의 질'이 저하하면 생활이 부자유하게 되며 이것은 '생활의 질'을 저하시키게 된다. '생활의 질'이 향상되면(예컨대, 멀리까지 외출이 가능하다면) '참여'가 향상될 가능성이 있다(이것을 현실화하기 위해서는 '참여' 자체를 향상시킬 필요가 있다). 그러므로 '참여'가 향상된다면, 그것은 '활동'의 향상으로 직결된다.

③ 배경요인의 강조

ICF가 ICIDH에서 발전한 또 하나의 큰 특징은 '배경 요인'에 주목한 것이다. '배경 요인'은 생활 기능에 큰 영향을 준다. '배경 요인'에는 '환경적 요인'과 '개인적 요인'이 있다.

'환경적 요인(environment factors)'은 건물과 도로, 교통기관, 복지용구 등과 같은 물리적인 환경뿐만 아니라 인적인 환경(가족, 친구, 업무상 동료 등), 사회의식으로서의 환경(사회가 장애인과 고령자를 어떻게 볼까, 어떻게 다룰까 등), 제도적인 환경(서비스, 제도, 정책)과 같이 광범위한 환경을 포함하고 있다.

'개인적 요인(personal factors)'은 사람 고유의 특징을 말한다. 개인의 특성은 다양하며 개별화된 처우가 필요하다는 것을 말한다. 예컨대, 연령, 성별, 민족, 생활력(직업력, 학력, 가족력 등), 가치관, 생활주기 등에 따라 한 사람 한 사람의 욕구에 맞는 개성존중을 강조하고 있다.

〈표 1-1〉 ICF의 개관

<table>
<tr><th>구분</th><th colspan="2">영역 1: 생활 기능과 장애</th><th colspan="2">영역 2: 배경 요인</th></tr>
<tr><td>구성 요소</td><td>신체
기능 · 구조</td><td>활동 · 참여</td><td>환경 요인</td><td>개인 요인</td></tr>
<tr><td>영 역</td><td>신체
기능 · 구조</td><td>생활 · 인생 영역
(과제, 행위)</td><td>생활 기능과 장애의
외적 영향</td><td>생활 기능과
장애의 내적 영향</td></tr>
<tr><td>구성 개념</td><td>• 신체기능의 변화(생리적)
• 신체구조의 변화(해부학적)</td><td>• 능력: 표준적 환경에 있어서 과제의 수행
• 실행 상황: 현재의 환경에 있어 과제의 수행</td><td>물적 환경과 사회적 환경, 사람들의 사회적 태도에 의해 형성된 환경적 특징을 가진 촉진적 혹은 저해적 영향력</td><td>개인적 특징의 영향력</td></tr>
<tr><td rowspan="2">긍정적 측면</td><td>기능적 · 구조적
통합성</td><td>활동 · 참여</td><td rowspan="2">촉진 요인</td><td rowspan="2">해당 없음</td></tr>
<tr><td colspan="2">생활 기능</td></tr>
<tr><td rowspan="2">부정적 측면</td><td>기능장애
(구조장애 포함)</td><td>• 활동 제한
• 참여 제한</td><td rowspan="2">저해 요인</td><td rowspan="2">해당 없음</td></tr>
<tr><td colspan="2">장애</td></tr>
</table>

주: 배경 요인: 개인의 생활, 인생에 관한 배경 전체를 구성하는 요인을 말한다. 특히 ICF 분류 시 건강상태의 배경을 나타낸다.
환경 요인: 사람이 만든 물적 세계, 다양한 관계와 역할, 태도, 가치관을 가진 사람들, 사회적 서비스 · 정책 · 규칙 법률을 포함하고 있다.
개인 요인: 연령, 성별, 사회적 상황, 인생 체험 등의 개인과 관련된 배경 요인이다.
출처: WHO(2001: 10).

(3) ICF 분류의 시사점

① 장애의 통합성

장애인의 건강상태, 기능성, 사회적 환경 등을 종합적으로 반영하는 ICF의 분류는 장애에 대한 종합적 판단을 가능하게 한다. 이러한 통합성은 종전의 의학적인 측면을 부각함으로써 서비스를 제한적으로 제공하는 문제를 해결할 수 있다. 개인의 기능성, 활동과 참여 등을 전체적인 관점에서 살펴보고 전인적인 역할을 가능하게 하는 통합적 서비스가 제공된다는 점에서 큰 의의가 있다.

② 장애의 사회성

ICF의 장애개념은 개인의 활동과 참여를 보장하는 환경적 조건을 구비하기 위한 관련법의 제·개정, 제도 구현 등을 위한 사회적 노력을 포함한다. 개인의 가치로운 사회적 역할을 수행하기 위한 정당한 권리를 침해하는 것은 사회적 문제이므로 이를 해결하기 위한 법적 장치를 확보하는 것은 당연한 권리이다.

③ 개인의 존엄성

개인의 존엄성은 자유와 평등의 실현을 통해 이루어진다. ICF의 장애개념은 개인을 생물학적·개인적·사회적 관점에서 바라보면서도 개인이 가지고 있는 개별성·고유성을 고려하게 함으로써 개인이 가지고 있는 권리를 강조하도록 촉진시키는 역할을 수행한다.

2. 장애인복지의 개념

1981년 '세계 장애인의 해'의 테마는 '완전 참여와 평등'이다. 구체적으로는 장애인이 신체적·정신적으로 사회에 적응할 수 있도록 원조·취업의 기회 보장, 일상생활 참여촉진, 사회적 참여의 권리보장을 위한 사회교육과 정보의 제공 등을 들고 있다. 이러한 '세계 장애인의 해'의 영향을 받아 장애인복지의 개념은 장애인의 완전한 사회참여와 사회통합을 전제로 하고 있으며, 장애인복지는 장애인의 사회참여와 사회통합을 통해 인간다운 삶을 영위할 수 있는 생활 여건을 조성하며 장애인이 자아실현을 이룰 수 있도록 하는 것이라고 할 수 있다. 2009년 1월 10일 국내에서 발효된 UN장애인권리협약 제3조에서도 완전하고 효과적인 사회참여와 통합을 일반원칙으로 제시하고 있다.

사회통합(social integration)이란 장애인복지에 있어서 가장 많이 강조되는 개념이다. 사회통합은 장애인이 사회구성원으로서 함께 살아가는 것을 의미하는데, 진정한 사회구성원으로서 함께 살아가기 위해서는 그 사회에서 인정하는 생활방식과 기회에 완전하게 참여하여야만 가능하다. 장애인이 사회에 완전하게 참여하기 위해서는 그 사회가 장애인의 참여에 제약이 되는, 예를 들어 물리적 · 심리적 · 문화적 제약을 없애는 것이 필요하다.

우리나라의 「장애인복지법」 제1조에서는 "장애인의 인간다운 삶과 권리보장을 위한 국가와 지방자치단체 등의 책임을 명백히 하고, 장애발생 예방과 장애인의 의료 · 교육 · 직업재활 · 생활환경개선 등에 관한 사업을 정하여 장애인복지대책을 종합적으로 추진하며, 장애인의 자립생활 · 보호 및 수당지급 등에 관하여 필요한 사항을 정하여 장애인의 생활안정에 기여하는 등 장애인의 복지와 사회활동 참여증진을 통하여 사회통합에 이바지함"을 목적으로 규정하고 있다(장애인복지법, 2021. 12. 21.개정). 동법 제3조에서는 장애인복지의 기본이념을 장애인의 완전한 사회 참여와 평등을 통하여 사회통합을 이루는 데에 있다고 규정하고 있다.

이러한 장애인복지의 이념을 반영하듯 현재 우리나라에서 통용되고 있는 장애인복지란 장애인의 완전한 사회참여를 통한 사회통합을 목적으로, 장애로 인한 일상생활과 사회생활의 어려움을 지원하는 제도적 · 정책적 서비스의 조직적 활동과 사회적 제 노력이라고 할 수 있다.

이러한 장애인복지는 다음과 특성을 지니고 있다(숭실대학교 장애인복지연구회, 2004: 125-126).

첫째, 장애인문제의 복잡성으로, 장애인은 의학적 · 생리학적으로 불편할 뿐만 아니라 이로부터 파생되는 취학, 취업, 결혼 등의 문제에도 직면하고 있어 한 사람의 장애인에게 나타나는 문제는 다중적이고 생태체계적인 복잡한 구조를 지니고 있다.

둘째, 장애인복지실천의 통합성으로, 장애인의 문제는 그 발생 요인이 복잡한 만큼 그 해결을 위해 장애인복지는 사회복지학, 의학, 교육학, 심리학, 사회학, 행정학, 법학, 경제학 등 기타 여러 분야의 학문들과 통합성이 요구되는 분야이다.

셋째, 장애인복지의 역동성으로, 장애인복지의 질적 향상을 위한 장애인 당사자들의 사회운동에 대한 역할이 매우 크다는 특징을 들 수 있다. 장애인복지정책 실시 초기에는 정책 수립자, 전문가 등이 중심을 이루고 있었으나, 장애 당사자들의 직접적 사회운동을 통하여 장애인복지 흐름도 바뀌어 가고 또한 점차 장애인 자신들의 권리의식도 높아져 장애인복지정책 결정과 서비스 제공 등에 있어서 장애인 스스로가 참여할 수 있는 하나의 권리를 확보하게 되었다.

"시각장애인만 안마사 자격 허용 정당"

서울행정법원 행정 11부(한기택 부장판사)는 9일 시각장애인이 아니라는 이유로 안마사 자격 신청이 반려된 송 모(64) 씨 등 4명이 "시각장애인만 안마사가 될 수 있는 규정은 위헌적"이라며 서울시를 상대로 낸 안마사 자격 인정 신청서 반려 처분 취소 소송에서 원고 패소 판결했다.

재판부는 판결문에서 "시각장애인에게만 안마사 자격을 인정하는 것은 장애인에 대한 국가의 보호 의무를 규정한 헌법에 따른 것이며 국가가 시작장애인에 대해 실질적 생계보장을 하지 못하고 있는 현실을 감안하면 이 같은 제도가 부당하다고는 볼 수 없다"고 밝혔다.

재판부는 "비장애인에게도 안마사 자격을 줄 경우 결국 안마 영업에 있어서 시각장애인의 경쟁력이 떨어져 이들을 보호할 수 없게 될 것"이라며 "비장애인의 '직업 선택의 자유'도 중요하지만 시각장애인의 '생존권'보다 더 중요할 수는 없다"고 덧붙였다.

송 씨 등은 중국, 일본 등에서 스포츠 마사지 교육을 받고 지난해 10월 서울시에 안마사 자격을 신청했다. 시각장애인이 아니고 시각장애인만 교육받을 수 있는 안마 시술 교육을 이수하지 않았다는 이유로 신청서가 반려되자 "현행 제도하에서는 비장애인은 아무리 노력해도 안마사가 될 수 없어 헌법상 평등 원리에 어긋난다"며 소송을 냈다.

출처: 연합뉴스(2004. 9. 9.)

"시각장애인만 안마사 자격 허용 위헌"

헌법재판소 전원재판부(주심 송인준 재판관)는 25일 시각장애인만 안마사 자격을 얻을 수 있도록 한 안마사에 관한 규칙 조항을 재판관 7 대 1의 의견으로 위헌이라고 결정했다. 재판부는 결정문에서 "이 조항은 비장애인이 안마사 직업을 선택할 수 있는 자유를 원천적으로 제한하는 것"이라며 "일반 국민의 직업 선택의 자유를 지나치게 침해하고 있어, 기본권 침해의 최소성 원칙에 어긋난다"고 밝혔다. 재판부는 "시각장애인의 생계 보장 등 공익에 비해 비시각장애인들이 받게 되는 기본권 침해가 지나치게 커서 법익의 균형성을 상실했다"고 덧붙였다.

그러나 김효종 재판관은 "이 규칙은 비장애인에 비해 취업상 극히 불리한 처지에 놓이게 되는 시각장애인을 보호하고 그들의 생계를 보장하기 위한 것으로, 입법 목적의 정당성이 인정된다"며 유일하게 합헌 의견을 냈다.

출처: 한겨레신문(2006. 5. 25.)

CHAPTER 02

장애인복지의 이념

1. 인권존중과 평등사상
2. 리해비리테이션 이념
3. 노멀라이제이션 이념
4. 자립생활 이념
5. 생활의 질 향상

1. 인권존중과 평등사상

많은 사람들은 장애를 신체적 · 정신적 측면만을 보아 '장애'='무능'으로 보는 관점이 강하게 존재하고 있다. 이는 장애를 가진 사람을 전체성이라는 시각으로 이해하여야 함에도 불구하고, 장애를 지닌 신체의 일부분에만 초점을 둠으로써 사람의 본질 자체를 보지 못하는 것이라고 할 수 있다(박명호, 2001: 21).

인권존중의 이념은 장애인이 한 사람의 인간으로서의 존엄, 당연한 권리와 의무를 가지는 존재로 인정받아야 한다는 것을 강조한다. 따라서 장애인은 이에 상응하는 처우를 보장받아 인간다운 삶을 향유할 수 있도록 제도적 · 정책적 서비스를 받을 수 있어야 한다는 것이다. 「장애인복지법」 제4조에 "장애인은 인간으로서의 존엄과 가치를 존중받으며, 그에 걸맞는 대우를 받는다. 장애인은 국가, 사회의 구성원으로서 정치, 경제, 사회, 문화, 기타 모든 분야의 활동에 참여할 권리를 가진다"고 규정하고 있다.

이러한 인권존중의 이념은 1950년대 이후 국제사회에서 조명되기 시작하였다. 특히 세계인권선언(1948), 정신지체인권리선언(1971), 장애인권리선언(1975) 등에서 장애인의 인권과 존엄성을 규정하고 있다.

세계인권선언(1948)은 "모든 인간은 태어나면서부터 자유로우며 존엄과 권리에 있어서 평등하다"(제1조)를 채택함으로써 인간의 자유권과 평등권에 대해 논하고 있다. 즉, 장애인도 정당한 사회구성원으로서 자유와 평등에 대한 권리가 있다는 것을 강조하고 있다.

장애인권리선언(1975)에서 "장애인은 인간으로서의 존엄이 존중되는 천부의 권리를 가지고 있다. 장애인은 장애의 원인, 특징, 정도에 관계없이 같은 연령의 시민과 동등한 기본적 권리를 가진다"고 함으로써 지적장애인, 정신장애인, 신체장애인을 포함한 포괄적 장애인의 권리에 관하여 결의하였다.

인권 존중은 궁극적으로 인간의 생존권과 생명권을 보장하는 것을 의미하며 장애인 본인의 의사를 존중할 뿐만 아니라 장애인에게 차별적으로 시행되어 온 생존의 위협(이동권의 제한, 고용 차별 등)이나 생명의 위협(장애아동의 유기, 방치 등)을 거부하고 인간답게 살 권리를 보장하는 것을 의미한다.

이러한 인권존중이 한 단계 성숙하고 실질적으로 장애인 인권 증진을 위한 국제적 노력이 UN장애인권리협약(2006)이다. 장애인권리협약은 여성장애인·장애아동의 권리보호, 장애인의 이동권과 문화접근권 보장, 교육권과 일할 권리 등 총 50개 조항에 걸친 전 생활영역에서의 장애인 인권보장을 내용으로 하고 있다.

아울러 인권존중의 사상을 근본적 이념으로 하여 평등사상이 강조된다. 평등사상은 모든 사람이 풍요롭고 만족스러운 생활을 유지할 수 있는 공동체 사회를 의미하며 사회구성원들의 연대와 협력을 통한 이상적인 상태를 의미한다(박석돈, 2005: 7). 일반적으로 평등은 자원의 재분배를 통하여 사회구성원의 삶의 질을 골고루 향상시키고자 하는 보편주의적 제도를 의미하므로(박병현, 2004: 36) 장애인의 평등은 장애인에 대한 처우가 정의와 공익을 바탕으로 결정될 때 이루어질 수 있다. 이러한 의미에서 평등은 공동선을 위해 부와 권력이 과다하게 사용되는 것을 억제하는 것이며 재화와 서비스 등의 나눔과 분배를 통하여 실현될 수 있다. 하지만 장애인의 평등은 타인의 권리를 억제하거나 억압하기보다 장애인이 일상생활에서 불편함을 느끼지 않도록 차별하지 않는 것이 중요하다.

"장애는 사회체계에 의해 생산되는 억압과 차별이며 그 책임이 사회 전체에 있다"(이동석, 2004: 230)는 것은 비장애인 중심의 사회체계에서 장애인의 평등이 보장되지 않는다는 것을 의미한다. 평등이 보장되지 않는다는 것은 장애인에 대한 편견, 차별, 억압으로 인한 불평등이 만연함으로써 장애인을 동등한 인격체로 존중하지 않는 사회체계와 구조를 형성할 수밖에 없다는 의미이다.

따라서 장애인의 평등을 실현하기 위해서는 국가와 사회의 적극적 노력으로 사회체계와 구조를 장애인 중심으로 변화시키지 않으면 안 된다. 평등사상이 사회적 성격의 이념인 것처럼(심연수, 1998: 40), 사회구성원의 합의를 통하여 평등이 실질적으로 보장될 때 장애인의 사회통합이 완성될 수 있다. 즉, 장애인이 우리 사회의 완전한 주체로 생활할 수 있는 환경과 조건을 갖춤으로써 평등을 보장할 수 있다.

2. 리해비리테이션 이념

리해비리테이션(rehabilitation)은 제1·2차 세계대전의 전상자에 대한 의료적 입장에서 기능회복 훈련을 행하여 사회복귀를 촉진하는 것을 목표로 하는 이념이다. 리해비리테이션이라는 용어는 1943년 미국 샌프란시스코에서 개최된 미국리해비리테이션회의(National Conference for Rehabilitation)에서 처음으로 사용되었다. 이 회의에서 리해비리테이션은 "신체적 장애를 가진 사람에게 그가 가진 잔존 기능을 최대한 발휘하게 함으로써 신체적·정신적·사회적·직업적·경제적 능력을 회복시켜 주는 것"이라고 하였다. 그리고 세계보건기구에서도 리해비리테이션이란 "의학적·사회적·교육적·직업적 수단을 동원하고 이를 상호조정하며 훈련 또는 재훈련을 통하며 장애인의 능력을 가능한 한 최고 수준에 도달하도록 하는 것"이라고 하였다.

미국리해비리테이션평의회(National Council on Rehabilitation)는 리해비리테이션을 "장애인이 가질 수 있는 최대의 신체적·정신적·직업적·경제적 능력을 가질 때까지 회복시키는 것이다"라고 정의하고 있다.

미국은 이러한 이념의 입장에서 리해비리테이션법을 제정하였다. 이 법은 운동기능의 유지, 회복, 가사 동작 등을 포함한 일상생활동작(Activity of Daily Living, ADL)의 자립과 그것을 기초로 한 교육, 직업훈련, 직능개발 등을 통해 직장복귀, 직업적 자립의 회복을 주요 목표로 하고 있다.

이상에서 언급한 것처럼 장애인의 리해비리테이션은 신체적 또는 정신적 질환을 의학적 치료는 물론 기능적 회복과 심리적·사회적·직업적인 면까지의 회복을 포함시켜 사회인으로서 인간 또는 전체 인간으로의 복귀를 뜻한다. 리해비리테이션은 질병이나 사고 등에 의한 기능 저하를 기능 향상 발달로 이끄는 것은 물론 사람답게 살 권리와 자격과 존엄성을 회복하는 것이다(전용호, 2003: 157).

리해비리테이션의 가치는 장애인을 비장애인에 가까운 수준까지의 능력을 회복하도록 하는 노력을 강화하는 것이다. 리해비리테이션의 유형은 다음과 같다.

① 의료적 리해비리테이션

의료적 리해비리테이션은 장애 발생과 동시에 시작되기 때문에 리해비리테이션의 가장 기본적이며 우선적으로 이루어져야 할 부분으로 의학적 치료, 수술, 심리치료 등을 통하여 신체적·정신적 기능을 회복함으로써 사회적 장애 요인을 치유하거나 보장구 장착 등을 통하여 장애인 개인의 기능을 높이고 능력장애를 경감 또는 제거시킨다. 의료적 리해비리테이션은 단지 치료를 위한 의학적 조처로 끝나는 것이 아니라 물리치료, 작업치료, 언어치료, 보장구의 처리와 훈련, 의료사회복지사에 의한 원조 등을 포함한다.

② 교육적 리해비리테이션

교육적 리해비리테이션은 장애인의 능력을 향상시키고, 잠재적 가능성을 개발하여, 장애인의 자기 능력과 적성을 최대한으로 발휘할 수 있도록 육성하는 것을 말한다. 일반적으로 장애아동에게 제공되는 특수교육과의 구별이 명확하지 않다.

특수교육은 장애를 가진 아동이 초·중·고교의 일반적 학급에서 교육받는 것이 곤란하고 교육상 특별한 배려가 필요한 아동 및 학생의 특성에 맞는 적절한 교육적 환경을 정비하여 그들의 가능성을 최대화하고, 적응력을 가지게 하여 창조적 인간을 만드는 데 있다.

③ 직업적 리해비리테이션

국제노동기구(ILO) 제99호 권고에 의하면, 직업적 리해비리테이션은 직업지도, 직업훈련, 직업소개 등의 직업적 서비스의 제공을 포함한 계속적·종합적 리해비리테이션 과정의 일부이며, 장애인의 적절한 취업과 그 유지를 가능하도록 계획하는 것이다. 즉, 직업적 리해비리테이션의 최종 목적은 취업이며 그것은 일반고용 또는 보호고용에 의해 달성될 수 있다.

④ 사회적 리해비리테이션

사회적 리해비리테이션은 장애인이 사회생활이나 가정생활에 적응하기 위해 원조하는 것이다. 1972년에 국제장애인리해비리테이션협회가 공포한 「사회적 리해비리테이션의 장래를 위한 지침」에서 사회적 리해비리테이션의 목적은 “장애인이 살아가는 데 필요한 물리적·사회적·경제적·심리적 환경의 여러 조건을 만족하게 지원하는 것”이다.

⑤ 심리적 리해비리테이션

심리적 리해비리테이션은 장애인 자신의 특성과 가족 및 이웃과의 심리적 반응 등에 영향을 주는 심리적 문제를 해결하여 장애 극복과 사회통합을 지원하는 과정이다. 결국 생활에 변화를 주기 위하여 개인의 갈등, 자아, 대인관계 등의 문제를 적극적으로 해결하기 위한 노력이다.

⑥ 리해비리테이션 공학

리해비리테이션 공학은 장애인의 핸디캡을 개선하기 위해 과학과 기술을 응용하는 것을 말한다. 리해비리테이션 공학은 신체상의 결함을 보충하는 의지, 보장구 등의 기기를 만들고, 장애인의 의지에 의해 자유롭게 제어할 수 있는 능력을 훈련하는 것을 말한다.

3. 노멀라이제이션 이념

노멀라이제이션(normalization) 이념은 장애인을 특별히 대우하는 것이 아니라 지역사회에서 비장애인과 동등하게 대우하고, 보편적인 생활을 영위할 수 있도록 사회적인 조건을 갖추는 것을 말한다. 노멀라이제이션 이념은 북유럽의 미켈슨(Mikkelsen)과 니르에(Nirje), 미국의 울펜스버거(Wolfensberger)류로 나누어 볼 수 있다.

미켈슨은 "노멀라이제이션은 지적장애인이 가능한 한 보편에 가까운 생활을 하는 것"이라고 하였으며, 특히 주거, 일, 교육, 여가의 측면을 중요시하였다. 니르에(1980)는 "노멀라이제이션은 모든 지적장애인의 일상생활의 양식과 조건을 사회의 보편적 환경과 생활 방법에 가능한 한 가장 가깝게 만들어 가는 것이다"라고 하였으며 보편에 가까운 생활로서 "1일의 보편적 리듬, 1주일의 보편적 리듬, 1년의 보편적 리듬, 생애주기에서의 보편적 경험, 보편적 요구의 존중, 이성과의 생활, 보편적 경제적 수준, 보편적 환경 수준"으로 구체적으로 제시하고 있다.

울펜스버거는 "노멀라이제이션은 보편적 인간의 행동과 삶에 근접하기 위해 가능한 한 문화적으로 일반적인 여러 수단을 이용하게 하는 것이다"라고 하였으며, 나아가 지역생활을 지원하는 프로그램을 중심으로 지역복지서비스를 추진하는 지역사회케어의 중요성을 강조하고 있다(佐藤久夫, 1994: 36). 즉, 장애인에 대한 편견이나 차별을 배제하고 단지 한 사람의 평범한 인간으로서 보통의 생활환경 속에서 평범한 생활을 하도록 하는 사회환경을 조성하는 것이 중요하며, 이를 위하여 가장 보편적이고 일반적인 가정과 지역사회에서의 삶을 강조한다.

노멀라이제이션의 원리는 지적장애인에 대한 지역사회의 태도와 환경, 활동 등의 조건이 비장애인과 지적장애인이 더불어 살아가는 것이 당연할 정도로 보편화하는 것에서 출발하였다. 노멀라이제이션의 원리에 따른 복지서비스 제공 결과, 지적장애인들은 비장애인 속에서 배제되지 않고 보편적으로 살게 되었으며 자신감도 늘어나게 되었다. 이러한 노멀라이제이션 원리의 적용은 지적장애인의 장벽을 즉시 모두 해소하자는 것은 아니며 장애의 정도, 유형, 개인차, 연령 등을 고려하여 가능한 한 보편적 생활 조건이 정비되어 필요한 훈련과 서비스를 이용할 수 있도록 개선하는 것을 의미하는 것이다. 노멀라이제이션의 원리는 다음과 같다.

(1) 지적장애인에게 하루의 보편적 리듬을 제공하여야 한다.
(2) 1주일간의 보편적 리듬: 가정, 일, 여가라는 3개의 활동이 함께 만족되어야 한다.
(3) 1년간의 보편적 리듬: 가족과 함께 보내는 휴일, 가족 단위의 축하 행사, 스포츠와 문화적 행사 같은 활동에 장애인이 배제되어서는 안 된다.
(4) 생애주기에 있어 보편적인 발달적 경험을 할 기회를 가져야 한다.
   ① 아동기: 아동은 가능한 한 따뜻한 분위기, 풍부한 감각적 자극과 환경, 적절하게 조화되어 있는 환경에서 살아야 한다.
   ② 학령기: 취학
   ③ 성인기: 아동이 부모와 함께 사는 것이 보편적인 것과 같이 성인이 되면 집을 떠나 독립된 자신의 생활을 하는 것이 보편적이다.
   ④ 노령기: 이미 일을 할 수 없는 경우, 일반적으로는 그 연령에 맞는 가치와 만족을 줄 수 있는 가정적인 장소와 새로운 친구들과의 접촉을 유지하면서 사는 환경이 필요하다.
(5) 보편적 개인의 존엄과 자기결정권이 충분히 배려되고 존중되어야 한다.
(6) 그 문화에 있어서 보편적인 성적 관계를 가져야 한다.
(7) 그 사회에 있어서 보편에 가까운 생활을 할 수 있기 위한 보편적 경제수준과 그것을 얻을 권리를 가진다.
(8) 그 지역에 있어서 보편적 환경 형태와 수준을 제공받아야 한다.

4. 자립생활 이념

일반적으로 자립이란 신체적·정신적·경제적·사회적으로 다른 사람에게 의존하지 않고 생활하는 것을 말한다. 그러나 자립생활 이념은 경제적·직업적 신변 자립이 얼마나 확립되었는지보다는 얼마나 자율적인지를 중요시하는 것이다. 즉, 일상생활동작(ADL)을 얼마나 자립적으로 할 수 있는지를 목표로 하는 자립이 아니라 장애인이 가지고 있는 장애를 인정하고 그 장애에 적절한 생활의 내용과 질(QOL)의 자립에 주안점을 두고 있다(東北福祉大學社會福祉硏究室, 1994: 133).

미국 자립생활조사연구소(Independent Living Research Utilization)의 자립생활 이념에 대한 정의를 보면, "자립생활이란 의사결정 또는 일상생활에서 타인에 대한 의존을 최소한으로 하기 위해 자신이 할 수 있는 선택에 기초하여 자신의 생활을 관리하는 것"을 말한다. 이 생활의 관리는 신변 자립, 지역의 일상생활 참여, 사회적 역할의 수행, 자기결정, 신체적·심리적으로 타인에 대한 의존을 최소한으로 줄이는 것을 말한다. 여기에서 자립이란 한 사람 한 사람 개별적으로 정의되는 상대적 개념으로서 장애인 본인이 생활의 주인공이 되어 생활의 주체자로서 살아가는 것을 주요 내용으로 하고 있다.

미국의 자립생활운동가 데종(Gerben DeJong)은 장애인의 "위험을 무릅쓴 행위에 대한 존엄"을 자립생활에서 가장 중요하게 강조하고 있다. 이것은 비장애인은 어려서부터 성공의 경험, 실패의 경험을 축적하면서 생활의 지혜를 얻고 있는 데 비하여 장애인은 사회적으로 제한된 경험만이 허용되고 있을 뿐만 아니라 사회참여가 거부되어 온 경우가 많아 의존적 생활에서 벗어나지 못하고 있음을 지적하는 것으로서 장애인도 비장애인과 마찬가지로 여러 경험을 통하여 생활의 지혜를 얻도록 해야 한다는 것이다. 또한 이러한 경험은 실패의 가능성도 있기 때문에 그 선택은 자신이 결정해야 하며 자신이 어떤 선택을 하더라도 이를 두려워하지 말고 시도해야 한다는 것이다.

자립생활 이념에는 '자기실현', '자기결정', '자기책임', '자기관리', 'QOL(Quality of Life)', '사회참여'의 관념이 포함되어 있다.

① 자기실현

지역사회에서 주체적 전인격자로서 자기실현을 추구하는 것을 말한다. 자기실현은 개인의 노력에 의해서 이루어져야 하지만 그러한 노력을 제약하는 조건이 있다면 사회적으로 자기결정권을 충분히 존중하여 자기실현을 지원하는 제도 및 원조활동을 제공하여야 한다.

② 자기결정

자기결정은 장애인이 일상생활에서 케어를 필요로 할 때 자신의 생활방식을 자신의 책임에 의해 결정하고, 자신이 희망하는 생활목표와 생활양식을 선택하여 살아가는 것이라 할 수 있다. 이는 이러한 결정에 대한 결과에 자신이 책임진다는 것을 의미한다. 나아가 어떤 중증의 장애를 갖더라도 한 번뿐인 인생에 있어서 생활주체자로서 스스로 결정을 하며 살아가는 행위 그 자체를 존중하는 것이다. 또한 타인과의 관계 속에서도 비장애인과 같이 독자적 인격을 가진 것을 인정하고 존중하는 것을 말한다.

③ 자기책임

스스로의 판단과 결정에 의해 주체적으로 살고, 그 행동에 대해 스스로 책임지는 것을 말한다. 즉, 자신의 책임에 의하여 생활에 필요한 서비스나 물품을 활용하면서 자유로운 책임 주체로서 스스로의 생활을 계획하고 관리하여 가는 것을 말한다. 생활방식을 스스로의 책임으로 결정하고 살아가는 것은 생활방식을 규정하는 여러 생활목표와 생활양식이 존재하는 가운데 스스로의 책임으로 스스로가 희망하는 생활목표와 생활양식을 선택하여 살아가는 것을 의미하기 때문에 그러한 자유로운 선택 행위 자체도 자립 혹은 자립생활의 중요한 요건의 하나이다.

④ 자기관리

자기관리는 장애인이 일상생활에서 필요한 금전 관리, 영양 및 건강 관리, 안전 관리, 대인관계, 시간 관리 등에 대한 자기관리 능력을 획득하는 것을 말한다. 이것은 장애인이 생활 전반에 대해 지원을 받으면서도 지원받는 서비스나 물품에 대한 자기관리 능력을 장애인 당사자가 키우도록 하는 것을 말한다.

⑤ QOL(Quality of Life)

QOL은 '생활의 질', '생명의 질', '삶의 질' 등으로 다양하게 번역되고 있다. 이 QOL은 인생에 있어서 기본적 행복감과 관련되는 것으로서 풍부한 경험, 안심감, 질 좋은 생활, 능력을 활용하고, 자신에 관한 것은 자신이 자유롭게 선택하면서 자기실현을 하는 것과 타인으로부터 존경받고, 자존심을 가지고 생활하는 것을 말한다. 자립생활 이념에서 QOL이란 자기실현, 자기결정, 자기책임, 자기관리를 통하여 생활의 질을 높이는 것을 말한다.

⑥ 사회참여

사람들이 살아가는 최종의 목표는 자기실현이라 할 수 있다. 그러나 사람들은 혼자서는 자기실현을 달성할 수 없다. 사람들은 항상 사회 속에서 존재하며, 사회에 참여하여 역할을 부여받고 해내며 사회적 평가에 의해 살아가는 기쁨과 만족감을 얻을 수 있다. 여기서 사회참여란 장애인이 자기실현을 위해 사회참여를 가능하게 하는 권리를 의미한다.

〈표 2-1〉 리해비리테이션 모델과 자립생활 모델의 비교

항목	리해비리테이션 모델	자립생활 모델
문제 상황	신체장애, 직업능력 부족	전문직원과 가족에 대한 의존
문제의 소재	개인	환경, 리해비리테이션의 과정
문제의 해결	의사, 물리치료사, 작업치료사, 직업재활상담원에 의한 전문적 개입	동료 상담원, 인권 옹호, 자조, 소비자 통제, 장벽 제거(barrier free)
사회적 역할	환자/클라이언트	소비자로서의 시민
추진하는 사람	전문직원	소비자로서의 시민
의도하는 성과	최대한의 ADL, 유급고용	자립생활
중요시하는 변수	자기관리, 이동, 취업, 치료・개입, 개별 환자, 장애인의 개인적 특성	생활 여건 조성, 소비자 주권, 옥외 이동, 옥외 활동, 사회제도・정책, 환경적 특성, 환경적 장애 요소

5. 삶의 질(QOL) 향상

QOL은 일반적으로 객관적 생활환경, 건강상태, 생활에 대한 주관적인 만족감 등에 대한 객관적·주관적 평가를 말한다(Holloway & Carson, 2002). 세계보건기구(WHO)에 의하면 QOL이란 한 개인이 살고 있는 문화권과 가치체계의 맥락 속에서 자신의 목표, 기대, 규범, 관심과 관련하여 자신이 차지하는 위치에 대한 개인적인 견해를 의미한다고 하였으며 QOL을 결정하는 요인으로 건강상태, 생활방식, 생활만족도, 정신상태, 안락성 등을 포함한 심리적 영역, 독립정도, 신체적 영역, 사회적 관계, 환경, 영적 영역을 제시하였다(안혜영, 2012: 7).

이렇듯 QOL은 물질적, 비물질적 요소를 포함하는 포괄적인 개념으로 일상생활의 외형적인 상태뿐만 아니라 내면적 심리상태, 개인의 가치의식이나 경제, 정치, 사회문화 환경 등을 포함한다. QOL은 시간과 공간에 구애받지 않는 절대적인 개

념이라기보다는 한 사회의 경제, 정치, 사회 발전 수준과 사회구성원들의 가치관과 관습에 따라 변화되는 상대적인 개념이다. 따라서 개인에 의해 경험되는 일상생활에 대한 느낌인 만족감이나 행복감이 QOL을 결정하는 중요한 요인이라 할 수 있다.

QOL 개념의 등장은 그 자체로서 전통적 장애인 서비스에서 주요 관심을 받아오지 못했던 장애인 본인의 '주관적 관점'에 대한 관심을 부각시켰다. 또한 QOL 개념은 장애에 대한 사회의 변화된 시각과 장애를 이해하는 모델이 의료적 모델에서 사회모델, 인권모델로 변화하는 관점을 반영하며, 더 광범위하게는 장애인을 위한 서비스의 질적 혁명을 의미한다(Schalock & Keith, 2016 부분수정).

장애인의 QOL은 모든 영역에서 주체적이고 적극적인 참여가 가능하고, 자기표현과 선택의 자유를 가지며, 인생에서 풍부한 경험, 안정감, 질 좋은 생활, 본인의 능력을 활용하여 본인에 관한 것은 본인이 자유롭게 선택하면서 자기실현을 하고, 타인으로부터 존경받으며 자존감을 가지며 생활하는 것을 말한다. 따라서 장애인의 QOL 향상을 위해서는 장애인이 개인으로서 존중됨은 물론 장애가 있어도 그가 가진 능력을 최대한으로 발휘함으로써 보다 좋은 조건의 삶이 가능하도록 하는 사회적 지원이 필요하다.

한국장애인인권헌장

장애인은 인간의 존엄과 가치를 가지며 행복을 추구할 권리를 가진다. 장애인은 건전한 사회구성원으로 책임 있는 삶을 살아가며 자신의 능력을 개발하여 자립하도록 노력하여야 한다. 국가와 사회는 헌법과 국제연합의 장애인권리선언의 정신에 따라 장애인의 인권을 보호하고 완전한 사회참여와 평등을 이루어 더불어 살아가는 사회를 만들기 위한 여건과 환경을 조성하여야 한다.

1. 장애인은 장애를 이유로 정치·경제·사회·교육 및 문화생활의 모든 영역에서 차별을 받지 아니한다.
2. 장애인은 인간다운 삶을 영위할 수 있도록 소득, 주거, 의료 및 사회복지서비스 등을 보장받을 권리를 가진다.
3. 장애인은 다른 모든 사람과 동등한 시민권과 정치적 권리를 가진다.
4. 장애인은 자유로운 이동과 시설 이용에 필요한 편의를 제공받아야 하며, 의사 표현과 정보 이용에 필요한 통신, 수화통역, 자막, 점자 및 음성도서 등 모든 서비스를 제공받을 권리를 가진다.
5. 장애인은 자신의 능력을 계발하기 위하여 장애 유형과 정도에 따라 필요한 교육을 받을 권리를 가진다.
6. 장애인은 능력에 따라 직업을 선택하고 그에 따른 정당한 보수를 받을 권리를 가지며, 직업을 갖기 어려운 장애인은 국가의 특별한 지원을 받아 일하고 인간다운 생활을 보장받을 권리를 가진다.
7. 장애인은 문화, 예술, 체육 및 여가활동에 참여할 권리를 가진다.
8. 장애인은 가족과 함께 생활할 권리를 가진다. 장애인이 전문시설에서 생활하는 것이 필요한 경우에도 환경이나 생활 조건은 같은 나이 사람의 생활과 가능한 한 같아야 한다.
9. 장애인은 사회로부터 분리, 학대 및 멸시받지 않을 권리를 가지며, 누구든지 장애인을 이용하여 부당한 이익을 취하여서는 안 된다.
10. 장애인은 자신의 인격과 재산의 보호를 위하여 필요한 법률상의 도움을 받을 권리를 가진다.
11. 여성 장애인은 임신, 출산, 육아 및 가사 등에 있어서 생활에 필요한 보호와 지원을 받을 권리를 가진다.
12. 혼자 힘으로 의사결정을 하기 힘든 장애인과 그 가족은 인간다운 삶을 영위하기 위하여 필요한 지원을 받을 권리를 가진다.
13. 장애인의 특수한 욕구는 국가정책의 계획 단계에서부터 우선 고려되어야 하며, 장애인과 가족은 복지 증진을 위한 정책 결정에 민주적 절차에 따라 참여할 권리를 가진다.

ocial Welfare with the Disabled

CHAPTER 03

장애인복지의 발달

1. 서구
2. 한국
3. 장애인복지 발달과정에서의 개념적 변화

1. 서구

1) 고대의 장애인복지

고대사회에서는 자기 생명과 종족의 보존이 가장 중요한 과제였다. 당연히 부족의 생존 투쟁에 도움을 주지 못하는 장애인은 유기되거나 살해당하였다. 또한 장애는 악령에 의한 것으로 생각하는 미신 숭배에 의해 심신질환(장애)의 원인이라고 간주된 악령을 빠져나가게 하기 위하여 장애인의 머리에 구멍을 뚫기도 하였다.

한편, 히포크라테스의 당대를 기점으로 심신의 질환을 의학적으로 진단·치료하려는 노력이 이루어지기도 하였다. 그러나 그리스인들은 장애인을 식충이라 하여 산과 들에 버리고 자살을 방임했으며, 장애아를 절벽에서 던져 버리거나 유아 살해를 허용하였다. 스파르타에서는 미와 건강을 가치 기준으로 존중하여 장애인을 추한 인간의 표본으로 생각하였다. 스파르타의 리쿠르구스(Lycurgus) 법전에 의하면 국가적 번영과 인간 최고의 존엄이라는 사상에 입각하여 신체허약자, 지능열등자, 기타 장애인을 산중에 버리는 것을 허용하였다.

로마법에서는 출생 시 인간의 형체를 갖추지 못한 경우에 이를 살해하거나 유기하는 것이 왕법 및 12표법 이래 인정되었으며, 이들에 대해서는 출생의 법적 효과가 인정되지 않았다(숭실대학교 장애인복지연구회, 2004: 136).

로마인들은 청각장애인들을 리베르강에 던져 익사시키거나 투기장과 흥행장, 귀족 연회의 노리갯감으로 이용하였으며, 네로왕은 장애인을 활쏘기 연습의 표적으로 사용하였다.

이처럼 고대의 장애인관은 미신적이고 원시적이었으며, 장애인에 대한 유기, 학대, 방임, 살해 등이 일반적으로 이루어졌다.

2) 중세의 장애인복지

중세는 기독교의 가르침을 기초로 빈민이나 장애인에 대한 구제보호사상의 태동기였다. 물론 이 시기에도 장애인에 대한 학대와 유기가 일반적 현상이었다. 그러나 기독교 사상의 영향으로 중세에는 종교적 자선사상과 박애사상에 입각한 장애인 구제 노력이 싹트기 시작하였다.

기독교는 초기 교회시대를 거쳐 니케아종교회의(325년) 이후 그리스나 로마의 장애인 학대는 자비와 동정으로 변화하게 되었다. 이것은 기독교의 가르침, 모든 인간은 하느님 앞에 동등한 의무와 권리를 갖는다는 데서 연유한다.

또한 수도원이 중심이 되어 산발적으로 이루어진 장애인 시설보호는 봉건체제가 붕괴되고 신흥도시가 발달하면서 도시를 중심으로 이루어지는 계기가 되었다.

기독교 사상을 근거로 한 중세의 장애인 보호는 장애인을 차별하던 당시의 시대적 배경으로 볼 때 획기적인 것이었지만 장애인이 비장애인과 동등한 권리를 가지고 있다는 것을 수용하기에는 한계가 있었다.

3) 근대의 장애인복지

근대시대는 르네상스, 의학의 발전, 종교개혁, 철학사상의 변화 등으로 장애인에 대한 인식이 크게 변화하는 시기라고 할 수 있다. 그러나 근대에도 장애인에 대한 차별과 편견은 일반적 사회통념으로 이어져 내려와 장애인복지의 발전에 한계가 되었다.

18세기에 접어들면서 교육의 국가 관리와 보편화 운동의 하나로서 아동에 대한 대책이 마련되었다. 아동에 대한 보편적 교육은 장애아동에 대한 특수교육에의 관심을 증가시켰으며 장애아동의 공교육을 시작하는 계기를 마련하였다.

19세기 후반부터는 생리학, 의학, 심리학, 사회학 등의 발전으로 인하여 장애 원인을 밝히려는 노력과 더불어 특수교육을 크게 촉진시키게 되었다(숭실대학교 장애인복지연구회, 2004: 141-144).

또한 18세기 중엽 스위스의 정형외과 의사 브넬(Jean Avdre Venel)이 지체장애인들을 위한 시설을 설립하였다. 나아가 세균학과 병리학의 발달로 장애의 원인이 되는 질병을 치료, 제거할 수 있는 지식을 보급시켰다.

19세기 초기에 유럽의 각지에 시설이 개설되었는데 이들의 주목적은 의료적, 교육적, 직업적 리해비리테이션이라기보다는 보호적 시설을 제공하는 데 있었다.

1906년 콘라드 비살스키(Conrad Biesalski)가 베를린에서 최초로 장애아동 인구조사를 실시하였고, 이를 계기로 세계 최초의 종합 리해비리테이션센터라 할 수 있는 오스카 헬렌 하임(Oscar Helen Heim)을 설립하였다.

이처럼 동정적이고 치료적인 방법에 입각한 정신질환자들의 재활을 위한 도덕적 치료 운동이 전개되기도 하였으나 19세기 말과 20세기 초까지 계속된 정신병 수용소를 통한 냉혹하고 비인간적인 감금과 치료가 이루어졌다(아산사회복지사업재단, 1981: 37).

4) 현대의 장애인복지

장애인복지는 제1차 세계대전(1914~1918)을 계기로 큰 전환점을 맞게 되었다. 제1차 세계대전 참전으로 인해 신체의 손상이나 질환을 얻게 된 군인 및 일반 시민들에 대한 보호, 치료, 보상의 대책으로 각종 제도의 발달이 시작되었기 때문이다.

20세 초기는 독일, 영국 등을 비롯한 서구 제국이 정치적·사회적 요인으로 인해서 복지국가를 표방하였으므로 자연스럽게 장애인의 복지 증진을 위한 제도적·입법적 발달에 큰 관심을 두었다.

제2차 세계대전(1939~1945)의 사후 대책과 피해 복구의 일환으로 직업정보제공, 직업지도, 사회보장, 리해비리테이션 등 장애인복지 정책이 본격적으로 실시되었다(아산사회복지사업재단, 1981: 37-38).

이처럼 현대적 장애인복지가 태동된 시기는 제2차 세계대전 이후 약 30년간으로 미국, 영국, 스웨덴, 오스트레일리아 등 선진국에서 의료적 리해비리테이션, 교육적 리해비리테이션, 직업적 리해비리테이션을 중심으로 장애인복지제도가 갖추어지기 시작한 시기였다. 1960년대에 노멀라이제이션 원리를 선진국들이 급속히 받아들임으로써 장애인의 사회통합이 현대 장애인복지의 이념으로 정착됨과 동시에 현대 장애인복지의 기본적 틀이 구도화되기 시작하였다. 1970년대 장애인복지의 국제적 동향은 종래의 의료적 리해비리테이션, 교육적 리해비리테이션, 직업적 리해비리테이션 중심에 대한 반성으로부터 탈시설화와 지역사회보호 경향이 대두되었고 사회통합이 강조되기 시작하였다. 1980년대에는 장애인의 사회통합을 지향하는 복지 형태로서 현대 장애인복지의 틀을 갖출 수 있는 변혁을 가져오기 시작하였다. 즉, 장애인이동권을 비롯한 접근권의 확보가 강조되었고 장애인의 가치로운 사회적 역할이 중요한 개념으로 등장하였다. 또 장애인의 자립생활 이념이 장애인복지현장에서 커다란 이슈가 되었다.

1990년대에는 1970년대와 1980년대에 걸쳐 구축한 장애인복지가 생활에 밀착하여 의료적 리해비리테이션, 교육적 리해비리테이션, 직업적 리해비리테이션, 심리적 리해비리테이션 분야의 전문가뿐만 아니라 장애인 당사자, 가족, 지역주민 및 정부의 정책적 참여에 따른 장애인의 사회통합을 위한 전인적 능력개발과 접근성 보장을 위한 건축물 개선, 주택 개선, 이동 시스템 개선, 주민의식 개선 등의 사회환경의 변화가 병행되는 형태로 총체적 개념의 장애인복지가 형태를 갖추기 시작하였다(숭실대학교 장애인복지연구회, 2004: 144-151).

2000년대 들어 장애인복지정책의 목표는 장애인의 완전한 참여와 평등권리실현을 위해 모든 공공행위와 정책 입안 과정에 장애인을 우선시하는 관점이 포함되면서, 장애인이 시민으로서의 권리를 존중받을 수 있도록 하는 실천적 노력이 이루어지고 있다.

〈표 3-1〉 복지제도의 사적 전개

시대적 구분	사회적 반응과 대책
고대시대	미신적인 시대. 장애유아의 유기, 처형을 묵인했던 비인도주의적 시대
중세시대	시설보호 중심 시대. 남아도는 수도원 시설의 사용. 구빈원, 수용소 보호
근대시대	정신질환자의 구속 감금 시대. 의료 지식의 점진적 발달과 보급, 장애아동에 대한 특수교육의 필요성 인식
1900~1960년 (제1 · 2차 세계대전)	사회입법 제정의 시대. 제1 · 2차 세계대전 참전 장애인에 대한 책임의식, 보상책, 산업재해법 및 각종 사회보장제도의 도입
1970년 이후	사회통합의 시대. 지역사회보호, 격리시설 폐쇄 등으로 사회복귀를 위한 각종 프로그램의 발달, 노멀라이제이션이라는 개념을 중심으로 전개되는 법령 프로그램 개발, 자립생활 이념의 등장
2000년 이후	완전한 참여와 평등을 위한 실천적 노력, 시민으로서의 권리 존중을 위한 정책의 실현 추구

2. 한국

1) 정부 수립 이전

(1) 삼국시대

국가는 자연재해나 전쟁 기간 중 피해를 당한 백성이나 자활 · 자립할 수 없는 환과고독(鰥寡孤獨), 노병빈핍(老病貧乏)한 백성을 대상으로 구제를 실시하였다. 구제사업으로 관곡진급(官穀賑給), 사궁구휼(四窮救恤), 조조감면(租調減免), 종자 및 식량급여, 이재민에 대한 군주의 친순 및 위문, 역농방재(力農防災), 종묘(宗廟) 및 불사기도(佛寺祈禱) 등이 있다.

이와 같은 구제사업 중에서 장애인과 관련이 있는 제도는 사궁구휼이라 할 수 있다. 그 예를 보면 다음과 같다. 고구려 고국천왕 16년 7월에 환과고독과 노병빈핍으로 장애인들을 구제하게 하였다(삼국사기 권16, 고구려 본기4, 고국천왕조). 고국원왕 2년 왕이 졸본 시조묘에 가서 제사하고 늙고 병든 자에게 물품을 지급하였다(삼국사기 권18, 고구려 본기6, 고국원왕조). 태조왕 66년에는 환과고독, 노병자로 자활할 수 없는 자를 위문하고 구휼하였다(삼국사기 권15, 고구려 본기3, 태조대왕조).

신라 유리왕 5년에 왕이 국내를 순행하다가 늙은 할머니가 굶주리고 있는 것을 보고 그를 덮어 주고 음식을 먹인 후 성주에게 명하여 환과고독, 노인, 병든 자 등에게 구제를 실시하도록 하였다(삼국사기 권1, 신라본기1, 유리왕조).

백제 비류왕 9년 춘 2월에 관리를 보내 질병에 따른 고통을 묻고 환과고독, 장애인에게 곡식을 1인당 3석씩 주었다(삼국사기 권24, 백제 본기2, 비류왕 9년).

통일신라시대 경덕왕 6년 겨울에 눈이 오지 않고 백성이 기근과 병에 걸리자 사자를 10도에 보내어 안무케 하였고, 동왕 14년에 노병과 환과고독의 백성에게 곡식을 차등 있게 주어 구휼하였다(삼국사기 권9). 경문왕 13년 봄에 전염병이 유행함에 관리를 보내어 구제하게 하였다(삼국사기 권11)(숭실대학교 장애인복지연구회, 2004: 154).

〈표 3-2〉 삼국시대 구제사업의 대상

대상	내용
환과고독(鰥寡孤獨)	• 환: 늙고 아내가 없는 홀아비 • 과: 남편이 없는 과부 • 고: 어리고 부모가 없는 아이 • 독: 늙고 자식이 없는 사람
노병빈핍(老病貧乏)	• 늙고 병들고 빈곤한 사람

〈표 3-3〉 삼국시대 구제사업

제도명	내용
관곡진급(官穀賑給)	정부에서 비축하고 있는 관곡을 각종 재해로 빈곤한 백성에 배급하여 구제하는 제도
사궁구휼(四窮救恤)	환과고독의 무의무탁한 빈민을 구제하는 제도
조조감면(租調減免)	재해로 심한 피해를 입은 지역의 주민들에게 그 재해 정도에 따라 조세를 감면해 주는 제도

(2) 고려시대

고려시대의 사회복지제도로는 삼국시대의 민생구휼제도가 계속되었으며 불교의 자비사상의 영향으로 구제사업이 한층 더 제도화되었다.

『고려사』에는 고려시대의 진휼로서 은면지제(恩免之制), 재면지제(災免之制), 환과고독진대지제(鰥寡孤獨賑貸之制), 수한질여진대지제(水旱疾癘賑貸之制), 납속보관지제(納粟補官之制)로 되어 있다. 이 시대에도 장애인들에 대한 구휼사업이 베풀어지고 그들을 수용하는 기관이 설립되었다(박옥희, 2001: 79).

환자의 치료뿐 아니라 기한자(飢寒者), 무의무탁자를 수용하는 구제기관인 동서대비원을 비롯하여 제위보, 혜민국 등이 국가기관으로 운영되었다.

맹승(盲僧)들에게 길흉화복을 점치게 했고, 기우제를 지내게 했으며, 점복자로 경제적 자립을 이룩하도록 함은 물론 점복을 과거제도에 포함시켜 시험에 합격한 시각장애인에게 벼슬을 주었다.

〈표 3-4〉 고려시대의 구제사업

제도명	내용
은면지제(恩免之制)	개국, 즉위, 제사, 불사, 경사, 전쟁 후, 기타 적절한 시기에 왕이 베푸는 각종 은전
재면지제(災免之制)	천재지변, 전쟁, 질병 등으로 인해 발생된 이재민의 조세, 부역 및 형벌 등의 전부 혹은 일부를 감면해 주는 제도
환과고독진대지제(鰥寡孤獨賑貸之制)	우선적으로 보호를 받아야 할 대상자를 지정하여 나라의 곡식을 빌려주는 제도
수한질여진대지제(水旱疾癘賑貸之制)	천재지변, 전쟁, 질병 등으로 인해 발생된 이재민에게 쌀, 잡곡, 소금, 간장, 의류 등 각종 물품과 의료, 주택 등을 급여하는 제도
납속보관지제(納粟補官之制)	고려 충렬왕 원년에 국가 재정의 부족을 보충하기 위하여 일정한 금품을 납입한 자에게 일정한 관직을 주었던 제도로 구휼과는 무관한 것이다. 그러나 충목왕 4년에 이 제도를 모방하여 흉년과 재해 때 백성을 구휼하기 위한 재원 조달의 한 방편으로 이용한 제도

즉, 광종 9년에 과거제도에 포함되었고, 공양왕 원년(1389)에는 잡학을 십학으로 확대 설치하여 관학으로 발전하게 되었다. 따라서 일부의 시각장애인들은 자섬부사(종 5품)와 강안 전 시위호군(종 4품)의 벼슬도 받았다. 이처럼 시각장애인들에게 벼슬을 주었던 사실은 장애인복지제도의 중요한 발전이라 할 수 있다(한국재활재단 편, 1996: 82).

(3) 조선시대

조선시대에는 장애인인 독·폐질자에 대한 구휼사업이 계속되었고, 고려시대부터 시작된 복업이 명과학으로 개칭되어 잡학교육을 받았고, 관현맹인(管絃盲人)이 음악 관련 직업을 가졌다.

개국 초부터 유교의 정치이념인 왕도정치를 기반으로 고려시대의 제도를 쇄신하였다. 구휼제도도 더욱 체계화되고 치료와 질병의 예방에 힘을 기울였으며 굶주린 백성과 장애인을 수용, 보호하는 데에도 발전을 보였다. 이 시대에도 환과고독, 독·폐질자 및 장애인에 대한 구휼과 구호사업은 계속되었다(한국재활재단 편, 1996: 82).

구휼제도로 환곡, 비황, 의창, 상평창, 교제창, 구황, 진혈, 진대, 의료, 시식, 견감 및 경조의 구제제도와 지방관의 구휼책임의 제도 및 활인서, 혜민서 등의 의료구제기구를 비롯하여 사궁[환(鰥), 과(寡), 고(孤), 독(獨)]의 진휼과 고아의 부양 등의 제도가 기록되어 있다.

(4) 일제 강점기

일제 강점기는 장애인을 위한 구휼사업을 독립적으로 제도화한 것은 없었고 일반 구빈사업으로 시행된 것들 뿐이다. 1944년 한국인에 대한 징병과 노무 징용에 동원하기 위한 선무용으로 일본의 구호법을 원용하여 조선구호령을 제정하였다. 그 적용 대상은 65세 이상의 노쇠자, 13세 이하의 유아, 임신부, 불구·폐질·질병·상이 · 기타 정신 또는 신체의 장애로 인하여 노동을 하지 못하는 자로 되어 있다.

(5) 군정시기(1945~1948)

군정시기는 군정법령 제25호에 의해 각 도청 내에 보건후생부를 설치하고 그 업무로 도민의 건강보호 증진과 그에 관한 연구, 보건교육, 유행병 · 전염병의 예방, 모자보건, 응급구호 및 재난구제, 극빈자에 대한 공공부조, 소아후생시설, 기타 시설의 관리, 귀환 및 실업 동포의 보호 및 안주, 기타 공중 후생 계획 등을 담당하였다. 하지만 군정시대의 각종 포고 및 법령에 장애인복지제도에 관련된 조항은 찾아볼 수 없다. 장애인문제를 독립된 영역으로 삼지 않고 구빈문제나 아동 · 부녀문제를 포함하여 다룬 것으로 볼 수 있다.

2) 정부 수립 이후

(1) 시설보호 중심의 보호단계

정부 수립 이후 한국 사회는 일제잔재의 청산 등과 정치, 경제, 사회 질서의 유지를 위하여 노력하였지만 정부의 통제능력이 미약하여 사회적 혼란이 오랫동안 지속되었다. 또 6 · 25전쟁으로 전쟁고아, 사상자, 미망인이 양산되어 사회적 혼란은 더욱 확대되었다. 전쟁으로 인하여 장애를 당한 상이군경, 민간인은 국가로부터 정당한 보상을 받을 수 없었으며 빈곤, 재난, 아동 · 부녀문제에 포함되어 다루어졌다.

정부 수립 이후부터 제3공화국까지 장애인문제에 대한 독자적 법령 또는 제도의 접근을 찾아보기는 어렵다. 장애인에 대한 사회복지서비스는 민간사회사업가, 종교기관, 외국원조기관에 전적으로 의존하였다. 장애인복지는 거주시설을 중심으로 운영되었으며 1980년 후반까지 장애인복지의 대표적 형태로 자리 잡게 된다.

그럼에도 불구하고 1949년 이후 각종 장애인 관련법의 제정으로 장애문제에 관한 제도적 대처 노력을 볼 수 있다.

① 1949년 「교육법」 제정: 장애인에 대한 교육서비스를 제도적으로 마련하였다.

② 1950년 「군사원호법」, 1951년 「경찰원호법」을 제정하였다.

③ 1960년 「상속법」 개정: 세제 면에서 장애인에 관한 특례를 규정한 효시이다.

④ 1974년 「소득세법」 전문개정: 인적 공제제도를 채택하면서 장애인공제제도를 도입하여 세제상 배려를 하였다.

(2) 리해비리테이션 중심의 제도적 발전

경제개발정책이 가시적인 성과를 거두기 시작한 1970년대 중반부터 우리나라의 사회복지는 리해비리테이션 중심으로 실질적인 서비스를 제공하기 시작하였다. 1977년 「특수교육진흥법」이 제정되어 장애인에 대한 교육기회를 제공할 수 있는 기반을 형성하였다. 이후 늘어나는 장애인 수와 장애인의 욕구에 적극적으로 대응하기 위하여 1981년에 「심신장애자복지법」을 제정하여 장애인의 권익을 보장하고 사회복지서비스를 법제화하였는데, 이는 1981년 세계장애인의 해에서 정한 완전참여와 평등의 테마를 적극적으로 반영한 것으로 보인다. 국제적으로 유엔은 1981년을 '세계 장애인의 해'로 정하였으며, 1982년부터 1992년까지 '세계 장애인 10년', 1982년에 '세계 장애인 10년 행동 계획'을 채택하는 등 장애인복지에 많은 변화를 가져왔다.

특히 1988년 서울올림픽과 함께 열린 '장애인올림픽'을 계기로 대통령 직속 장애인대책위원회가 설치되는 등 장애인복지의 제도적 틀을 재정비하는 변화를 가져왔다.

1970년대 중반 이후의 제도 및 서비스 변화는 다음과 같다.

① 1977년 「특수교육진흥법」 제정: 시각·청각·정신장애, 지체부자유자, 정서장애, 언어장애, 기타 심신장애인을 특수교육 대상자로 지정하고, 국가 및 지방자치단체에게 특수교육진흥을 위한 정책을 강구하도록 하였다.

② 1978년 「관세법」 개정: 농아, 지체부자유자 등 신체장애인용으로 특수하게 제작된 물품 중 재무부령으로 정하는 신체장애인이 직접 사용하는 물품에 대

한 관세를 감면할 수 있는 제도를 도입하였다.

③ 1981년 「심신장애자복지법」 제정: 한국 최초로 종합적인 장애인복지 법률이 제정되었다. 산업화, 도시화 과정에서 심신장애의 발생을 예방하고 심신장애인의 의료, 직업재활 및 생활보호 등 복지시책을 효과적으로 추진함으로써 장애인의 재활과 그 가족의 정상적 경제·사회활동을 도와주기 위하여 제정되었다(박석돈, 2005: 473).

(3) 생존권 중심의 인권보장단계

1980년대 후반부터 거주시설 중심의 서비스는 이용시설 중심의 지역사회보호로 사회복지의 패러다임이 변화하였다. 특히 장애인에 대한 교육과 치료의 기회를 더욱 확대하면서 장애인의 인권을 강화하기 위한 다양한 정책이 개발되어 실행되었다. 장애자라는 부정적 용어를 장애인으로 변경하고, 재가장애인에 대한 CBR사업 운영, 장애인고용촉진, 장애인 이동권의 보장, 통합교육 강화, 자립생활지원 등의 장애인권리를 보장하기 위한 다양한 정책이 수행되고 있다.

① 1989년 「심신장애자복지법」의 전면개정으로 「장애인복지법」으로 명칭 변경: 개정된 법에서는 '심신장애자'라는 용어를 '장애인'으로 변경하고 장애인정책에 대한 국가와 지방자치단체의 의무를 명확히 하고, 장애인등록제 실시를 규정하였으며 장애인들이 자립할 수 있도록 법적 지원을 개선하였으며, 대통령 자문기구로 장애인복지대책위원회가 설치되었다.

② 1990년 「장애인고용촉진 등에 관한 법률」 제정: 이 법은 장애인들의 직업재활 및 고용 기회의 확대를 통하여 자활 여건을 조성하고 복지를 향상시키고자 제정하였다. 국가와 지방단체, 그리고 100명 이상의 근로자를 고용하는 사업자 등에 장애인을 의무적으로 고용할 수 있도록 규정하였으며, 장애인고용촉진공단을 설립하도록 하였다.

③ 1994년 「특수교육진흥법」의 개정: 장애를 가진 어린이의 교육적 권리를 보장

하여 통합교육이념을 실현하고자 하였다.

④ 1995년 「정신보건법」 공포: 정신장애인과 정신질환자를 규정하여 정신질환의 예방과 정신질환자의 의료 및 사회복귀에 관하여 필요한 사항을 규정함으로써 정신질환자의 권리를 부여하도록 하였다.

⑤ 1997년 1998~2002년까지 추진되는 「장애인복지 발전 5개년 계획」 수립, 공포: 장애인복지의 확대를 위하여 장애 발생 예방, 장애인의 생활안정 지원 강화, 사회참여 확대 및 편의시설 확충, 장애 범주 확대, 장애아동의 교육기회 확대, 특수교육 기능 강화, 장애인 직업능력개발 증진 등을 포함하고 있다.

⑥ 1998년 「장애인 · 노인 · 임산부 등의 편의증진 보장에 관한 법률」 제정: 장애인 · 노인 · 임산부 등이 생활을 영위함에 있어 이동과 시설 이용 및 정보의 접근 등에 느끼는 불편을 고려하여 이들이 다른 사람의 도움 없이 안전하고 편리하게 시설 및 설비를 이용하고 정보에 접근하도록 보장함으로써 사회활동의 참여와 복지 증진 향상을 목적으로 제정되었다.

⑦ 2000년 「장애인고용촉진 및 직업재활법」 제정: 장애인이 자신의 능력에 맞는 직업생활을 통하여 인간다운 생활을 할 수 있도록 장애인이 가진 능력을 정당하게 평가하여 고용의 기회를 제공함과 동시에 장애인이라는 이유로 인사관리상의 차별 대우를 받지 않도록 보호하는 내용이 포함되어 있다.

⑧ 2007년 차별에 의한 장애인의 인권을 보장하고 장애인 문제 해결을 위한 인권법으로서의 「장애인차별금지 및 권리구제에 관한 법」이 제정되어 장애인에 대한 정당한 편의제공을 의무화하고 장애로 인한 차별의 권리구제 및 벌칙조항을 두어 실질적으로 장애인의 인권을 보호하고자 하였다.

3) 장애인복지발전 5개년 계획 실시 이후

(1) 제1차 장애인복지발전 5개년 계획(1998~2002)

제1차 장애인복지발전 5개년 계획은 장애인단체 및 학계 등 각계각층의 의견을 수렴하여 정부 내 각처가 협력하여 마련한 최초의 중장기계획으로 “장애인의 완전한 사회참여와 평등보장”을 비전으로, “가족·이웃·지역사회가 장애인과 함께 하는 복지 실현”을 정책목표로 설정하였다. 제1차 장애인복지발전 5개년 계획의 시행을 통해 정신장애, 신장장애, 심장장애가 장애유형에 포함되어 장애유형의 범주가 확대되었고, 장애인특수학교가 증가하여 장애인교육의 발전이 이루어졌다. 또한 장애인 재활 및 고용촉진을 위한 장애인고용촉진 및 직업재활기금이 만들어졌고, 장애인고용의무화 등의 제도가 도입·추진되었으며 그 결과 장애인 고용률이 상승하여 장애인의 생활 안정을 위한 기반이 마련되었다(한국장애인개발원, 2017: 22).

2000년 제정된 「장애인고용촉진 및 직업재활법」은 장애인이 자신의 능력에 맞는 직업생활을 통하여 인간다운 생활을 할 수 있도록 장애인이 가진 능력을 정당하게 평가하여 고용의 기회를 제공함과 동시에 장애인이라는 이유로 인사 관리상의 차별 대우를 받지 않도록 보호하는 내용이 포함되어 있다.

한편, 제1차 장애인복지발전 5개년 계획의 기본 목표인 “장애인의 완전한 사회참여와 평등보장”을 이루기 위해 「장애인인권헌장」이 선포되었고, 「장애인복지법」이 전면개정되었다. 1997년에 제정·공포되고, 1998년 제정·공포되었다(「장애인·노인·임산부 등의 편의증진 보장에 관한 법률」).

(2) 제2차 장애인복지발전 5개년 계획(2003~2007)

제2차 장애인복지발전 5개년 계획은 “장애인이 대등한 시민으로 참여하는 통합적 사회 실현”을 비전으로 제시하였고, 비전 달성을 위한 정책목표로 “생애주기별로 특화된 복지서비스 개발 제공”, “일반교육과 특수교육의 책무성 공유를 통한 통합교육 확대”, “복지와 성장의 조화를 통한 안정적인 장애인 고용의 실현”, “신체적 여건에 구애됨이 없이 정보화의 혜택을 누리는 디지털 복지사회 구현”, “장애인에게 편리하고 안전한 이동편의체계 구축” 등을 설정하였다.

제2차 장애인복지발전 5개년 계획 시행을 통해 법적으로 장애범주가 확대되어 등록장애인이 증가하였고, 장애수당 지원 대상 및 급여액이 확대·증가되었다. 또한 활동지원서비스제도가 도입되었으며 장애인 고용의무 대상기업이 확대되었다(한국장애인개발원, 2017: 24).

2007년에는 차별에 의한 장애인의 인권을 보장하고 장애인 문제 해결을 위한 인권법으로서의 「장애인차별금지 및 권리구제에 관한 법」(이하 「장애인차별금지법」이라 함)이 제정되어 장애인에 대한 정당한 편의제공을 의무화하고 장애로 인한 차별의 권리구제 및 벌칙조항을 두어 실질적으로 장애인의 인권을 보호하고자 하였다. 「장애인차별금지법」에서 차별은 장애인을 장애인이 아닌 사람과 구별하여 제한하거나 분리하는 직접적인 차별과 형식적으로는 불이익을 주는 것이 아니면서 장애가 없는 사람과 획일적인 기준을 적용함으로써 장애인에게 불리한 결과를 초래하는 간접적인 차별이 있다. 또한 정당한 사유 없이 장애인에게 필수적인 정당한 편의제공 거부행위와 장애인에 대한 편견과 차별적 내용이 담긴 문서, 도화, 영상, 공연, 음반 등을 통해 대중에게 장애인에 대한 차별적 행위를 조장하는 행위도 포함된다. 특히 제6장 벌칙에서는 악의적인 차별행위에 대하여 3년 이하의 징역 또는 3천만 원 이하의 벌금에 처할 수 있도록 하였고, 차별행위의 시정을 위하여 과태료를 부과할 수 있도록 규정하고 있어 차별금지에 대한 의지를 표명하였다.

이러한 「장애인차별금지법」은 지금까지의 동정적이고 배려적인 차원에서 제공된 복지서비스가 아니라 장애인이 인간답게 살기 위한 최소한의 권리를 보장하기 위한 학습과 훈련, 노동, 이동, 정보, 문화, 체육 등의 편의를 정당하게 제공함으로써 문화적인 생활을 유지할 수 있도록 삶의 질을 향상시키는 최소한의 보장 장치이다. 특히 장애인에게 사회적 역할을 제공함에 있어 사회적 부담으로 인식하기보다 인적자본에 대한 투자로 인식하는 계기가 되었다.

(3) 제3차 장애인복지발전 5개년 계획(2008~2012)

제3차 장애인복지발전 5개년 계획은 이전 10년에 비해 범정부적 차원의 통합적인 접근을 통하여 장애인의 권익증진과 사회참여 확대를 이루고자 하였다. 이에 "장애인의 권리에 기반한 참여확대와 통합사회 구현"을 비전으로 제시하였고, "장애인복지서비스의 선진화 구현", "장애인 생애 주기별 교육지원체계 구축 및 문화활동 확대", "장애인이 일할 수 있는 사회 실현", "장애통합적 접근으로의 사회참여 확대와 장애인 권익증진" 등을 정책목표로 설정하였다.

제3차 장애인복지발전 5개년 계획 시행을 통해 중증장애인의 소득보장 지원을 위한 장애인연금 제도가 도입되었고, 중증장애인 자립생활 지원 및 가족수발자 부양부담 경감을 위한 장애인활동 지원제도가 도입되었다. 또한 장애아동에 대한 재활서비스 및 돌봄서비스가 제공되었고, 발달장애인의 장애유형별로 특화된 종합지원계획이 수립되었으며, 장애아동에 대한 의무교육이 유치원, 고등교육 과정까지 확대·실시되었고, 문화바우처 사업의 지속적 확대를 통한 문화예술 향유 기회 확대, 장애인 생활체육 사업에 대한 지원이 강화되었다(한국장애인개발원, 2017: 25).

문화바우처 사업은 공연·전시 무료관람 지원을 통해 기초생활수급자 및 차상위계층의 지원을 확대하고 있으며, 14개 문화시설에 대해 장애인편의시설 설치를 지원하였다. 방송수신 보조기기를 보급하고, 장애인방송 제작지원 대상을 확대하여 장애인의 방송접근권을 강화하고 있다.

「장애인·고령자 등 주거약자 지원에 관한 법률」 제정으로 장애인의 주택서비스 확대를 위해 분양주택과 임대주택을 확대하고, 가정형 소규모 거주시설을 확충하여 장애인의 주거수요를 충족하기 위해 노력하였다.

이 기간 동안 중증장애인 2배수 인정제, 고용장려금 개편을 통해 고용의무제도를 강화하였다. 중증장애인의 직업생활 지원을 위해 근로지원 서비스를 신설하였다. 장애인 표준사업장에 대한 세액감면제도를 도입하여 법인세와 소득세를 50% 감면하였다. 2011년도부터 4년간 혜택을 받을 수 있게 하였다. 중증장애인 생산품 우선 구매 관련 생산시설을 확대하여 장애인 고용을 촉진하였다. 또한 저상버스를 도입하고 도시철도 및 수도권 전철 등에 엘리베이터, 에스컬레이터 등 이동편의시설을 확충하여 장애인의 이동권을 강화하였다.

(4) 제4차 장애인복지발전 5개년 계획(2013~2017)

제4차 장애인정책종합계획의 추진방향은 "복지, 교육, 문화, 경제활동 등 사회 전 영역에 걸쳐 장애인정책 추진", "장애인이 체감하고 만족하는 장애인정책 추진", "우리나라 주도의 제3차 아태장애인 10년(인천전략)의 성공적 이행을 위한 장애인정책 추진"을 제안하였다. 세부 내용을 살펴보면, 정부는 "복지, 교육, 문화, 경제활동 등 사회 전 영역에 걸쳐 장애인정책 추진"을 위해, ① 장애인과 비장애인이 더불어 행복한 사회 구현을 비전으로 복지, 교육, 문화, 경제 등 사회 각 영역을 망라하는 장애인정책을 추진하고, ② 향후 5년간 각 영역별 중점 추진목표를 설정하고, 목표달성을 위해 다양한 세부정책과제를 추진하고, ③ 복지·건강, 교육·문화, 경제활동, 사회참여 및 권익증진 4대 분야, 19대 중점과제, 71개 세부과제를 제시하였다. 다음으로 "장애인이 체감하고 만족하는 장애인정책 추진"을 위해, ① 장애등록단계부터 적극적인 서비스 정보 제공 및 연계를 통하여 장애인이 실질적으로 혜택을 체감할 수 있도록 정책을 추진하고, ② 장애인정책의 기획·집행·평가 전 과정에 장애인지적 관점 도입을 제시하였다. 마지막으로 "우리나라 주도의 제3차 아태장애인 10년(인천전략)의 성공적 이행을 위한 장애인정책 추진"을 위해, ① 인천전략의 주요 내용을 제4차 장애인정책종합계획과 제5차 장애인정책종합계획에 반영하여 인천전략의 목표를 달성하고, ② 각 부처 간 긴밀한 협조체계 유지 및 연계조정 기능을 통해 인천전략의 이행 담보를 제시하였다. 이를 토대로 장애인지적 관점에서 장애인정책에 새로운 개념 도입과 장애인 삶에서의 권익증진 및 자립생활 기반을 구축함으로써 실질적인 사회통합과 권리실현의 전기를 마련한다는 방향을 세우고 있다(한국장애인개발원, 2017: 26).

(5) 제5차 장애인정책종합계획 5개년 계획(2018~2022)

「장애인복지법」에 따라 5년마다 수립하는 범정부 계획인 장애인정책종합계획은 '장애인의 자립생활이 이루어지는 포용사회'를 비전으로 복지·건강, 교육·문화·

체육, 경제적 자립기반, 권익 및 안전 증진, 사회참여 등의 5대 분야의 계획을 수립하였다. 이를 구체적으로 살펴보면 다음과 같다.

① 복지 · 건강: 장애등급제의 단계적 폐지 및 탈시설화 추진

장애인의 개인적 욕구와 일상생활 환경에 부합하는 맞춤형 서비스 지원을 위해 2019년 7월부터 6등급으로 분류되었던 '장애등급제'를 단계적으로 폐지하고, 종합판정도구를 도입하고 있다. 종합판정도구는 활동지원서비스와 보조기기 등 일상생활지원 서비스에 우선적으로 적용하고 이후에 소득, 고용지원 서비스에 단계적으로 적용할 예정이다. 또한 시설에 거주하던 장애인이 자립생활을 위하여 시설을 나간 후에 지역사회에 조속히 정착할 수 있도록 중앙 및 시 · 도에서 '탈시설 지원센터'를 설치하고 공공임대주택과 자립정착금을 지원할 계획이다. 그리고 장애인의 건강한 생활을 보장하기 위하여 '장애인 건강검진기관'을 2021년까지 100개소로 지정 운영할 방침이다.

② 교육, 문화, 체육: 가치로운 사회적 활동 환경 조성

장애인의 사회적 활동은 장애인의 보편적 생활을 보장하기 위하여 비장애인과 동등하게 주어지는 일상생활의 일부이다. 장애인의 교육권을 보장하기 위해 특수학교 22개교와 특수학급 1,250개를 확충하고, 특수학교 용지확보 및 설립이 용이하도록 관련 제도를 정비할 예정이다. 또 통합문화이용권 지원을 7만 원에서 10만 원으로 늘리고, 장애인이 불편함이나 활동의 제약 없이 이용할 수 있는 '열린 관광지' 100개소를 2022년까지 조성할 계획이다. 그리고 장애인 생활 지도사를 확대('17년 450명→'22년 1천 명)하고, 권역별 장애인국민체육센터 설치 등을 통해 장애인들이 집에서 최대한 가까운 곳에서 생활체육을 즐길 수 있도록 환경을 조성할 예정이다.

③ 경제적 자립기반: 장애인의 안정적 소득 보장

장애인의 경제적 활동은 참여적 환경과 인식의 부족으로 일상생활을 자립적으로

영위하기에 부족한 상황이다. 장애인 당사자의 자립적 경제 기반 활동 이외에 장애인의 소득보장을 위해 '장애인연금 기초급여'를 2018년 9월부터 25만 원으로 인상하고, 2021년 30만 원, 2022년에는 307,500원으로 인상되었다. 장애로 인한 추가비용 보전을 위한 '장애인 연금 부가급여'와 '장애수당'을 단계적으로 인상할 방침이다.

④ 권익 및 안전 증진: 장애 인식 개선

장애인의 당연한 권리를 보장하고 안전한 일상생활을 보장하기 위하여 장애인에 대한 국민들의 인식개선을 위한 중장기 로드맵을 마련하고, 중앙 및 시·도 '장애인권익옹호기관'을 통해 장애인 학대와 차별문제에 체계적으로 대응할 계획이다. 특히 안전취약계층인 장애인 지원을 위한 법과 제도를 정비하고, 장애인 '재난안전교육 및 대응 매뉴얼'을 개발하여 장애인을 위한 경보, 피난, 안전 설비 기준을 강화할 계획이다.

⑤ 사회참여: 배리어 프리 확대

장애인의 사회참여는 보편적 생활의 핵심이다. 장애인의 사회참여를 보장하기 위하여 장애인이 모바일 앱, 소프트웨어, 정보통신 융합 제품에도 쉽게 접근할 수 있도록 지원하며, 화면낭독 소프트웨어, 특수 마우스 등 정보통신 보조기기를 매년 4천 명에게 지원할 계획이다. 또 공공기관 건축물에 의무적으로 적용되는 장애물 없는 생활환경(Barrier free: BF)인증을 민간 건축물에도 단계적으로 확대할 계획이다.

또한 2017년 19%에 불과한 저상버스 보급률을 2021년까지 42%로 확대하고, 휠체어 장애인이 탑승 가능한 고속·시외버스 모델을 개발·도입하며, 철도·공항·버스 등 여객시설에 휠체어 승강기 등의 이동 편의 시설을 대폭 확충하고 장애인의 보행환경을 개선하는 등 장애인 이동권 보장을 강화할 계획이다.

3. 장애인복지 발달과정에서의 개념적 변화

1) 의식: 분리에서 사회통합으로

장애인복지의 발달과정에서 비장애인이 장애인에 대한 의식의 변화에서 중요한 것은 기존에 장애인을 보호의 대상으로만 인식하여 격리하고 분리하여 보호하던 차원에서 공동체의 일원으로 받아들이고 동등한 권리와 존엄을 가진 존재로 인식이 바뀌었다는 것이다. 사회적으로 열등한 자에게 생존을 위한 최소한의 보호를 제공하는 것은 19세기 말에서 20세기 초반에 영향을 미친 사회적 진화론에 의해 격리하고 보호하고 치료하는 것이 정당하다고 생각하였기 때문이다. 하지만 이러한 의식은 인권의식이 강화되면서 탈시설화정책으로 변화를 겪게 된 것이다. 장애인에게도 일상생활에서의 보편적 경험을 누리는 것이 지극히 당연시되어 시설보호를 반대하고 사회통합을 강조하기 시작하면서 장애인의 지역사회생활이 확대되고 보장되고 있다.

2) 책임: 개인에서 사회로

장애인에 대한 책임의식으로 과거에는 장애를 불쌍한 개인에게 발생한 끔찍한 사건이며(김종인 외, 2004: 95), 개인적이고 기능적인 문제이므로 개인적 차원에서 장애문제에 관심을 가지고 있었다. 이러한 의미에서 전문가에 의한 일방적이고 강요된 의료적 서비스와 치료서비스가 제공되었다. 하지만 사회환경의 변화로 장애가 개인에게만 존재하는 것이 아니라 사회 내에 존재하는 것으로 인식이 변화되었고, 장애인에게 필요한 정당한 편의 제공을 거부하는 장애인을 억압하고 차별하는 사회에 문제를 제기하고 이러한 문제를 해결하기 위한 사회적 책임을 중시하게 되었다.

3) 접근방법: 재활에서 자립생활로

이전의 장애인에 대한 접근은 재활모델 관점에서 개인의 능력부족으로 사회참여가 제한되는 것이기 때문에 장애인의 능력을 강화하는 재활 중심의 치료서비스가 보편적이었으며, 장애인은 전문가의 지시와 지도에 순응함으로써 개인의 사회적응 능력을 강화하는 데 역점을 두고 있었다. 하지만 이러한 재활모델은 근본적인 문제 해결책이 될 수 없으며, 그 효과가 크지 않아 변화를 모색하지 않을 수 없다.

자립생활모델에서는 장애인의 사회참여 기회가 자신들의 선택과 결정에 의해 이루어지는 것이 타당하며, 사회는 그들이 자신의 능력을 최대한 발휘할 수 있는 환경적 여건을 조성함으로써 장애인의 사회통합이 자연스럽게 달성된다는 것이다. 장애인이 타인에 의한 의존성에서 벗어나 주도적으로 일상생활을 영위할 수 있도록 물리적·심리적 환경의 개선이 우선된다는 의미에서 접근방법이 변화되고 있다.

Social Welfare with the Disabled

CHAPTER 04

장애인복지의 관점

1. 장애인복지 관점의 변화 동향
2. 장애인복지실천모델
3. 장애인복지 이론
4. 장애인복지모델 변화의 의미

1. 장애인복지 관점의 변화 동향

장애인복지 관점은 사회문화적 수준에 따라 많은 영향을 받아 왔다. 대체로 비장애인이 중심이 되는 사회에서 장애인은 사회적 약자 혹은 소수자로 인식되어 왔다. 소수자 관점은 장애인이 우리 사회에서 정당한 권리를 가지는 것이 아니라 사회의 주류로부터 배제당하고 무시당하는 것을 당연하게 여기고 있다.

장애인에 대한 소수자 관점은 비장애인들이 장애인과 함께 같은 사회에서 살고 있다는 사실을 부정하는 것이며, 장애인에 대한 차별과 사회적 불평등이 당연하다고 정당성을 부여하는 것이다. 즉, 장애인이 신체적·정신적 손상으로 인하여 능력이 부족하므로 주류 사회에 동참하지 못하는 것은 바로 그들의 책임이라는 것이다. 이러한 관점은 개인의 능력을 강조하는 17, 18세기의 자유주의 사상과 사회적응 실패를 개인적 능력으로 인정하는 진화론적 사상에서 영향을 받은 것이다.

결국 장애인은 사회로부터 분리되고 격리되어 생활할 수밖에 없었으며, 강제된 무능력자로서 자신의 존재를 부정적으로 인식하게 되었던 것이다. 따라서 장애인은 거주시설에서 장애라는 죄의식과 피해의식을 가지고, 전문가들이 제공하는 의·식·주 등의 서비스에 순종적으로 적응하는 것이 당연하며, 자선을 베푸는 사회와 국가에 고마움을 느끼도록 의식화되었다고 할 수 있다.

그러나 오늘날에는 장애를 개인적 책임으로 규정하는 소수자 관점은 약화되고 장애인의 인격을 존중하고 그들의 사회참여와 사회통합을 강조하는 사회학적 관점으로 변화되고 있다. 장애인의 문제는 당사자나 가족의 문제가 아니라 우리 사회가 그들을 차별하고 억압하는 데서 오는 문제이며, 그들의 특성을 이해하고 수용하여 삶의 주체로서 적극적으로 기능할 수 있도록 하여야 한다는 것을 강조하고 있는 것이다. 특히 장애인의 문제를 개인의 의지 부족이나 노력 부족과 같은 개인적 요소로 강조할 뿐만 아니라 개인적 능력이 충족되더라도 장애 자체를 이유로 고용에서 배제해 온 것에 대한 반성도 포함한다. 그러므로 장애인의 근본적 문제는 바로 장애인의 사회참여를 통제하는 사회적 장벽, 즉 이동권의 제한, 근거 없는 차별, 부적절한 사회환경 등의 사회적 불리에 의하여 초래된다는 관점으로 변화되고 있다.

이는 장애인복지의 패러다임이 당사자의 선택과 자기결정을 강조하며, 국가와 사회의 역할을 강조하는 형태로 변화되고 있다는 것을 의미하는 것이다. 또 사회가 장애인의 잠재 능력과 가능성을 인정하며 장애인의 사회참여를 위한 정책과 제도를 확대하여 장애인의 문제에 적극적으로 대처하여야 한 것을 의미한다.

2. 장애인복지실천모델

장애인복지의 실천모델은 의료모델, 심리사회적 모델, 사회적 모델, 인권모델 등으로 구분할 수 있다.

1) 의료모델

의료모델은 의료재활, 심리재활을 포함하는 것으로 장애인문제의 본질을 장애인 개인의 심리적 문제와 의지의 결여라는 측면에서 이해하고자 한다. 장애인은 자립능력이 없는 무능력자로 사회적·경제적 활동에 필요한 기본적 기술을 가지지 못한 사람들이라고 인식하고, 도덕적으로 결함이 많은 사람들이라고 인식한다. 따라서 당연하게 주어져야 할 권리와 혜택도 거부되었으며 자연스럽게 무기력하고 의존심이 강한 존재로 인식되어 있다.

따라서 의료모델의 목표는 장애인 개인의 신체적 기능의 회복, 심리적 문제의 치유에 주안점을 두고 있다. 이러한 모델은 장애를 질병으로 인식하고 치료에 집중할 뿐, 개인의 의지와 선택을 인정하지 않고 있다. 의료모델에서 전문가와 장애인은 일방적 관계가 형성되어 왔다. 즉, 전문가의 판단에 의하여 장애인은 순종하거나 순응함으로써 장애문제를 치료할 수 있다고 본 것이다. 이를 의료재활과 심리재활로 구분하여 살펴보면 다음과 같다.

의료재활은 전문가와 장애인의 관계에서 전문가의 권위를 강조하는 반면, 장애인은 전문가의 처방과 지시에 순종하는 역할을 강요받았다. 전문가가 제시한 치료체계에 따라 장애인이 순응함으로써 문제의 핵심인 장애를 치료하는 관계를 가지는 것이다. 접근 방향은 질병으로 인식된 장애를 극복하게 하고 장애인의 직업적 특성을 평가하여 직업기술을 습득하도록 하여 일상생활을 독립적으로 영위할 수 있도록 하는 것이다. 그러나 장애인의 능력을 강조하는 것이 현실적으로 주어지는 사회적 장벽을 개인적으로 극복하도록 한다는 점에서 한계가 있다.

심리재활은 신체적 장애가 심리적 요소에 영향을 미친다는 것을 강조하는 것으로 정신분석학적 방법을 통하여 무의식적으로 형성된 개인의 상처를 치유하고 갈등을 해소하는 것을 의미한다. 결국 장애인의 문제는 지극히 개인적인 것으로 심리적 의지만 회복하면 해결되는 것으로 인식하고 있다. 따라서 장애인에게 축적된 심리적 억압이나 갈등은 사회환경에 의하여 형성된 것으로서 사회환경의 변화를 통하여 회복될 수 있다는 점을 무시하고 있다. 즉, 장애인을 비롯한 모든 인간은 삶에 대한 의욕과 의지가 강렬한데도 불구하고, 그들의 사회참여를 제한하는 차별에 의하여 왜곡된 심리구조가 형성되어 온 점을 간과하고 있다.

따라서 의료모델은 장애인문제의 접근이 신체 기능의 치유에 역점을 두고 재활의학 관련 전문가의 의학적 활동을 중시한다. 장애인의 신체적 재활에 초점을 맞추는 것으로 의학적 진단과 처방, 그리고 보조용구 등을 통한 신체적 기능의 회복에 관심을 가진다. 그러나 결국 신체 기능의 손상은 완전히 회복될 수 없는 문제이므로 근본적 한계를 가질 수밖에 없다.

2) 심리사회적 모델

심리사회적 모델은 '환경 속의 인간'이라는 의미를 가지는 것으로 환경의 영향, 특히 환경과의 사회적 상호작용을 중요하게 인식하며 관계 중심적 관점을 가진다.

장애인의 문제는 심리 내면의 문제에 의한 것이라기보다 인간은 사회적 체계에 의해 영향을 받기 때문에 사회환경의 중요성을 강조한다. 즉, 장애인이 지역사회의 주민들과 활발하게 상호작용하면서 관계를 만들어 갈 수 있는 사회환경의 조성이 중요하다.

심리사회적 모델은 장애인이 환경과 별도로 분리된 것이 아니라 장애인이 속한 사회환경에 의하여 영향을 받는다고 한다. 특히 사회환경과의 부적절한 상호작용은 필연적으로 장애인의 사회참여를 제한하고, 심리적 열등감을 가지게 하여 장애인을 스스로 무능력자로 인식하게 한다. 사회는 체제를 유지하기 위한 사회적 규범을 가지고 있으나 사회적 규범이 장애인에게 불리하게 작용하여 장애를 부끄러운 것으로 인식하여 장애인을 사회로부터 소외시키고 이러한 사회적 가치를 수용하도록 강제함으로써 장애인의 사회통합을 통제하는 것이다. 사회로부터 거부된 장애인은 자신의 가치와 능력을 불신할 뿐만 아니라 다른 장애인도 불신하게 된다.

결국 장애인의 사회참여가 제한되고 정상적으로 삶을 영위하지 못하는 것은 개인의 심리적 무능력이나 사회적응의 실패가 아니라 장애인의 특성과 욕구에 사회환경이 적절하게 대응하지 않는 무관심이나 차별에 의한 것이다.

심리사회적 모델은 최근에 등장한 강점모델에도 영향을 미친 것으로 볼 수 있다. 강점모델은 장애인을 소비자로 간주하고 소비자 중심의 기능주의적 측면을 강조한 것으로 장애인의 문제를 병리적 요소로 보는 소극적 관점이 아니라 장애인의 잠재능력을 개발함으로써 사회적 적응과 변화를 가능하게 할 수 있다는 미래 지향적 관점을 지니고 있다(박정임, 2002: 2).

강점모델은 장애인의 문제 중심적 접근이 오히려 장애인의 심리를 억압하는 것으로 보고, 소비자의 문제를 직접적으로 다루지 않고 강점을 강화하는 데 초점을 두고 있다. 즉, 장애인의 강점을 집중적으로 부각하면서 학습이나 훈련을 통하여 장애문제를 극복할 수 있다는 긍정적 사고를 가지고 있다. 아울러 장애인 개인의 문제와 지역사회, 사회구조, 제도 등의 변화에도 관심을 둔다. 전문가는 장애인 본인의 능력을 강화하여 적극적으로 사회변화에 참여할 수 있도록 지지하고 격려하는 역할을 수행한다.

3) 사회적 모델

사회적 모델은 장애에 대한 시각이 개인의 내면적 부적응에서 사회적 환경의 문제로 초점이 이동했음을 의미한다. 장애인에 대한 궁극적 문제가 개인의 역기능에 의해 발생되는 것이 아니라 장애인에 대한 인식의 결여, 물리적 장벽, 제도화된 억압 등의 사회환경적 차별이 빚어낸 결과라는 것이다.

물론 장애인의 사회참여와 통합의 저해 요인으로 개인적 요소를 완전히 배제하는 것은 아니며, 이보다는 장애인에게 부적절한 환경, 편견, 근거 없는 차별 등이 더욱 심각한 문제라고 강조한다. 장애인의 신체 기능의 손상은 사회가 그들에게 적절한 사회환경을 마련하지 못하기 때문에 사회활동상에 많은 불편함을 주는 것이다.

장애인문제를 해결하기 위해서는 장애인 자신들이 권리의 주체로서 차별 철폐를 위한 권익 옹호의 주체로 활동하며, 자조적 활동을 통하여 그들의 사회참여를 확대하고 완전한 사회통합을 추구하여야 한다.

사회적 모델은 다소 급진적이라고 할 수 있다. 사회학적 관점이 사회제도의 불합리성을 개선하고 평등한 제도와 정책의 실현을 지향하기 때문이다. 이러한 관점에서 볼 때 장애인의 문제는 소수자의 권익을 옹호하거나 사회정의를 완성하고자 하는 사회행동적 모델과 맥을 같이 한다. 즉, 장애인의 문제는 장애인에 대한 차별과 억압으로 사회참여가 박탈되었기 때문에 발생한 것이다. 따라서 장애인의 자립생활은 억압된 권리를 회복하기 위하여 조직화 활동을 전개하여야 한다. 조직화 활동은 장애인의 자립생활에 부적절한 사회문화적 환경의 개선, 분리된 생활공간의 해체, 차별적 정책의 전환을 목표로 한다. 또 장애인이 스스로 선택하고 결정할 수 있는 구체적 접근방법을 모색하여야 한다.

4) 인권모델

인권모델은 모든 사람을 동일하게 대우하는 것이 평등이 아니며, 다양한 사람들 사이에 존재하는 힘의 불균형을 인정하며, 장애인을 포함한 사회적 약자들이 실질적으로 평등을 누릴 수 있도록 정부가 행동을 취해야 한다고 한다. 즉, 평등을 이루기 위한 개인 간의 차이, 차별과 권력 관계를 고려한 실질적 평등이 이루어질 수 있도록 포괄적 평등을 강조한다. 포괄적 평등은 형식적 평등이 아닌 실질적 평등을 넘어서 공정한 재분배 차원의 평등이다(DARU, http://www.daru.org.au).

인권모델은 장애인권리협약을 구현하는 도구로써 인권 원칙을 토대로 하고 있다. 장애인권리협약은 장애인의 존엄과 권리를 보장하기 위해 21세기 들어 첫 국제인권법에 근거한 인권협약이며, 2006년 12월 13일 제61회 유엔총회에서 채택되었다. 우리나라는 2008년 12월 2일 유엔에 협약비준서를 제출하고 2009년 1월 10일에 협약이 국내에서 발효되었다.

인권 원칙은 평등과 공정과 관련된 일련의 원칙으로 두려움, 차별, 괴롭힘으로부터 벗어나 행복한 삶을 살기 위해 유엔에서 합의한 권리에 기초한다. 권리에는 생명, 건강, 고문이나 기타 잔인하거나 비인간적인 대우를 받지 않는 것, 사생활, 법 앞에 평등, 결혼해서 가정을 꾸리는 것, 직업, 교육 등이 포함된다. 이 권리는 장애, 성별, 문화적 배경, 민족성 또는 피부색, 성적 취향, 개인적 의견, 종교적 신념, 사회적 지위 등에 관계없이 모든 시민에게 동일하게 적용된다(DARU, http://www.daru.org.au).

인권 원칙에 따른 인권모델은 인간의 고유한 존엄성에 초점을 둔다. 장애는 모든 형태로 존중되고 각각의 장애유형과 정도에 따른 장애의 정체성(identity)이 인정되어야 한다고 강조한다. 즉, 인권모델은 소수자와 문화적 차이와 같이 인간 간의 차이를 존중하고 배려하여야 한다고 주장한다. 따라서 게이 자존심, 흑인 자존심, 페미니즘 같이 장애 문화도 장애의 정체성으로 존중되어야 하고, 장애유형 안에서도 후천적, 선천적, 빈곤, 폭력, 사고 등 장애의 원인과 정도에 따른 각각의 정체성이 인정되어야 한다고 주장한다.

그러므로 사회모델이 시민의 권리와 차별금지입법을 위한 투쟁을 주로 지지하는 것에 비하여 인권모델은 경제적, 사회적 및 문화적 권리뿐만 아니라 인권, 시민 및 정치 모두를 포함한다는 점에서 더욱 포괄적이다(Degener, 2016).

또한 사회모델은 장애를 설명하기 위한 틀을 제공하지만, 정부가 장애인의 권리를 증진시키기 위해 사전 조치를 취할 필요는 없다. 그러나 인권모델은 각각 공공영역에서 장애인의 권리를 실현하기 위해 정부가 취해야 할 조치를 설명하여야 한다.

즉, 인권모델에서 장애의 문제는 국가와 시민 사회의 대응력 부족이 장애로 나타나는 것이라고 주장한다. 국가는 모든 사람의 존엄성과 평등에 대한 완전한 존중을 보장하기 위해 사회적으로 만들어진 장애를 해결해야 할 책임이 있다고 한다. 따라서 정부는 4년마다 장애인의 권리를 증진시키기 위해 취한 조치에 대해 유엔에 보고할 의무가 있다. 우리나라는 유엔장애인권리위원회에 협약이행에 대한 제 1, 2, 3차국가보고서(2019.3.8.)를 제출하였다.

예를 들면, 사회모델에서는 휠체어를 사용하는 장애학생이 학교에 편의시설이 설치되어 있지 않아 다니지 못한다면 장애학생이 접근할 수 있도록 설계되어 있지 않은 학교에 문제에 있다고 간주한다. 이에 비하여 인권모델에서는 장애학생이 자신이 선택한 학교에 접근할 권리가 있으며, 모든 학교 시설에 완전히 접근할 수 있도록 정부가 법률, 지침 및 기준을 마련하도록 요구한다. 또한 정부에게 장애학생이 모든 학교생활에 동등하게 참여할 수 있도록 모든 추가적인 지원을 제공할 것을 주장한다(정일교, 2020: 181-185).

3. 장애인복지 이론

장애인복지에 대한 관점은 생태체계적 관점과 임파워먼트 관점을 중심으로 서술하고자 한다.

1) 생태체계론

(1) 개념과 특성

생태체계론은 체계 이론과 생태학 이론이 결합된 것으로 사회체계의 상호작용과 관계의 변화와 적응을 중심으로 환경적 특성을 강조하는 관점이다. 사회체계는 살아있는 유기체로서 변화와 균형의 반복적 과정을 통하여 성장한다는 관점을 지니고 있다. 사회체계는 경계를 가지며 경계 내에서 생존을 위한 경쟁, 적응, 합의 등의 상호작용 과정을 거쳐 구성원 간의 결속력과 소속감을 강조한다. 즉, 장애인은 환경과의 상호적 관계에서 문화적·역사적 맥락 속에 공존하는 존재이기 때문에 장애인의 문제는 환경과의 끊임없는 상호작용적 측면에서 관찰되고 파악되어야만 충분히 이해될 수 있다(이영호 외, 2010: 122).

하나의 체계는 하위 체계의 상호작용에 의하여 체계 자체의 독특한 성격을 형성하기 때문에(유장춘, 2000: 7) 장애인은 복합적 관계망의 일부라고 할 수 있다. 각각의 하위 체계는 다른 체계와의 관계 속에서 존재할 수 있기 때문에 외부 체계의 상실은 주 체계의 상실을 의미한다. 각각의 하위 체계는 그 체계와 연결된 나양한 요소들과 서로 상호작용을 가지기 때문에 한 부분의 변화나 긴장은 전체 체계에 영향을 미친다. 또 체계는 상호 간의 적합성, 상호관련성, 호혜성, 항상성과 같은 특징을 통하여 의존적 관계를 가진다. 경쟁적 관계, 적응적 관계 등에 의하여 적절한 자극과 스트레스가 주어지기도 하며, 상황에 따라 적합한 대처 능력을 배양하기도 한다. 이러한 상호의존적 교류를 통하여 체계와 환경은 쌍방향적으로 영향을 주고받는 것으로 설명할 수 있다.

한편 체계의 변화는 목표 지향적 성향을 지니며, 환경의 요구에 유기체가 변화되고, 반대로 유기체가 환경을 변화시킬 수 있도록 상호교류가 이루어진다. 따라서 환경은 개인의 변화를 초래하는 자원으로서의 기능을 수행하며, 개인은 생존을 위하여 환경에 적응하고자 한다. 체계가 가지고 있는 경계는 다른 체계와 구별되는 자신만의 가치를 확인하는 것으로 주체적 존재 가치를 부여한다.

(2) 생태체계론의 접근 방법

장애인의 문제는 생물학적 요인, 심리학적 요인, 가족 요인, 사회문화적 요인 등의 다양한 요인이 복합적으로 개인과 환경 사이의 상호교류를 통하여 형성된 것으로 볼 수 있다. 이러한 상호의존적 교류에 주안점을 두고 생태체계론을 이해하기 위한 개념적 틀을 제시하면 다음과 같다(장인협 · 우국희, 2001: 103-106).

① 초점체계의 확인

장애인은 다양한 외부 체계와 상호작용하며 영향을 주고받지만 외부 영향을 더욱 분명하게 파악하기 위하여 분명한 기준을 정하는 것이 바람직하다. 초점체계는 분석하고자 하는 내용에 따라 다양하게 규정될 수 있으며 분석을 확대하면서 변경될 수 있다. 초점체계는 장애인이 해결하고자 하는 문제로서 개입의 초점이 되는 문제이다. 즉, 장애인의 기능을 평가한다면 장애인이 초점체계가 될 것이며, 개입전략을 수행하고자 한다면 장애인의 외부 체계나 내부 체계가 초점체계가 될 수 있다.

② 체계 내부의 변화 파악

체계는 외부와 구분되는 경계를 가지고 있으며, 경계 내의 구성원들은 소속감과 자기정체성을 가지게 되며 그들만의 문화적 특성을 가지게 된다. 따라서 체계내부의 구조, 상호작용, 생 · 심리 · 사회적 차원, 문화적 특징을 탐색한다. 즉, 의사소통 방식, 권력관계, 인지적 사고 등을 분석하는 것이 중요하다.

③ 체계 외부의 변화 파악

개체에 영향을 미치는 외부 체계는 환경적 상황에서 자원망을 의미하며, 초점체계의 특성에 따라 독특한 유형을 가진다. 외부 체계는 역동성을 가진 동적 체계로서 초점체계와의 특별한 관계에서 구조, 상호작용, 관계의 질 등을 파악하는 것이 바람직하다.

④ 체계 내부와 외부의 관련성 파악

체계 내부와 외부 환경 간의 공유 영역, 상호교류는 개체의 특성을 규정짓는 것이므로 체계의 상호교류를 분석하는 것은 현재 일어나고 있는 것에 대한 이해를 제공하고 앞으로의 변화 가능성에 관한 판단 근거가 될 수 있다.

⑤ 체계의 작동 원리 파악

체계는 변화하는 속성을 지니며 내적·외적 사건에 반응하여 적응하며 변화한다. 장애인과 관련된 체계를 이해하기 위해 성장 발달 과정과 대인관계의 적응과 변화에 대한 관점이 요구된다. 즉, 초점체계의 발달과정에서 일어나는 변화들을 관찰한다. 체계는 기본적으로 목표 지향적 과정을 거치므로 체계의 변화는 기능과 능력의 변화를 촉진할 수 있다.

(3) 생태체계론의 유용성

생태체계론은 사회복지의 과정을 의료모델과 같은 단선적 관계에서 상호교환적 그물망 관계로 확대하여 다양한 측면에서 문제 요인을 분석하는 장점을 가지고 있다. 즉, 생태체계적 관점은 장애인의 문제를 심리적 측면이나 외부 환경적 측면에서만 찾는 것을 거부하고, 상호교환의 결과로 인식한다. 이는 장애인의 문제를 개인적 책임으로 한정 짓는 것이 아니라 사회적 관계를 중심으로 총체적으로 분석하고 접근하는 체계적 방법을 모색하는 데 유리하다. 즉, 상황적 맥락에서 장애인의 문제를 분석하기 때문에 사정과 계획 단계에서 유용한 관점이다. 장애인의 사례를 개입 가능한 여러 가지 측면에서 분석할 수 있으며, 특정 부분에 대한 개입보다 전체 관련 체계에 개입하여 체계적 변화를 가져올 수 있도록 다양한 개입 방법을 선택하고 적용할 수 있는 장점이 있다. 또 장애인과 환경과의 상호작용과정에서 장애 개념이 형성된다는 측면을 설명하기 때문에 장애 개념에서 사회학적 관점의 근거가 되고 있다.

2) 임파워먼트 이론

(1) 개념과 특성

임파워먼트(empowerment)는 권한강화, 역량강화, 세력화 등의 다양한 용어로 해석되어 사용되고 있다. 개념적으로는 장애인이 잠재력을 가지고 있다는 긍정적 관점에서 자신의 삶의 통제할 수 있는 힘을 가지는 것을 목표로 한다. 힘을 가진다는 것은 필요한 자원과 기회를 환경에서 얻을 수 있다는 것을 의미한다.

임파워먼트 관점에서 볼 때 장애인의 문제는 개인의 내적 문제에 기인하는 것이 아니라 사회적 차별과 같은 외부의 억압에 기초하는 것으로 스스로의 힘으로 외부의 억압에 직면할 수 있도록 원조하는 관점이다(김종일, 2003). 즉, 임파워먼트는 장애인과 환경 간의 상호작용에서 발생하는 부조화, 불균형을 해결하려는 한 방법이다.

따라서 이 관점의 목표는 장애인의 문제를 정치사회적인 거시 관점에서 파악하고, 장애인이 사회환경과 조화로운 관계를 형성할 수 있도록 원조하는 것이다. 이러한 목표를 달성하기 위하여 장애인의 잠재력을 강화하고 정치사회적 변화를 추구하는 이중의 하위 목표를 가진다. 이 관점은 장애인뿐만 아니라 사회구조적 억압을 받고 있는 사람들과 노인 등과 같이 일상생활에서 스트레스를 받는 사람들에게 매우 유용한 접근 방법이다(길귀숙, 2010: 154).

임파워먼트는 미래 지향적 관점을 가진 것으로 다음과 같은 특성을 지니고 있다. 모든 인간은 능력을 가진 존재로서 존경을 받는 것이 마땅하며, 누구보다 장애인이 자신의 상황과 해결책을 가장 분명하게 인지하고 있다는 것이다. 모든 인간의 행동은 맥락 안에서 타당성을 가지고 있으므로 장애인의 문제는 사회환경과의 교류 과정에서 발생한다는 것이다. 그리고 사람들의 삶은 할 수 없는 것보다 할 수 있는 것에 초점을 맞출 때 더 나아지기 때문에 장애인이 가지고 있는 강점을 강조하고 문제를 도전과 기회로 인식하여 적극적으로 대응하는 과정을 강조한다.

(2) 임파워먼트 접근 방법

임파워먼트가 장애인이 문제 해결 능력을 획득하는 것에 역점을 두면 결과 지향적이지만, 그 외에도 강점을 강조하여 능력을 획득하기 위한 과정으로 인식되기도 한다(장인협 · 우국희, 2001: 107). 즉, 사회복지사와 클라이언트가 문제를 해결하기 위하여 노력하는 과정도 중요한 목표가 될 수 있다. 결과적으로 임파워먼트는 장애인의 권리 의식과 환경의 자극에 대한 대처 능력 강화에 초점을 두는 접근방법이다. 임파워먼트의 접근 방법의 강조점은 다음과 같다.

① 개인의 문제 인식과 자각

장애인의 문제는 개인의 본질적 문제이기보다 사회적으로 강제된 문제의 성격이 강하다. 장애인의 생존권을 비롯한 기본권이 사회적으로 무시되거나 침해되는 경우가 많기 때문이다. 따라서 장애인의 문제는 나만의 문제가 아니라 사회적 문제라고 인식하는 과정이 필요하며 이러한 자각이 역량을 강화하는 기본 과제가 된다.

② 참여와 협력

장애인의 문제는 사회적 차별로 부각된 것이지만, 장애인과 그 가족들이 가장 심각한 피해를 당하고 있다. 참여는 장애인의 문제를 해결하고 조직화하는 필수 과정이다. 참여의 형태는 단순 참여에서부터 정책 입안까지 다양하게 이루어질 수 있으며, 쟁점을 다양화하고 변화의 가능성을 제시함으로써 참여 동기를 자극할 수 있다.

③ 자원 및 지지 세력 확보

사회복지에서 자원의 동원은 직접적으로 문제를 해결하는 것 이상으로 중요한 의미를 지닌다. 장애인의 문제는 개인적 차원에서 해결되기보다 지역사회의 다양한 체계와의 상호작용 과정에서 해결될 가능성이 훨씬 높기 때문이다. 따라서 장애인은 문제 해결 능력을 강화하기 위하여 본인과 가족을 비롯하여 장애인문제에 관심 있는 개인과 단체와의 관계를 형성하면서 지지 세력을 확보하는 것이 매우 중요하다. 사회적 문제는 사회적 힘의 정도에 따라 해결 가능성이 달라질 수 있으며, 사회적 힘의 정도에 따라 여론의 관심을 유도하는 것도 달라질 수 있다.

④ 역량강화

인식, 참여, 자원동원 등의 과정을 거치며, 클라이언트의 적극성으로 다양한 경험을 거치게 된다. 또한 이 과정에서 쟁점에 대한 다양한 접근 방법을 모색하게 됨으로써 문제 해결에 이르는 방법을 경험하게 된다. 즉, 이론적 지식과 경험적 기술, 다양한 자원의 확보를 위한 조직화 등은 클라이언트의 역량을 강화시키며 유사한 문제에 대한 해결 능력을 강화한다.

(3) 임파워먼트의 유용성

임파워먼트는 사회복지 전반에 걸쳐 다양하게 적용되고 있다. 그것은 임파워먼트가 개인의 능력을 긍정적으로 평가하며 미래 지향적으로 제시하고 있기 때문이다. 장애인복지에서 임파워먼트가 가지는 유용성은 다음과 같다.

첫째, 장애인은 문제 해결에서 주체로서의 지위를 가진다. 장애인은 자신이 처한 상황에 대하여 가장 분명하게 알고 있으며, 변화 과정에 능동적으로 참여하고 역량을 강화하는 참여자이며 파트너이다. 장애인은 강점, 경험, 역량을 가진 원조 과정의 파트너로서 당사자의 선택과 결정을 통하여 문제해결 과정에 적극적으로 참여한다.

둘째, 임파워먼트는 우선적으로 장애인의 자발성과 적극성을 강조한다. 사회환경에 의하여 주어진 일방적 불이익을 참고 인내하는 것이 아니라 그것을 사회적 차별로 인지하고 스스로 비판적 의식을 형성함으로써 개인의 사고를 조직화한다. 이러한 과정에서 장애인의 문제의식과 비판의식이 강화된다.

셋째, 임파워먼트는 사회적 관계에서 장애인의 역량을 강화한다. 장애인의 임파워먼트는 근본적으로 장애인이 당하는 사회적 차별이나 억압을 해소하고 평등한 권리의 주체로서 삶의 질을 강화하는 데 목적이 있다. 따라서 개입의 범주는 장애인 본인에게 제한하지 않고 가족, 집단, 지역사회, 나아가 장애인정책이나 제도까지 확대하도록 요구하고 있다.

4. 장애인복지모델 변화의 의미

지금까지 우리 사회는 비장애인이 주류가 되는 가치, 신념, 제도 등으로 유지 존속되어 왔으며, 장애를 가진 사람들은 사회적응에 실패한 것으로 인정하여 왔다. 장애인은 개인적으로 신체적 손상에 의하여 능력이 제한된 것으로 판단할 뿐, 사회가 그들을 주체로 인정하지 않았던 것이다. 그러나 장애인이 인권을 가진 존재로서 당당하게 사회의 주체로 살아야 한다는 것은 당연한 일이다. 기존의 관점은 장애인의 생산 능력에 초점을 맞추어 옴으로써 장애인의 존재적 가치에 의미를 부여하지 못하였다. 장애인문제는 그들의 능력 손상에 기인하는 것이 아니라 사회적 상호작용의 결과로 주어진 편견과 차별, 무관심과 냉대, 사회적 장벽 등에 의하여 더욱 심화되어 왔다. 이러한 사회적 장벽은 삶의 주체로서의 장애인을 부정하고 비장애인 중심 사회에 그들이 적응하도록 강제하고 강요한 것에 지나지 않는다.

그러나 의료적 모델에서 사회적 모델로의 변화에서 보듯이 장애인도 자기결정과 선택의 주체로서 자신의 생활과 삶을 선택할 수 있는 존재라는 것은 분명하다. 오히려 장애인이 선택하고 결정할 수 있는 기회를 다양하게 마련해 주는 것이 국가와 사회의 역할이라는 것이며, 장애인의 잠재 능력을 강화하고 개발함으로써 선택의 폭을 더욱 넓힐 수 있다.

장애인복지의 궁극적 목표는 완전한 사회참여와 사회통합이므로 이러한 목표에 도달하기 위해서는 장애인을 기피하는 사회적 차별을 철폐하고 소비자 중심, 자기결정권, 선택권을 강조하는 형태로 정책이 변화되어야 한다. 장애인복지의 관점과 실천모델의 변화는 이러한 경향을 반영하는 것이며, 자립과 사회통합의 패러다임으로 전환되고 있음을 의미하는 것이다. 이러한 의미를 구체적으로 살펴보면 다음과 같다.

첫째, 장애문제에 대한 책임 소재가 변화되고 있다. 즉, 기존의 관점은 장애문제를 신체적 손상이나 심리적 역기능에 의한 개인적인 것으로 판단한 반면에 최근의 관점은 차별적 사회제도에 의한 것으로 판단한다. 장애문제의 책임 소재가 개인에서 국가와 사회로 변화되고 있다.

둘째, 전문가 역할이 바뀌고 있다. 기존의 전문가는 전능한 존재로서 치료, 지시 등의 방법을 사용하여 전문가적 권위를 지닌 것이었다면 최근에는 전문가의 역할이 원조자 혹은 옹호자의 역할로 변화되고 있다. 장애문제를 억압과 차별에 의한 것으로 보고 이를 철폐하기 위한 사회행동과 같은 방법이 활용되고 있음은 이를 잘 설명해 준다.

셋째, 장애인의 선택적 결정에 의한 사회참여가 강조되고 있다. 기존에 장애인은 개인의 선택에 의하여 사회적 서비스를 제공받는 것이 아니라 의·식·주 등을 제공하는 보호적 서비스를 일방적으로 수용할 수밖에 없었다. 그러나 장애인의 자기결정권이 존중되고 적극적 역할이 강조되면서 장애인에 의한 선택과 선택에 의한 사회참여가 강조되고 있음을 볼 수 있다.

넷째, 국가와 사회의 역할이 강조되고 있다. 장애인의 문제가 그들에 대한 사회적 무관심, 냉대, 차별 등에 의하여 강화되었으므로 제도적이고 정책적인 방법을 통하여 이를 해결할 수 있다. 특히 장애인의 이동권이나 접근권 등은 제도와 법의 제정과 개정을 통하여 의무 규정으로 만들 수 있다는 점에서 국가와 사회의 역할이 강조되고 있다.

마지막으로 장애에 대한 인식의 변화를 들 수 있다. 장애인이 사회적으로 무능력자처럼 인식되어 왔고 그들은 자연스럽게 사회적 낙인을 수용하면서 죄의식을 가지고 살아 왔다. 그러나 장애인은 사회적 일탈자나 사회적으로 무가치한 존재가 아니라 자신의 능력을 계발하고 적극적으로 활용할 수 있는 잠재력을 가진 동등한 인격체이다. 이러한 인식의 변화는 장애인들이 사회적으로 가치로운 존재라는 것을 의미하는 것이다.

Social Welfare with the Disabled

CHAPTER 05

우리나라 장애인 실태와 생애주기

1. 우리나라 장애인 실태
2. 장애인의 생애주기

1. 우리나라 장애인 실태

1) 추정 장애인 수와 원인

2017년 12월 당시 우리나라의 추정장애인 수는 약 267만 명으로 총인구(5,178만 여 명) 중 장애인구를 바탕으로 추정된 장애출현율은 약 5.39%이다. 「장애인복지법」에 의한 등록장애인 수는 2020년 5월 현재 약 263만 명으로 총인구(5,167만 명) 대비 약 5.1%를 차지하며, 2017년(258만 명)에 비하여 4.2만 명 증가한 수치이다(보건복지부, 2021a). 등록장애인 중 남성은 58%(2017년 148만 명)이며, 여성은 42%(2017년 107만 명)이다. 15개 장애유형 중 2017년 12월 현재 지체장애인의 비율은 높으나(49.3%) 지속 감소하는 반면, 발달장애인(지적장애, 자폐성장애)은 증가 추세에 있다. 장애인구 중 65세 이상 노인의 비율은 49.9%로 2017년(46.6%)에 비해 3.3% 증가하여 고령화 경향을 보이며, 전체 장애인 가구 중 장애인 1인 가구 비율 역시 27.2%로 2017년에 비해 증가한 것으로 나타나고 있다(보건복지부, 2021a).

2019년 고령층 장애인 중 상위 5개 장애유형은 지체장애가 가장 많아 46.7%이며, 다음으로 청각장애 14.4%, 뇌병변장애 9.6%, 시각장애 9.7%, 발달장애 9.2% 순이다. 2009년 대비 2019년 증감율을 보면 지체장애는 5.4% 감소하였으며, 청각장애가 가장 많이 증가하여 53.4% 증가하였으며, 다음으로 발달장애가 43.1% 증가하였다. 심한 장애비율은 발달장애가 100.0%이며, 뇌병변장애가 61.6%이다(한국장애인고용공단 고용개발원, 2020a).

〈표 5-1〉 장애유형별 장애인 현황(2019년 12월 말, 천 명)

종별	지체	뇌병변	시각	청각	발달	기타
인원	1,223	252	253	377	242	272
구성비(%)	46.7%	9.6%	9.7%	14.4%	9.2%	10.4%
2009년 대비 2019년 증감률	-5.4%	0.1%	4.9%	53.4%	43.1%	19.0%
심한 장애비율(%)	19.7%	61.6%	19.2%	25.1%	100.0%	75.2%

출처: 한국장애인고용공단 고용개발원(2020a).

그리고 2017년 말 장애발생 원인을 살펴보면 대부분 질환(56.0%) 및 사고(32.1%)의 후천적 원인(88.1%)에 의하여 발생하고 있으며, 선천적 원인에 의해 발생하는 경우는 단지 5.1%에 불과했다. 또 원인불명이 5.4%, 출산 시 원인이 1.4%였다. 후천적 원인 중에는 질환이 사고보다 더 높게 나타났다(한국장애인고용공단 고용개발원, 2020b: 50).

〈표 5-2〉 재가장애인의 장애 발생 원인

(단위: %)

구분	2008년도	2011년도	2014년도	2017년도
선천적 원인	4.9	4.6	4.7	5.1
출산 시 원인	0.5	0.9	1.3	1.4
후천적 원인	90.0	90.5	88.9	88.1
(질환)	55.6	55.1	56.2	56.0
(사고)	34.4	35.4	32.7	32.1
원인불명	4.6	4.0	5.1	5.4
계	100.0	100.0	100.0	100.0

출처: 한국장애인고용공단 고용개발원, 2020b: 50 재구성.

2) 장애인의 생활 실태

(1) 소득수준

2017년 장애인가구의 월평균 소득은 242.1만 원이며, 가구 지출 평균값은 190.8만 원으로 나타나 전국 월평균 가구소득(361,7만 원)의 66.9% 수준이다. 전체 장애인 가구의 39.5%가 월 150만 원 미만의 소득이 있는 것으로 나타났다.

월 평균 지출액이 100만 원 미만인 장애인 가구가 27.8%를 보이고 있으며, 장애인 가구의 월평균 지출은 190.8만 원이다. 그러나 장애인 가구지출은 전국 가구 월평균지출의 69.1% 수준으로 낮다.

이렇게 장애인가구의 월평균소득 및 지출 수준 모두 전국 가구 평균의 약 70%에 미치지 못하는 수준이다(고용노동부 · 한국장애인고용공단 고용개발원, 2020: 137).

〈표 5-3〉 **월평균 가구소득 및 가구지출액**

(단위: 천 원)

구분	2011년도		2014년도		2017년도	
	장애인 가구	전국가구*	장애인 가구	전국가구**	장애인 가구	전국가구***
가구소득액 (전국가구 대비율)	1,982	3,260 (60.8%)	2,235	3,560 (62.8%)	2,421	3,617 (66.9%)
가구지출액 (전국가구 대비율)	1,618	2,642 (61.2%)	1,706	2,814 (60.6%)	1,908	2,761 (69.1%)

출처: * 통계청 『가계동향조사(2011,2/4)』, 2011 전국1인 이상 가구 월평균 소득, 지출
** 통계청 『가계동향조사(2014,2/4)』, 2014 전국1인 이상 가구 월평균 소득, 지출
*** (소득)통계청 『가계동향조사(2017,2/4)』, (지출) 2017, 『가계동향조사(2016,4/4)』, 2016 전국 1인 이상 가구 월평균 소득, 지출

출처: 보건복지부 · 한국보건사회연구원(2018: 26).
한국장애인고용공단 고용개발원(2020b: 137).

2017년 경우 장애로 인한 추가비용은 월 165.1천 원으로 나타났으며, 장애로 인한 추가비용 항목 중 교통비(26천 원→21천 원), 장애인보조기기구입 · 유지비(19천 원 → 7천 원)는 감소하였다. 장애인보조기기구입 · 유지비의 지속적인 감소는 장애인 보조기기에 대한 공적급여 항목의 증가 등(건강보험 급여 내용에 보청기포함 등)에 따른 것으로 볼 수 있다.

반면, 장애로 인한 추가비용 항목 중 보육 · 교육비(4천 원→8천 원), 보호 · 간병비(14천 원→21천 원), 재활기관이용료(4천 원→5천 원), 부모사후 및 노후대비비(17천 원→23천 원)는 증가하였다. 만 65세 이상 노인 비율의 증가와 돌봄서비스 이용자 확대 등에 따른 보호 간병비와 만 18세 미만 장애아동 재활치료서비스 이용 확대에 따른 보육 교육비는 증가하고 있다(한국장애인고용공단 고용개발원, 2020: 142).

〈표 5-4〉 장애로 인한 추가 소요비용(월평균)

(단위: 천 원)

구분	2011년도	2014년도	2017년도
월평균 총 추가비용	160.7	164.2	165.1
교통비	22.8	25.6	20.5
의료비	56.8	66.0	65.9
보육 · 교육비	6.0	4.1	8.0
보호 · 간병비	14.1	13.6	20.6
재활기관이용료	1.9	4.2	4.8
통신비	9.6	9.9	9.8
장애인보조기기 구입 · 유지비	31.7	18.9	7.2
부모사후 및 노후대비비	5.4	16.8	22.9
기타	12.3	5.1	5.4

출처: 보건복지부 · 한국보건사회연구원(2012).
보건복지부 · 한국보건사회연구원(2015).
보건복지부 · 한국보건사회연구원(2018).
한국장애인고용공단 고용개발원(2020b: 142).

(2) 건강 정도

주관적 건강상태(주관적 건강인지율)는 14.9%가 '좋음 또는 매우 좋음'이라고 나타나 전체 인구의 31.0%보다 훨씬 낮다(보건복지부 · 한국보건사회연구원, 2018: 12).

〈표 5-5〉 주관적 건강상태(주관적 건강인지율)

(단위: %)

		장애인	전체 인구
주관적 건강상태	좋음	14.9	31.0
	보통	33.8	50.6
	나쁨	51.3	18.4
계		100.0	100.0

출처: 보건복지부 · 한국보건사회연구원(2018), 『2017 장애인 실태조사 결과』, p.12.

만 30세 이상 장애인 중 만성질환을 가지고 있는 비율은 2017년 83.2%로 2014년의 78.6%에 비해 증가하고 있다. 2017년 고혈압을 앓고 있는 장애인은 46.9%, 당뇨병을 앓고 있는 장애인은 21.9%로 2011년, 2014년에 비하여 지속적으로 증가하고 있다(보건복지부 · 한국보건사회연구원, 2018: 11).

〈표 5-6〉 만성질환 여부: 고혈압/당뇨(만 30세 이상)

(단위: %)

구분		2011년도		2014년도		2017년도	
만성질환 있음	고혈압	73.1	35.2	78.6	42.5	83.2	46.9
	당뇨병		15.2		20.3		21.9
만성질환 없음		26.9		21.4		16.8	
계		100.0		100.0		100.0	

출처: 보건복지부 · 한국보건사회연구원(2018), 『2017 장애인 실태조사 결과』, p.11 재구성.

(3) 경제활동 여부

15세 이상 장애인 인구대비 장애인 취업자 비율은 2020년 현재 37.0%(15세 이상 인구대비 전국 취업자 비율 63.0%)이고, 장애인의 실업률은 5.9%로 2019년도 장애인 실업률 6.3%에 비해 다소 감소하였으나, 전국 실업률 4.5%에 비해서는 여전히 높은 수준이다(한국장애인고용공단 고용개발원, 2020a: 12).

〈표 5-7〉 장애인 경제활동지표 총괄(15세 이상)

(단위: 명, %)

구분		15세 이상 인구	경제활동인구			비경제활동 인구	경제활동 참가율	실업률	고용률
			계	취업자	실업자				
장애 인구	2018	2,495,043	922,897	861,648	61,249	1,572,146	37.0	6.6	34.5
	2019	2,526,201	941,136	881,890	59,247	1,585,065	37.3	6.3	34.9
	2020	2,562,873	949,047	893,392	55,654	1,613,826	37.0	5.9	34.9
전체 인구	2018	44,141,000	28,184,000	27,064,000	1,121,000	15,956,000	63.8	4.0	61.3
	2019	44,460,000	28,468,000	27,322,000	1,145,000	15,992,000	64.0	4.0	61.5
	2020	44,756,000	28,209,000	26,930,000	1,278,000	16,548,000	63.0	4.5	60.2

출처: 한국장애인고용공단, 「장애인경제활동실태조사」, 각 연도/통계청, 「경제활동인구조사」 한국장애인고용공단 고용개발원(2020a: 12).

장애인 경제활동상태 구성을 보면 2020년 현재 임금근로자는 69.5%이며, 이 중 상용근로자는 39.5%, 일용근로자는 8.2%, 임시근로자는 21.8%이다. 비임금근로자는 30.5%이며, 이 중 자영업자는 27.1%, 무급가족종사자는 3.3%이다.

임금근로자 중 상용근로자는 2017년에 비해 12.6% 크게 증가하였으며, 일용근로자는 11.6% 감소하였다(한국장애인고용공단, 2020).

〈표 5-8〉 장애인 경제활동상태 구성(15세 이상)

(단위: %)

구분	2005년도	2011년도	2014년도	2017년도	2020년도
상용근로자	23.5	25.9	23.8	26.9	39.5
임시근로자	15.5	16.8	17.2	22.2	21.8
일용근로자	18.8	22.6	18.8	19.8	8.2
계(임금근로자)	57.8	65.3	59.8	68.9	69.5
자영업자 (고용주, 노점포함)	34.5	30.5	34.7	27.3	27.1
무급가족종사자	7.7	4.2	5.4	3.7	3.3
계(비임금근로자)	42.2	34.7	40.2	31.1	30.5
계(임금근로자+비임금근로자)	100.0	100.0	100.0	100.0	100.0

주: 2020년 5월 기준임
출처: 보건복지부 · 한국보건사회연구원(2018: 30).
한국장애인고용공단(2020).
통계청(2020) 재작성.

장애인 임금근로자의 월평균 소득은 2020년 5월 192.2만 원으로 2017년 171만 원에 비해 21.2만 원 증가하였다. 전국 임금근로자 월평균 임금이 25.1만 원 증가한 것에 비해 적다. 또한 장애인 임금근로자 임금 수준도 전체 임금근로자 월평균 임금의 71.7% 수준으로 여전히 낮다.

〈표 5-9〉 장애인 임금근로자의 월평균 근로소득 수준

(단위: 만 원)

구분	2014년도		2017년도		2020년도	
	장애인임금 근로자	전국임금 근로자*	장애인임금 근로자	전국임금 근로자**	장애인임금 근로자	전국임금 근로자***
장애인임금근로자 월평균 근로소득 (전국 임금근로자 월평균 임금대비율)	152.5	2,240 (68.1%)	171.0	243.0 (70.4%)	192.2	268.1 (71.7%)

주 : 2020년 5월 기준임

출처: *경제활동인구조사 근로형태별 부가조사, 통계청(2014.8.)
**경제활동인구조사 근로형태별 부가조사, 통계청(2017.8.)
***한국장애인고용공단, 「2020년 장애인경제활동실태조사」, 2020
통계청, 「경제활동인구조사 근로형태별 부가조사(2020년 8월)」, 2020

출처: 한국장애인고용공단 고용개발원(2020b: 76) 재작성.

3) 복지서비스 욕구

2017년 국가 및 사회에 대해 가장 우선적으로 요구하는 사항은 '소득보장'(41.0%), '의료보장'(27.6%), '고용보장'(9.2%)이었다. 이는 2014년의 국가 및 사회에 대해 요구하는 사항과 유사한 경향이며, 장애인 건강관리(장애예방 포함)가 비교적 큰 폭으로 증가하였다.

〈표 5-10〉 국가 및 사회에 대한 요구사항

(단위: %)

구분	2011년도	2014년도	2017년도
소득보장	38.2	38.5	41.0
의료보장	31.5	32.8	27.6
고용보장	8.6	8.5	9.2
주거보장	8.0	6.4	5.1
이동권 보장	2.0	1.8	3.0
보육·교육 보장	2.4	1.7	1.2

구분	2011년도	2014년도	2017년도
문화여가생활 및 체육활동보장	1.6	1.6	1.4
장애인 인권보장	3.3	2.7	2.5
장애인 인식개선	1.8	2.2	2.0
장애인 건강관리(장애예방 포함)*	1.0	1.2	6.0
의사소통 및 정보접근 참여보장**	-	0.6	0.5
재난안전관리***	-	0.5	0.3
기타	0.4	0.3	0.2
없음	1.2	1.3	-
계	100.0	100.0	100.0

출처: * 2014년까지(장애예방), 2017년(장애인 건강관리(장애예방 포함))
** 2014년에 신설된 보기 문항
*** 2014년에 신설된 보기 문항
보건복지부・한국보건사회연구원(2018: 31) 재인용.
한국장애인고용공단 고용개발원(2020b: 208) 재작성.

2. 장애인의 생애주기

장애인에 대한 사회적 인식은 장애인의 성장 과정에 절대적으로 영향을 미치고 있다. 장애아동의 성장 시기에 적합한 과업과 사회복지서비스가 적절하게 어우러짐으로써 장애인의 사회화는 훨씬 수월해질 수 있기 때문이다. 장애아동은 비장애아동에 비해 성장과업이 더 복잡하고 어렵기 때문에 특정 시기의 성장 과정에 따른 필수적 서비스가 마련되어야 한다. 장애아동의 성장에 따른 단계에 적합하고 다양한 분야의 서비스가 포괄적으로 전개되어야 할 뿐만 아니라 성장 시기에 연계하여 지속적으로 제공되는 것이 중요하다.

특히 인간은 출생에서부터 사망에 이르기까지 다양한 사회적 경험을 가지게 되며, 이러한 사회적 경험으로 더욱 성숙된 자아를 형성하게 된다. 이처럼 개인과 상황에 적합한 사회화 과정에서 대인관계를 비롯한 다양한 상호작용에 의하여 사회적으로 가치로운 사람으로 인정받을 수 있다. 이러한 과정은 필연적으로 노멀라이제이션과 사회통합의 가치를 실현하는 단계라고 할 수 있다.

성장 단계에 따른 구분은 학자에 따라 다르다. 프로이트(Freud)는 성적 욕구를 충족하는 단계로 구분하여 구강기, 항문기, 남근기, 잠복기, 생식기로 구분하여 청소년기 이후의 발달과업을 동일한 것으로 취급하였다. 그러나 에릭슨(Erikson)은 이를 더욱 세분화하였으며, 인생의 전 생애에 걸쳐 인간이 성장하는 것으로 보고 출생 시에서 사망 시까지를 8단계로 구분하였다. 이러한 구분을 참조하여 장애인에게 가족과의 관계의 질과 사회적 관계의 형성 등을 중심으로 학령기를 전후하여 4단계로 구분하여 설명하고자 한다. 학령기는 아동이 가족을 떠나 사회와의 관계를 공식적으로 수립하는 단계이며, 성인기는 보호와 관심 속에서 성장한 장애인이 스스로의 능력을 중심으로 주체적 삶을 영위하는 시기이다.

1) 영유아기 (0~6세)

영유아기는 모든 학자들이 공통적으로 인성이나 품성이 형성되는 중요한 시기로 보고 있다. 이 시기에 영유아가 경험하는 사건들은 아동의 성격 형성에 결정적으로 영향을 미치게 되어 있다. 즉, 영유아의 활동이 주로 부모 형제를 중심으로 가정 내 활동에 집중되어 있으므로 부모·형제로부터 많은 영향을 받는다. 따라서 부모의 양육 태도와 가치관은 아동의 인성을 형성하는 데 절대적으로 영향을 미친다. 특히 부모의 방임이나 무관심 등은 영유아에게 파괴적 성격을 형성하게 할 수 있다.

에릭슨은 이 시기를 신뢰감, 자율성, 주도성을 형성하는 시기로 보고 부모의 일관된 태도, 지지와 격려 등의 지지적 방법을 강조하였다. 즉, 아동이 이 시기에 신체적·인지적 통제력을 획득하며, 이 과정에서 지지적 환경과 사회화 교육에 의하여 발달과업을 획득하는 것으로 본다. 따라서 영유아의 자아가 건강하게 형성될 수 있도록 지지적 환경을 조성하는 노력이 필요하다.

장애아동에게 무엇보다 중요한 것은 조기교육이라고 할 수 있다. 이 시기는 성장 과정에서 가장 중요한 출발 시기이며, 인성과 품성을 형성하는 시기이기 때문이다. 장애아동의 조기 발견과 조기교육은 장애아동의 가치를 형성하고 사회에 대한 의식을 형성하기 위하여 적극적으로 대처하는 것이 중요하다.

하지만 장애아동은 부모로부터 과보호를 받아 의존성을 형성할 수 있다. 이러한 의존성은 지적·인지적·신체적 발달에 장애를 초래할 뿐만 아니라 자율성을 상실함으로써 죄의식과 수치심을 가질 수 있다. 반대로 부모로부터 무관심과 냉대를 받은 장애아동은 왜곡된 성격을 형성하게 되어 사람을 믿지 못할 뿐만 아니라 반사회적 성격을 가질 수 있음에 주의해야 한다. 특별히 장애아동이 왜곡된 성격을 형성하지 않도록 부모의 관심을 강화하고 사회적으로 지지적 체계를 구축하는 것이 필요하다. 따라서 부모는 올바른 모델로서의 역할을 수행하며, 장애아동이 자신감을 가지고 생활에 필요한 정서적·기능적 요소를 습득할 수 있도록 지지하고 격려하는 것이 중요하다. 이러한 노력을 통하여 장애아동이 작은 변화를 위한 노력과 실천이 의미 있음을 인식하도록 하여 자율감을 가질 수 있도록 기회를 제공한다.

사회복지서비스는 장애아동을 조기 발견할 수 있는 의료보장시스템과 조기교육을 받을 수 있는 교육보장시스템이 확보되어야 한다. 장애아동의 조기 발견은 장애 정도를 완화하는 데 결정적이며, 교육을 통하여 장애 정도를 더욱 완화할 수 있다. 따라서 모든 영유아를 대상으로 하는 예방적 진료를 의무화하고 물리치료와 언어치료를 비롯한 재활훈련과 특수교육이 조기에 투입될 수 있도록 제도화되어야 한다.

2) 학령기 (7~18세)

학령기의 아동은 신체적 성장, 지적 성장을 이루는 시기로 사회화를 위한 학습 능력을 강화하는 시기이다. 영유아기의 가정 중심의 생활 패턴에서 벗어나 학교를 중심으로 대인관계가 확대되며 사회성을 습득하는 중요한 성장기이다. 에릭슨에 의하면 이 시기는 자아정체감을 확립하는 자아성장기에 해당된다. 따라서 다양한 사회활동과 관계의 증진을 통하여 협동성을 습득하는 시기이기도 하다.

가족으로부터의 독립을 학습하고 통학으로 사회적·지리적 관계망이 확대됨으로써 가정에서 습득하지 못한 다양한 문제를 경험하고, 문제 해결을 위한 구체적 활동을 전개함으로써 능력을 증진시킨다.

하지만 이 시기에 장애아동은 비장애아동과의 교류로 인하여 정체성 혼란을 초래할 수 있다. 장애라는 문제를 대인관계를 통하여 부정적으로 인식함으로써 심리적으로 위축될 수 있다. 따라서 이 시기에는 교사의 지도와 또래집단과의 관계가 중요한 영향을 미친다. 부모는 특별히 장애아동이 학습에서 소외되고 차별받지 않도록 교사 및 또래와의 관계를 강화하고 학습권을 보장할 수 있는 제도적 장치를 확보할 수 있도록 조직화 방법을 동원할 수 있다. 이와 같은 노력으로 사회복지서비스를 확보하여야 한다. 사회복지서비스는 장애아동의 통합교육을 촉진하여 장애아동의 학습과 대인관계를 증진할 수 있도록 지지적 환경과 교육체계를 마련하여야 한다.

3) 성인기 (19~64세)

성인기에는 원가족으로부터 독립하여 취업과 결혼을 준비하거나 가정을 형성하는 중요한 과업이 있다. 가족에게 의지하던 것에서 벗어나 진정한 의미에서 자율성과 독립성을 확보하는 시기이며, 직업과 기술훈련을 통하여 독립된 존재로서의 지위와 역할을 부여받게 된다. 이 시기는 가족을 통한 생산성과 애정관계를 형성하는데 성적 기능과 대인관계기술, 직업적 기능과 사회적응기술이 특별히 요구된다. 사회복지서비스는 장애인이 독립적으로 생활할 수 있도록 사회적 안전망을 구축하는 것이 중요하다. 장애인을 보호하던 부모와 사별함으로써 독립적 생활을 위협받기 때문에 다양한 서비스를 통하여 자립적 생활을 할 수 있는 사회적 보호체계의 확립이 절대적으로 필요하다. 부모는 자신의 사후에 일어날 수 있는 위험에 대비하기 위하여 예상되는 과업, 즉 직업 선택, 결혼, 주거 등에 관하여 세심하게 준비하여야 하며 스스로의 능력을 증진할 수 있도록 환경을 조성한다.

한편, 성인기에 있어서 여성 장애인은 여성이기 때문에 발생하는 어려움, 즉 가사, 임신, 양육 때문에 성인 장애인이 가지는 욕구에 추가적인 욕구가 발생한다. 때문에 이러한 문제의 해결을 위한 재가복지서비스 제공이 필요하다. 또한 여성 장애인은 성폭력과 학대로부터도 심각하게 노출되어 있어 이 문제의 해결도 고려하여야 한다.

4) 노년기 (65세 이상)

노년기는 신체적 노화로 인하여 일상생활을 영위할 수 있는 기능이 쇠퇴하는 시기이며, 정신적으로는 자아통합의 시기이다. 장애인은 신체 구조의 불편함으로 장수하기 힘든 특성이 있다는 점을 감안한다면 이 시기는 노령으로 인하여 생활에 불편함을 가진 노인들에 대한 치료와 요양의 필요성이 대두되는 시기로 볼 수 있다. 신체 기능이 쇠퇴한 노인들이 독립적 생활이 가능할 수 있도록 지역사회보호체계를 확립하고 의료와 연계된 지지적 환경체계가 필요하다. 의료기구나 보장구 등의 지원을 통하여 일상생활을 지원하고 삶을 정리할 수 있도록 정서적으로 지지하는 사회복지서비스가 필요하다.

장애인의 생애주기는 장애인의 욕구와 과업의 중요성을 인지하고 가정적으로, 사회적으로 욕구와 과업에 부합되는 역할과 제도를 준비하는 것이 필요하다는 것을 강조한다. 즉, 장애인재활이 특정한 시기에 집중적으로 이루어지는 것도 바람직하지만, 생애주기 과정에 따라 단계적이며 일관된 서비스를 제공하는 것도 매우 중요하다. 따라서 장애인의 개별적 상황에 따라 삶의 전 과정을 조망함으로써 거시적 재활서비스를 제공하는 것이 장애인의 자조 능력과 가치 있는 역할 수행에 긍정적으로 기여한다. 이러한 생애주기에 따른 장애인복지서비스는 노멀라이제이션과 사회통합을 적극적으로 추진한다는 점에서도 의미가 있다.

생애 단계에 따른 장애인복지 발전 계획

전 생애 단계(life-cycle)에 따른 장애인복지 발전 계획을 마련함으로써 수요자 중심의 대책을 추진－장애 발생 예방, 발생된 장애인에 대한 생활안정 및 자활 지원, 공동체 삶에 대한 인식 공유 및 사회적 참여 확대 등 '장애인복지 발전 5개년 계획'의 일관성 · 체계성을 확보

단 계	지원 내용
출생 전	• 모자보건사업 강화로 선천적 장애 발생 예방 －임산부 건강진단 내실화 및 유전 상담 강화 －선천성 대사이상 검사 확대
출생	• 미숙아 및 선천성 이상아 등록 관리 －심신장애 발생률이 높은 저체중 출생아 등 미숙아와 선천성 이상아 보건소 등록체계 확립 －저소득가정 미숙아 및 선천성 이상아 의료비 지원 • 장애인 등록관리체계 구축 －장애 개념 정립 및 범주의 지속적 확대 －등록장애인 DB 구축
유아기	• 저소득 계층 영유아 건강진단 및 보건소 영유아 성장 발달 스크리닝 기능 강화 • 유아특수교육 지원 확대 －유아특수교육기관 증설 및 교육비 지원 확대 • 중증장애를 가진 영유아 생활복지시설 확충
아동 · 소년기	• 장애학생의 특수교육 진단체계 확립 • 재가 장애아동 학교교육 지원 및 특수학급, 특수학교 증설 • 특수교육 대상 학생 통합교육기회 확대 • 장애아동부양수당 지급 수준 현실화 • 자녀교육비 지원 확대 • 장애아동 보육 지원

청년기	• 특수학교 재학생 및 일반학교 장애인 학생을 대상으로 진로지도교육 연계 및 체계화 • 대학 장애인 편의시설 확충 및 대학 장애학생지원센터 운영 • 장애인 고용의무 확대 및 근로 감독 강화 • 직업훈련 및 직업재활서비스 내실화 －보호고용사업의 확대 및 맞춤형 직업훈련 강화 －장애인 특성에 적합한 훈련 방식 도입 • 취업알선 서비스 개선 －고용촉진공단, 고용안정센터, 지방자치단체 등 취업알선기관 간 구인·구직 협력체계 구축
장년기 이상	• 장애인의 일상생활에 적합한 주택 개선·보급 －장애인 본인이 거주하는 주택의 개조 비용 지원 추진 • 창업 자금 융자 등 창업 지원 확대 및 컨설팅 서비스 제공
전 생애와 관련되는 정책	• 응급의료기관 인프라 개선 및 응급전문인력·시설 장비 확충 • 교통안전관리체계 정립 • 산업재해 취약 부문 집중 지도·지원 • 장애수당 지원 확대 및 지원 수준 현실화 • 세제·요금 감면을 통한 경제적 부담 경감 확대 • 재활의료서비스 체계 구축 및 의료 지원제도 확대 • 편의증진사업 활성화 • 사회복지시설 확충 및 서비스 내실화 • 장애인 신체 기능 회복을 위한 생활체육 기반 확충 • 장애인 정보화 교육장 확대 및 원격·방문교육 활성화 • 특수 정보화 보조 장비 및 프로그램 개발·보급 • 시청각 장애인의 방송 접근권 지원 확대 • 특별수송서비스 체계 및 교통정보 제공체계의 구축 －장애인 전용 셔틀버스 및 장애인 콜택시 확충 • 도시철도, 버스, 철도, 항공, 터미널 등의 장애인 교통편의시설 개선 －엘리베이터, 에스컬레이터 설치 확대 －시내버스 등에 저상버스 및 휠체어리프트 장착 시설을 단계적으로 도입 • 장애인 보행 환경 및 운전면허제도 개선 • 장애인 종합 홈페이지를 구축하여 의료, 교육, 직업정보, 재활, 복지시설, 정부 시책 등을 종합적으로 제공 • 장애인 DB 구축 및 Work-net과 연계된 장애인고용정보통합시스템 구축 • 장애인 실태 조사 등 통계 인프라 구축 • 언론매체를 통한 인식 개선 • 교과과정에 장애인 관련 내용 통합 및 장애 체험 실시 • 장애인고용 우수 사례 발굴 전파 등

출처: 보건복지부.

Social Welfare with the Disabled

CHAPTER 06

장애인복지 전달체계

1. 전달체계의 개념
2. 전달체계의 유형
3. 장애인복지 전문인력
4. 전달체계의 문제점과 개선 방안

1. 전달체계의 개념

1) 전달체계의 개념

장애인복지서비스의 효과적이고 효율적인 전달체계는 장애인의 욕구 증대와 문제 해결을 위하여 매우 중요하다. 서비스 전달체계는 서비스를 제공하는 조직과 서비스를 이용하는 수요자를 연결해 주는 조직적이고 체계적인 장치(최성재 · 남기민, 1999: 74; Gilbert & Specht, 1974: 119)를 의미하며 서비스의 제공 방법과 절차에 관련된 영역으로 서비스 전달망이라고 할 수 있다.

전달체계는 서비스의 제공 방법에 관한 조직적 체계라고 할 수 있으며, 장애인복지정책과 서비스를 장애인에게(누구에게), 무엇을(서비스의 내용), 어느 정도로(서비스 수준과 비용), 어떻게 제공하느냐(전달체계)로 구성된다. 이러한 조직적 체계는 일반적으로 공공전달체계와 민간전달체계로 구분할 수 있다.

공공전달체계의 중앙부처는 보건복지부, 고용노동부, 교육부가 주로 해당된다. 보건복지부는 하위 행정체계를 독립적으로 가지고 있지 않기 때문에 주로 행정자치부의 전달체계에 의존하고 있으며, 고용노동부는 산하의 지방사무소와 한국장애인고용공단을 활용하고 교육부는 산하의 시 · 도 교육청을 통하여 독립적 전달체계를 확보하고 있다.

지방 수준에서는 지방자치단체의 사회복지여성국, 지방보훈청, 지방고용노동청, 지방교육청 등으로 다원화되어 서비스를 제공하고 있으며 시 · 군 · 구와 읍 · 면 · 동 행정복지센터의 사회복지직공무원이 최일선 전달체계에 해당된다. 그리고 민간전달체계는 보건복지부로부터 광역시 · 도, 시 · 군 · 구를 통하여 시설운영자에게 전달되며, 직접적으로 장애인에게 서비스를 제공하고 있다. 민간전달체계 내부적으로는 장애인재활협회, 사회복지협의회 등의 상위 조직이 있지만 의사결정체계가 아닌 협의체계이기 때문에 민간전달체계는 분명하게 구축되어 있는 것은 아니다.

2) 전달체계의 원칙

장애인의 완전한 자립생활과 사회통합이라는 장애인복지의 목표를 달성하기 위해서는 장애인의 욕구에 부응할 수 있는 서비스와 그러한 서비스를 공급할 수 있는 전달체계가 필요하다. 전달체계는 장애인에게 필요한 서비스를 적절하게 제공하기 위하여 효과성과 효율성을 극대화시키는 서비스 체계이며, 효과성과 효율성을 극대화시키기 위한 원칙과 기준이 제시되어야 한다. 그런데 원칙과 기준은 학자에 따라서 다양하게 제시되기도 한다.

김상균(2001)은 사회복지서비스 전달체계의 효과성과 효율성을 극대화시키기 위한 기본 원칙으로 행정 기능의 체계성과 일관성, 업무의 전문성, 사회성, 접근용이성, 통합 조정, 지역 참여, 조사 및 연구 등의 기준을 제시하였다. 또한 평등성, 자활, 적절성, 지속성, 가족 중심이라는 기준을 제시하였다.

오혜경(1998)은 접근용이성, 전문성, 통합성을 제시하여 장애인의 서비스 이용 중심의 원칙을 제시하였다. 이러한 논의에 따라 장애인 전달체계의 네 가지 원칙을 중심으로 구체적으로 살펴보면 다음과 같다.

(1) 전문성의 원리

사회복지서비스는 전문적 활동 영역에 해당된다. 물론 업무의 특성에 따라 일반적 업무 영역이 존재하지만 서비스 및 프로그램의 계획과 집행 등은 전문인력에 의하여 이루어지고 있다. 따라서 전문가의 권위와 자율성을 보장하기 위한 행정구조를 마련하여야 하며, 장애인복지 영역에 부합되는 세부적 전달체계까지 세심하게 준비하는 것이 바람직하다. 특히 장애인의 구체적 특성과 욕구 및 문제를 정확하게 파악하고, 그러한 욕구 및 문제를 해결할 수 있는 프로그램을 기획하고 실천하는 전문적 역할이 필요하다.

(2) 통합성의 원리

일반적으로 사회복지서비스는 복잡하고 다양한 욕구와 문제를 해결할 필요성이 있다. 특히 장애인의 문제는 의료적 · 정서적 · 사회적 · 경제적 · 교육적 · 직업적 · 대인관계 영역들이 복잡하게 얽혀 있는 상황이라고 할 수 있다. 즉, 다양한 서비스가 동시에 제공되거나 이루어지는 것이 장애인의 복잡한 문제 해결에 효과적이다. 따라서 보건의료체계, 공공 · 민간복지체계, 교육 및 훈련체계, 이송 및 후송체계, 직업체계 등의 다양한 서비스를 통합 관리하고 업무 수행 시에 조정하는 통합적 전달체계가 확립될 때 완전한 자립생활과 사회통합이 이루어질 수 있다.

(3) 접근성의 원리

접근성은 서비스 제공의 장소와 이용자 거주지와의 지리적 근접성, 심리적 친밀감, 동등한 권리를 보장하는 편의성 등을 포함하고 있다. 장애인이 사회통합되고 가치 있는 일에 종사하기 위하여 장애인의 이동권이나 접근권이 확보되어야 하므로 접근성은 아무리 강조해도 지나치지 않다. 장애인에게 필요한 서비스가 누구나 쉽게 접근할 수 있도록 편리하고 안전하게 제때에 제공되어야 하기 때문이다.

(4) 사회참여의 원리

장애인복지에서 강조되는 것은 노멀라이제이션과 사회통합이다. 이는 장애인이 지역사회에서 가치로운 존재로 인식되고, 동등한 인격체로서 대우받을 때 가능하다. 따라서 장애인이 지역사회에서 적극적으로 일상생활을 영위하기 위해서는 지역 주민이 장애인을 동등한 권리를 가진 주체로 인식하여야 한다. 그리고 장애인의 능력을 존중해 주며 그들이 당당한 생활인으로 참여할 수 있도록 사회적 환경을 적극적으로 조성하여야 한다. 이러한 것들은 공식적인 전달체계만으로는 구축하기 어렵다. 따라서 지역사회의 다양한 자원을 통하여 지역 주민이 자발적이고 능동적으로 접근함으로써 큰 효과를 볼 수 있다. 지역사회는 장애인의 삶의 터전이고 생활공간이며 이상을 실현할 수 있는 공간이므로 지역사회에 장애인의 적극적 참여는 반드시 필요하다.

2. 전달체계의 유형

1) 공공전달체계

장애인복지업무를 담당하는 공공전달체계는 보건복지부 장애인정책국과 그 하위조직인 장애인정책과, 장애인권익지원과, 장애인자립기반과 그리고 장애인서비스과가 있다. 그 외에도 장애인 관련 중앙부처로는 고용노동부, 교육부, 국가보훈처, 국방부 등이 있다.

(1) 보건복지부

① 장애인정책과

보건복지부 장애인정책과의 주요 업무로는 장애인복지 관련 장애인종합계획의 수립 및 조정, 장애인복지 관련 정책의 수립 및 평가, 장애인복지 관련 법령에 관한 사항, 장애인등록 및 판정에 관한 사항, 장애인복지업무 평가에 관한 사항, 장애인단체에 관한 사항, 한국장애인개발원 운영지원, 장애예방과 발생에 관한 사항 총괄 및 조정, 외국인 장애인복지서비스에 관한 사항, 장애인 차량 LPG지원사업, 장애인복지 전문인력의 양성 및 지원, 그 밖에 국내 다른 과의 주관에 속하지 아니하는 사항 등이 있다.

② 장애인권익지원과

장애인권익지원과의 주요 업무로는 장애인거주시설의 지원 및 육성, 장애인복지관 등 지역사회재활시설의 지원 및 육성, 장애인의료재활에 관한 사항, 장애유형별 재활프로그램의 개발 및 지원, 권역별 재활센터 지원 등 의료재활서비스에 관한 사항, 장애인 자립생활센터 및 관련 서비스의 지원·육성, 국립재활원의 운영 및 지원, 장애인차별 관련 관리·운영 및 종합대책 수립, 장애인차별금지 관련 법령 및 제도개선에 관한 사항, 장애인의 권익증진 및 사회적 인식개선에 관한 사항, 「장애인의 권리에 관한 협약」 등 국제협력에 관한 사항, 장애인의 사회참여 평가에 관한 사항, 장애인 편익증진에 관한 계획의 수립 및 평가, 장애인 편의증진 법령에 관한 사항, 장애인의 이동편의지원에 관한 사항 등이 있다.

③ 장애인자립기반과

장애인자립기반과의 주요 업무는 장애인의 직업재활 및 소득보장에 관한 계획의 수립 및 조정, 장애인 소득보장 관련 법령에 관한 사항, 장애인의 일자리 창출 관련 사항, 장애인 직업재활시설의 지원 및 육성, 장애인 직업재활 프로그램의 실시 및 평가, 장애인생산품의 판매촉진 및 우선구매제도에 관한 사항, 장애인의 창업지원 및 자립자금 대여사업 등 생활안정지원에 관한 사항, 장애인 직업재활 전문인력제도의 운영 및 지원, 장애인 보조기구의 개발·보급 관련 서비스 전달체계의 지원·육성, 장애인보조기구의 표준화, 품질관리 및 산업화지원, 장애인연금 관련 법령 및 제도에 관한 사항, 장애인연금 운영에 관한 사항, 장애인연금 국비·지방비 부담 기준 관리 등 재정운영에 관한 사항, 장애인연금 수급자의 선정 및 적정관리에 관한 사항, 장애수당 및 장애아동수당 운영에 관한 사항, 장애아동 특별보호연금에 관한 사항, 장애인 자산형성 및 경제적 지원 대책에 관한 사항 등이 있다.

④ 장애인서비스과

장애인서비스과의 주요 업무는 발달장애인 지원 기본계획의 수립 및 평가에 관한 사항, 여성장애인 관련 정책의 개발 및 지원에 관한 사항, 장애아동 및 장애인 가족 지원에 관한 사항, 장애인 후견제도 지원에 관한 사항, 장애아동 돌봄 및 발달재활서비스에 관한 사항, 장애인활동지원 관련 법령 및 제도에 관한 사항, 장애인활동지원 수급자의 관리 및 지원정책 수립·조정에 관한 사항, 장애인활동지원 급여의 기준 및 급여비용의 산정에 관한 사항, 장애인활동지원 관련 이용지원에 관한 사항, 장애인활동지원기관 운영 및 활동지원사 양성에 관한 사항, 장애인활동지원기관의 현지조사 및 관리·평가 등에 관한 사항, 장애인활동지원급여의 사후관리에 관한 사항, 장애인활동지원사업 관리기관의 관리·감독에 관한 사항, 장애인활동지원사업 국비·지방비 부담 기준 관리 등 재정운영에 관한 사항, 장애인활동지원사업에 관한 조사·연구·홍보 및 통계관리에 관한 사항 등이 있다.

⑤ 장애인정책조정위원회

장애인복지행정의 자문기구인 장애인정책조정위원회는 「장애인복지법」에 따라 장애인복지종합정책을 수립하고, 관계 부처 간의 의견을 조정하며, 그 정책의 이행을 감독하고 평가하는 국무총리 소속하의 조직이다.

「장애인복지법」은 "장애인 종합 정책을 수립하고 관계 부처 간의 의견을 조정하며, 그 정책의 이행을 감독하고 평가하기 위하여"(「동법」 제11조), 국무총리를 위원장으로 하고 보건복지부장관을 부위원장으로 하는 장애인정책조정위원회(「동법 시행령」 제3조)를 두도록 규정하고 있다. 위원은 30인 이내로 구성되며 당연직과 위촉위원으로 구분된다. 당연직 위원은 기획재정부장관, 교육부장관, 행정자치부장관, 문화체육관광부장관, 산업통상자원부장관, 고용노동부장관, 여성가족부장관, 국토교통부장관, 국무조정실장, 법제처장, 국가보훈처장 및 위원회의 심의 사항과 관련되어 위원장이 지정하는 중앙행정기관의 장이 된다. 그리고 위촉위원은 장애인 관련 단체의 장이나 장애인문제에 관한 학식과 경험이 풍부한 자 중에서 위원장이 위촉한 이들로 구성되는데, 위촉위원의 1/2 이상은 장애인으로 구성하도록 되어 있다.

장애인정책조정위원회는 다음의 사항들을 심의, 조정한다(「동법」 제11조 제2항).

- 장애인복지정책의 기본 방향에 관한 사항
- 장애인복지 향상을 위한 제도 개선과 예산 지원에 관한 사항

- 중요한 특수교육정책의 조정에 관한 사항
- 장애인 고용촉진정책의 중요한 조정에 관한 사항
- 장애인 이동보장 정책조정에 관한 사항
- 장애인정책 추진과 관련한 재원조달에 관한 사항
- 장애인복지에 관한 관련 부처의 협조 사항
- 그 밖에 장애인복지와 관련하여 대통령이 정하는 사항

(2) 고용노동부

고용노동부의 장애인직업재활서비스 전달체계는 인력수급정책국의 장애인고용과와 한국장애인고용공단을 통해 지도, 감독이 이루어진다.

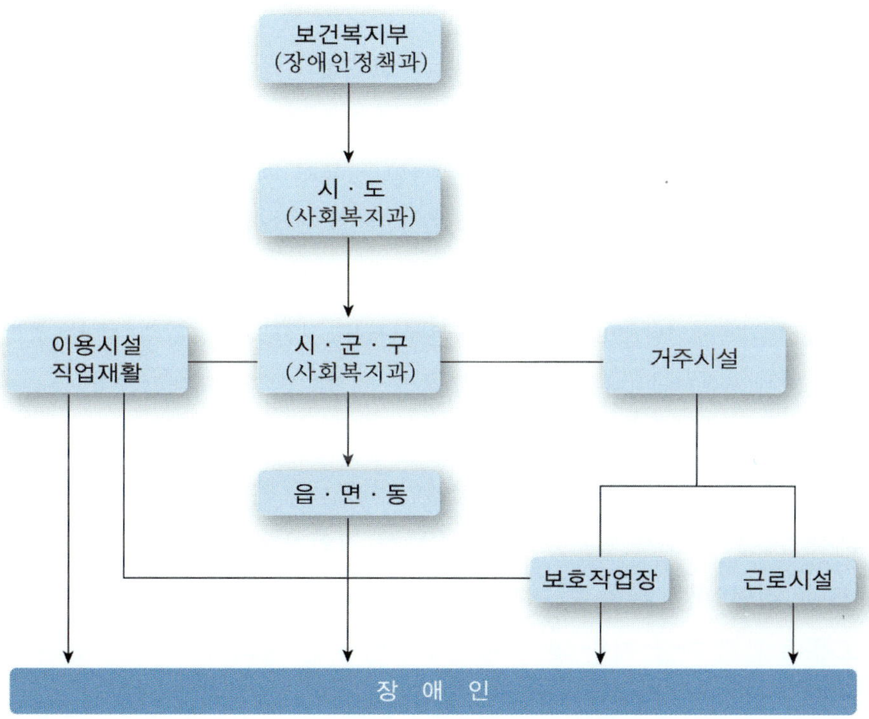

[그림 6-1] 장애인 직업재활서비스 전달체계

① 장애인고용과

장애인고용과 관련된 여러 가지 업무를 수행한다. 특히 장애인고용촉진 및 직업재활기금, 장애인고용부담금, 장애인고용시설, 장애인근로자, 장애인표준사업장, 장애인직업훈련, 장애인 취업알선 및 취업 후 사후 지도, 지원 고용 등의 업무를 수행하고 있다.

② 한국장애인고용공단

고용노동부는 담당 업무의 수행을 위해 「장애인고용촉진 및 직업재활법」에 따라 설립된 한국장애인고용공단[1]을 산하에 두고 있다. 한국장애인고용공단은 장애인의 고용촉진 및 직업재활을 위해 직업상담, 직업적성검사, 직업능력평가, 직업적응훈련, 직업능력개발훈련, 취업알선, 취업 후 적응 지도 등의 업무를 수행한다.

한국장애인고용공단은 직업생활을 통하여 자립할 수 있도록 지원하고 장애인의 고용촉진 및 직업재활 업무를 효율적으로 수행하게 하기 위한 목적으로 「장애인고용촉진법」 제12조에 의거하여 1990년 9월 1일 노동부 산하에 설립되었다.

공단의 조직은 본부, 산하기관, 지방사무소로 구성되어 있으며, 본부는 3임원 4국 2실 17부(실, 센터 포함)로, 산하기관은 1개 고용개발원, 5개 직업능력개발원(일산, 부산, 대전, 대구, 전남)으로, 6개 지역본부(서울, 부산, 대구, 광주, 대전, 경기), 그리고 14개 지사(서울남부, 서울동부, 인천, 울산, 경기북부, 경기동부, 강원, 충북, 충남, 전북, 전남, 경북, 경남, 제주)로 조직되어 운영되고 있다.

한국장애인고용공단의 업무를 보면 장애인의 고용촉진 및 취업재활에 관한 정보 수집, 분석, 제공 및 조사 연구, 장애인에 대한 직업지도 및 직업적응훈련, 직업능력개발훈련, 취업알선, 취업 후 적응 지도, 전문요원의 양성·연수, 장애인고용 사업주·고용주 관련 자금 지원 및 장애인에 창업 자금 등의 융자, 장애인의 직업적

1) 한국장애인고용촉진공단은 2010년 1월 한국장애인고용공단으로 명칭이 변경되었다.

응훈련시설, 직업능력개발훈련시설 및 장애인표준사업장 운영, 장애인의 고용촉진을 위한 취업알선기관과 취업알선전산망 구축, 관리, 홍보, 교육 및 장애인기능경기대회 등 관련 사업, 기타 장애인의 고용촉진 및 취업재활을 위하여 필요한 사업 및 고용노동부장관 또는 중앙행정기관의 장이 위탁하는 업무 등의 업무를 관장하고 있다.

(3) 교육부 특수교육정책과

교육부의 특수교육정책과는 직업교육과 치료교육을 포함한 특수교육과 관련된 업무를 담당하고 있다. 구체적으로 보면 특수교육진흥에 관한 기본 정책 수립, 특수학교 및 특수학급의 운영 지도, 특수교육기관의 시설 및 설비 지원, 특수학교의 직업교육 및 치료교육 사항, 특수교육기관의 설립 및 운영 등의 업무를 관장하고 있다.

(4) 지방정부의 공공전달체계

지방정부의 경우 보건복지부 업무는 직접적인 하위 전달체계 없이 행정안전부의 일반 지방행정조직인 지방자치단체의 광역시 · 도, 시 · 군 · 구, 읍 · 면 · 동을 통하여 장애인복지서비스를 제공하고 있다. 지방자치단체별 장애인복지를 담당하는 주무부서의 명칭은 다르지만 일반적으로 서울시에서는 장애인복지정책과, 경기도와 기타 광역시 · 도에서는 장애인복지과에서 장애인복지를 담당하고 있다. 시 · 군 · 구에서는 생활복지국 산하 사회복지과(장애인복지과)에서 장애인복지를 담당하고 있으며, 읍 · 면 · 동에서는 사회복지직공무원이 장애인복지를 담당하고 있다.

교육부의 업무는 17개의 시 · 도 교육청(주로 초등교육과), 지역 교육지원청(주로 초등교육과) 및 일선의 특수 초 · 중 · 고등학교를 통해서 특수교육서비스를 제공하고 있으며, 고용노동부는 장애인 직업재활서비스와 관련된 전달체계를 가지고 있다. 고용노동부 산하 6개의 지방노동청, 40개 지청, 2개 출장소, 한국장애인고용공단 본부 및 20개 지방사무소(6개 지역본부, 14개 지사)를 통해서 장애인 관련 서비스를 제공한다.

2) 민간전달체계

장애인복지 전달체계에서 민간전달체계는 구체적이고 직접적인 서비스를 제공하는 사회복지조직으로 구성되어 있다. 하지만 직접적인 서비스의 전달을 통해서 장애인복지를 완성하는 것은 어렵다. 장애인에 대한 사회적 환경을 변화시키기 위한 노력도 전개되어야 보다 효과적으로 서비스를 전달할 수 있기 때문이다. 따라서 민간전달체계는 민간에 의해 운영되는 사회복지시설과 장애인의 권익 보호 및 회원의 복지 증진을 목적으로 설립된 장애인단체가 중심이 된다. 장애인복지시설은 거주시설과 이용시설로 구분할 수 있고, 거주시설은 사회복지법인이 설립 목적에 따라 의료, 직업, 사회재활을 실시하고 있으며 기본적으로 생활보호를 중심으로 운영되고 있다. 이용시설은 정부 및 지방자치단체가 설립하여 사회복지법인에 운영권을 위탁하는 경우가 많으며, 치료적 서비스와 재가복지서비스를 제공하고 있다.

(1) 장애인복지시설

① 장애인복지시설의 의미

장애인복지시설은 스스로의 자립생활이 어려운 장애인에게 사회적 공공성을 실현하면서 심신의 미발달, 미성숙, 노화 또는 장애로 인한 사회적 핸디캡을 극복할 수 있도록 지원하고 도와줌으로써 가정의 대리적 역할을 수행한다. 따라서 장애인복지시설은 생활의 장이며 치료의 장이고, 교육의 장이며, 사회성 함양의 장으로서 장애인의 심리적 안정을 위한 정서적 지지와 격려, 일상생활의 영위를 위한 생활지원, 기능 강화와 사회적응을 위한 재활서비스, 가치 있는 일에 종사하고 대인

관계를 증진하는 사회적 서비스 등의 모든 서비스를 제공한다.

② 장애인복지시설의 유형

장애인복지시설은 장애인을 거주시키거나 장애인이 시설로 통원하여 재활에 필요한 상담, 치료, 교육, 훈련 및 요양 등의 장애인복지서비스를 제공받을 수 있는 사회복지시설을 말한다(보건복지부, 2005). 이러한 개념을 중심으로 보면 우리나라의 장애인복지시설은 스스로 자립생활이 어려운 장애인에게 일상생활지원, 치료, 교육, 재활서비스를 제공하여 그들의 생존권을 보장해 주는 거주시설과 재가장애인에게 치료, 교육, 훈련, 재활에 필요한 전문적 서비스를 제공하는 이용시설로 구분된다.

이러한 구분은 서비스 형태에 따른 것이며 보건복지부에서는 이를 보다 구체적으로 장애인거주시설, 장애인지역사회재활시설, 장애인직업재활시설, 장애인의료재활시설, 장애인 생산품 판매시설로 구분하고 있다.

③ 장애인복지시설의 설치 및 운영

장애인복지시설의 설치·운영은 원칙적으로 국가와 지방자치단체의 권한이지만, 보건복지부장관이 정한 기준만 충족한다면 개인도 시장, 군수, 구청장에게 신고함으로써 설치·운영이 가능하다. 입소 대상은 원칙적으로 「국민기초생활보장법」의 수급권자이어야 하지만, 시설 정원의 30% 이내에서 실비 입소를 받을 수 있다.

④ 장애인복지시설의 기능

장애인복지시설은 일상생활동작훈련, 대인관계 및 의사소통훈련, 생활기능훈련, 생활적응훈련, 직업적응훈련 및 직장예절교육, 부적응행동지도, 자립생활훈련 등의 기능이 요구되고 있다. 중요한 것은 노멀라이제이션과 사회통합의 이념을 강조하는 지역사회 중심 재활이 부각되면서 장애인복지시설은 단순하게 의·식·주를 중심으로 서비스를 제공하는 수용보호가 아니라 장애인의 욕구를 중심으로 장애인의 성장과 발달을 촉진할 수 있는 특수 서비스를 제공할 수 있는 전문적 프로그램이 제공될 수 있는 환경이 구비되어야 한다는 것이다.

장애인복지시설은 이러한 기능을 효과적으로 수행하기 위해서 전문화되어야 하고, 소규모화되고 개방적이어야 하며, 가정적 환경이 조성되어야 한다. 특히 장애인의 사회성을 강화할 수 있는 다양한 프로그램이 실현되어야 하므로 전문가에 의한 적극적 개입이 요구되며, 국가와 지방자치단체의 충분한 지원이 필요하다.

⑤ 장애인복지시설의 한계

장애인복지시설의 한계로 지적되는 것은 대체로 정책 지원의 부재, 서비스 전달체계의 부재, 중복장애아동시설의 부재, 성인시설 및 장애인복지시설의 부족, 복합치료시설의 부재, 직업연계훈련시설의 낙후, 시설 운영의 비전문성과 폐쇄성, 프로그램 예산의 부족, 시설 근무자의 열악한 처우 등을 지적할 수 있다.

(2) 장애인복지 관련 단체

① 장애인 관련 단체의 의미

장애인복지 관련 단체는 사단법인, 사회단체, 사회복지법인, 재단법인 또는 임의단체로 구분되어 있으며, 장애인의 권익을 옹호하기 위하여 활동하고 있다. 「장애인복지법」 제63조에서는 국가와 지방자치단체는 장애인의 복지를 향상하고 자립을 돕기 위하여 장애인복지단체를 보호·육성하도록 노력하여야 하며(제1항), 예산의 범위 안에서 제1항에 따른 단체의 사업 또는 활동이나 그 시설에 필요한 경비의 일부 또는 전부를 보조할 수 있다고 규정하고 있다.

대표적인 장애인복지단체로는 한국장애인재활협회, 한국맹인복지연합회, 한국장애인부모회, 한국지적장애인복지협회, 한국농아복지회, 한국뇌성마비복지회, 한국장애인복지체육회, 한국지체장애인협회, 자행회, 한국약시재활협회, 한국실명예방재단, 국제키비탄 한국본부, 한국교통장애인협회, 전국장애인한가족협회, 한국재활재단 등을 들 수 있다.

장애인복지 관련 단체의 장애인권익운동은 장애인들이 주체성을 가지고 적극적으로 자신들의 문제를 해결하겠다는 의지를 가지고 있는 당사자주의와 맞닿아 있다. 장애인 본인이 기존의 사회체제 속에서 자신의 위치를 확인하게 됨으로써 장애인권익운동에 참여하기 때문이다. 장애인문제가 개인적 특성과는 무관하게 사회적으로 규정된 관계 속에서 생기는 사회적 환경의 장벽이므로 변화되어야 하는 대상은 개개인의 장애인(손상)이 아니라 장애인을 무능력하게 인지하고 차별하는 사회환경적 모순이다. 따라서 장애인권익운동은 사회로부터 받는 온갖 차별과 소외에서 해방되어 인간으로서의 존엄성을 회복하는 장애해방운동이다(김상호, 1994: 41). 즉, 장애인의 문제는 장애인 당사자가 주도적으로 해결하여야 하며, 더불어 장애인을 배제하고서는 어떠한 논의와 노력도 선행되어서는 안 된다는 것이다.

따라서 장애인권익운동은 다음과 같은 의미를 지닌다. 장애인문제를 한 개인의 병리적 문제로 규정하는 것이 아니라 사회구조적 문제와 모순으로 규정하는 인식의 전환이며, 장애인의 문제를 인권적 차원에서 근본적으로 접근하고 있다는 관점의 등장이며, 권익운동의 대상이 정책 내용이므로 정책 형성 과정에 영향력을 행사하여 구체적 제도의 변화를 끌어내기 위한 것이다.

② 장애인복지 관련 단체 현황

장애인복지 관련 단체의 현황은 대체로 서울 중심의 권익운동이 활발하게 전개되고 있으며, 전국적 · 지역적 운동으로 확대되고 있다. 활동과 운동 내용에 있어서 다소의 차별성은 있으나 부산의 장애인연합회, 대구의 장애인연합회, 서울의 장애인단체협의회 등 전국의 모든 지역에 장애인 운동단체가 생겨났다.

각 계층, 부분별 장애운동도 활성화되어 가고 있다. 장애인단체총연합회, 장애우권익문제연구소, 장애인법인단체연합회, 전국자원활동연합회, 전국대학생수화동아리연합회, 키비탄대학생연합회, 한국맹인복지연합회, 장애인부모회의 새로운 움직임 등 장애 관련 단체들이 분화, 발전하여 그 모습을 현실화시키고 있다.

국제활동은 국제교류에서 출발한다. 민간 차원에서의 국제교류는 주로 장애 관련 국제기구의 회의 참가로 이루어지고 있는데, 이는 장애 관련 양대 국제기구인 세계재활협회(Rehabilitation International: RI)와 국제장애인연맹(Disabled Peoples' International: DPI)을 중심으로 지속적·구체적으로 진행되어 많은 성과를 남기고 있으며, 이들 기구를 통한 국제교류는 점차 확대되는 추세에 있다.

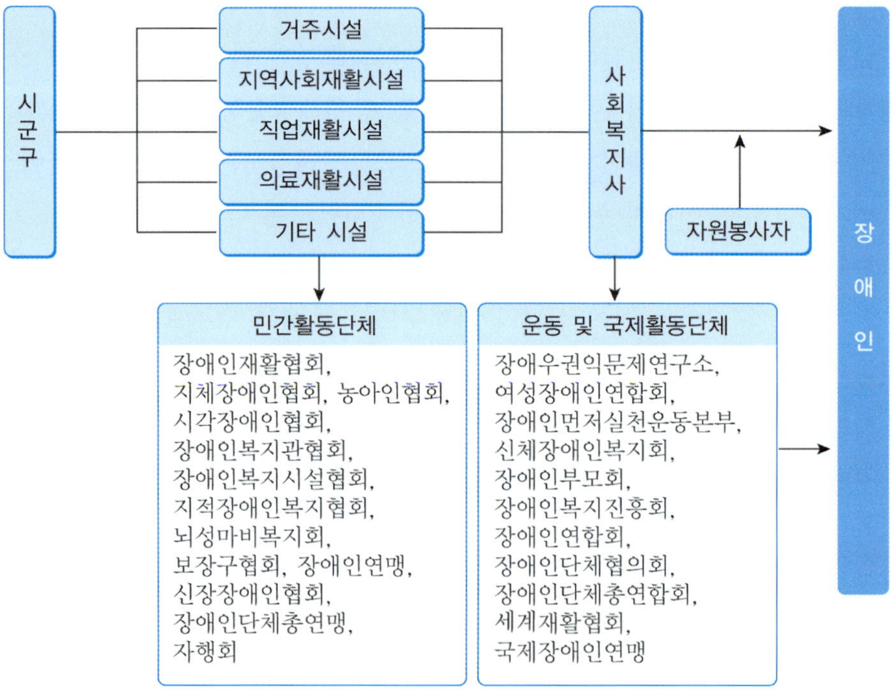

[그림 6-2] 장애인복지 민간전달체계

3. 장애인복지 전문인력

1) 행정전달체계의 전문직

(1) 장애인정책조정위원회

장애인복지 종합 정책을 수립하고 관계 부처 간의 의견을 조정하며, 그 정책의 이행을 감독하고 평가하기 위하여 국무총리 소속하에 장애인정책조정위원회를 두고 있다(「장애인복지법」 제11조 제1항). 장애인정책조정위원회는 위원장 및 부위원장 각 1인을 포함한 30인 이내의 위원으로 구성한다(「동법 시행령」 제3조).

(2) 장애인복지상담원

장애인복지 증진을 위한 상담 및 지원 업무를 담당하기 위하여 시·군·구에 장애인복지상담원을 둔다(「장애인복지법」 제33조 제1항). 장애인복지상담원은 사회복지사 자격증 소지자, 특수학교의 교사자격증 소지자, 국가나 지방자치단체에서 사회복지 관련 업무를 5년 이상 담당한 경력이 있는 자 또는 장애인복지단체에서 5년 이상 장애인복지업무에 종사한 자 그리고 부득이한 경우 소속 공무원 중에서 사회복지공무원을 임용할 수 있다(「동법 시행령」 제21조).

이러한 장애인복지상담원은 다음의 직무를 수행한다(「동법 시행령」 제22조).

① 장애인과 그 가족 또는 관계인에 대한 상담 및 지도
② 장애인에 대한 진단, 진료 또는 보건 등에 관한 지도와 관계 전문 기관에 대한 진단, 진료 또는 보건지도 등의 의뢰
③ 장애인시설에 대한 장애인의 입소, 통원 또는 그 이용의 알선
④ 장애인에 대한 재활보조기구의 교부와 사용, 수리 등에 관한 지도
⑤ 장애인에 대한 직업훈련, 취업알선과 이에 관한 관계 전문기관에 대한 의뢰
⑥ 장애인을 위한 지역사회자원의 개발, 조직, 활용 및 알선

⑦ 장애인복지시설 또는 장애인에 관한 조사 및 지도
⑧ 기타 장애인의 복지 증진에 관한 사항

2) 장애인복지 전문인력

(1) 사회복지사

① 사회복지사: 「사회복지사업법」 제11조에 의한 사회복지에 관한 전문지식과 기술을 가진 자이며, 사회복지사의 등급은 1, 2등급으로 구분하고 있다. 이 중에서 사회복지사 1급을 받고자 하는 자는 국가시험에 합격해야 하며, 매년 정부에서 실시하도록 되어 있다(「사회복지사업법 시행령」 제3조). 사회복지사 2급의 자격은 동등한 대학 이상 학력을 가지거나 전문대학의 사회복지 관련 학과를 졸업한 자로서 보건복지부장관이 지정한 교육훈련기관에서 12주 이상 교육훈련을 받은 자이다.

② 정신보건사회복지사: 정신보건사회복지사는 정신장애인의 개인력 및 사회조사, 정신장애인에 대한 사회사업지도 및 방문지도, 사회복귀 촉진을 위한 생활훈련 및 직업훈련, 정신장애인과 그 가족에 대한 교육, 지도 및 상담업무, 정신질환 예방 활동 및 정신보건에 관한 조사연구를 주요 업무로 수행한다. 정신보건사회복지사 2급은 사회복지사 1급 소지자로 보건복지부장관이 지정한 전문요원 수련기관에서 1년 이상 수련을 마친 자이다.

(2) 재활의료 전문가

① 재활의학 전문의: 재활의학 전문의는 장애인재활에 있어서 진단과 평가 그리고 재활치료를 주로 담당하는 전문의로서 재활의료의 중심적 역할을 하고 있다. 1971년 재활의학 전문의 과정이 처음 설치된 이후 현재 대부분의 의과대학에 재활의학과가 개설되었다.

② 물리치료사(Physio Therapist: PT): 물, 열, 광선, 전기, 초음파 등 물리적 요소를 이용하여 신경근골격계의 병변으로 인한 통증 제거와 신체활동을 증진시키기 위해 시행하는 물리치료를 담당하고 있다. 1949년 처음으로 물리치료사제도가 도입되었으며, 2022년 현재 3년제 대학(39개), 4년제 대학교(48개), 그리고 보건복지부장관이 지정한 물리치료사 수습기관에서 물리치료사가 양성되고 있다. 물리치료사 자격증을 갖고 있으나 실제로 활동하고 있는 물리치료사 수는 자격증 소지자의 절반 정도에 불과하다.

③ 작업치료사(Occupational Therapist: OT): 작업치료는 작업을 수단으로 한 치료방법으로서 기능적 작업치료, 심리적 작업치료, 직업적 작업치료 등으로 크게 나누게 된다. 작업치료사는 작업을 하는 동작을 통해서 상지의 기능을 향상시켜 식사, 착·탈의, 배변 및 배뇨, 그리고 세면 등 장애인 스스로 가능한 일상생활을 영위할 수 있도록 가르치고 훈련시키는 역할을 한다. 1960년대 초부터 작업치료사 국가고시제도가 실시되고 있다. 작업치료사 자격증을 갖고 있으나 실제로 작업치료사로 활동하고 있는 사람은 자격증 소지자의 절반에도 못 미치고 있다.

④ 언어재활사: 언어장애인의 재활을 담당하는 전문가, 즉 뇌졸중 및 뇌 외상에 의해 실어증, 구음장애, 언어발달지체, 말더듬, 구개음 언어장애, 청각장애, 후두 적출 후의 언어장애를 가진 자에 대해 음성, 언어 기능의 훈련을 하는 전문가를 말한다.

⑤ 의지·보조기 기사: 의지·보조기 기사는 신체 일부의 절단, 골절 등 원인에 의한 손상으로 신체가 고유의 기능을 상실하였을 때, 결손된 신체가 본래의 기능을 수행할 수 있도록 의학, 공학적 지식을 기반으로 제공하는 의·공학적 재활서비스분야이며, 국가자격증제도의 필요성에 의해 2001년부터 보건의료인국가시험원에서 주관하고 있다.

(3) 기타 전문가

① 수화통역사: 수화통역이란 청각장애인과 건청인 간에 행해지는 의사 전달 과정에서 음성언어를 수화로 바꾸어 청각장애인에게 전하고 아울러 수화를 음성어로 바꾸어 건청인에게 전하는 것을 말하며 이러한 역할을 수행하는 사람을 수화통역사라고 한다. 수화통역사는 국가공인 민간자격증이다.

② 재활상담사: 장애인의 재활을 지원하는 것이 주요 직무로써 개인의 손상이나 기능제한, 상황적 요인 등으로 개인활동이나 사회참여에 어려움을 가지고 있는 사람들을 대상으로 진단과 평가, 재활상담과 사례관리, 전환기 서비스 및 직업 재활 등의 전반적인 서비스를 지원하는 전문가를 말한다.

③ 점역사: 점역사란 일반 문자, 즉 문자로 쓰인 글이나 책을 시각장애인의 문자인 점자로 옮기는 일을 하는 전문가를 말한다.

④ 보행교사: 보행교사는 시각장애인의 방향정위(方向定位)와 이동(移動) 방법을 지도하기 위해 전문적 훈련을 받은 전문가를 말한다. 방향정위란 자신이 처한 환경 속에서 주변의 특징 지형지물을 이용해 자신이 지금 어디에 위치하고 있는지를 확인하기 위해 잔존 감각을 사용하는 과정이며, 이동이란 자신의 위치를 확인한 후 목표 지점 또는 목표 방향으로 안전하게 이동하는 것을 말한다.

⑤ 생활훈련교사: 시각장애인이 그 거주 환경에서 생활에 필요한 사항을 지장 없이 할 수 있도록 일상생활을 지도하는 전문가를 말한다.

현재 장애인복지 전문인력의 양성은 재활전문의, 사회복지사, 물리치료사, 작업치료사, 의지·보조기 기사, 언어재활사 등은 국가자격으로, 수화통역사는 국가공인으로, 점역사는 장애인단체 및 관련 학회 등에서 민간자격으로 자격검정을 실시하고 있다. 이러한 재활전문인력은 장애인복지관 등 이용시설, 요양원 등 입소시설, 특수학교, 재활병원 등에서 근무하고 있다. 그러나 보행훈련사, 청능훈련사(청각사) 등과 같은 재활전문인력에 대하여는 자격제도가 도입되지 않고 있으며 각 재활전문인력 간의 임금 격차 발생 등과 같이 재활전문인력에 대한 지원체계가 다소 미흡하다.

4. 전달체계의 문제점과 개선 방안

앞에서 살펴본 것과 같이 장애인복지 전달체계는 보건복지부를 중심으로 교육부, 고용노동부, 행정자치부 등 상당수의 중앙부처가 적용 대상에 따라 부분적으로 관여하고 있다. 장애인의 다양한 욕구와 문제 해결을 위하여 다양한 조직이 유기적으로 협력과 조정을 통하여 서비스를 전달하는 것은 매우 바람직하다. 하지만 한편으로는 각 부처의 담당 업무를 중심으로 단편적인 서비스를 제공하기 때문에 시너지 효과를 발생시키지 못한 측면을 간과할 수 없다.

공공·민간의 전달체계는 결과적으로 장애인의 욕구와 문제를 해결하기 위한 서비스 전달체계를 의미하며 이를 장애인복지 목표체계로 구성할 수 있다. 장애인의 개인적 장애를 해결하기 위하여 개인의 능력을 강화하기 위한 서비스 전달체계가 대체로 공공·민간의 전달체계에 해당된다. 하지만 더욱 근본적인 문제는 사회적 장애에 있음을 부인할 수 없다. 따라서 서비스 중심의 전달체계와 아울러 사회적 환경을 개선하기 위한 장애인복지 전달체계도 강조되어야 한다. 이러한 활동은 민간활동단체의 적극적 노력이 선행되고 장애인운동단체 및 국제활동단체의 노력이 병행된다면 장애인이 원하는 총체적 생활수준에서의 사회통합이 달성될 수 있을 것이다. 이러한 전제하에 장애인복지 전달체계의 문제점은 다음과 같다.

1) 수직적 전달체계

장애인의 욕구는 즉시적으로 충족되어야 할 뿐만 아니라 지역적 특성에 따라 상이하게 나타날 수 있다. 일방적인 상의하달식 수직적 전달체계는 지역 특성과 욕구를 반영한 복지서비스를 제공할 여건이 되지 못한다. 또 장애인 개인의 욕구가 충분히 전달될 수 있는 의사소통 통로가 없어 욕구충족에 적합하지 않다.

2) 전문인력의 부족

장애인의 유형 및 문제의 정도에 따라 세분화된 다양한 영역의 전문인력이 통합적으로 서비스를 제공하여야 함에도 불구하고 각 영역의 전문인력은 매우 부족하다. 장애인의 자립, 자활을 가능하게 하려면 사례관리 등의 전문적 대인서비스가 필요하고, 사후 관리와 보호가 이루어져야 하며, 이러한 과제는 전문인력에 의해 수행되어야 한다. 하지만 전문인력을 양성하는 교육기관도 충분하지 못할 뿐만 아니라 교육받은 전문가들이 활동할 수 있는 현장도 조성되어 있지 못한 실정이다.

3) 연계성과 통합성의 부족

공공부조 및 관련 서비스 영역과의 연계성과 통합성의 부족이다. 현재 장애인복지서비스 대상자는 대부분 공공부조 대상자이며, 이들에게 제공되는 서비스는 각 분야별로 분리해서 제공되는 것보다 연계된 서비스 제공이 효율적일 것이다.

4) 역할 분담의 미비

장애인복지서비스에 대한 중앙정부와 지방정부, 지방정부 간, 즉 광역지방자치단체와 기초자치단체 간, 공공기관과 민간기관 간에 정확한 역할 분담이 이루어지지 않고 있다.

따라서 중앙부처 기능의 통합과 조정이 필요하다. 장애인복지서비스의 정책 결정과 집행의 일관성 및 전체성을 중시하여 중앙부처 간의 업무가 조정되어 장애인의 욕구를 해결할 수 있는 전문적 서비스가 유기적으로 제공될 수 있도록 전달체계를 재정비하고 통합적으로 운영해야 할 것이다.

또한 광역시 · 도의 역할과 기능을 강화하여야 한다. 사회복지와 관련된 업무가 지방정부로 이관되어 지방정부가 실질적으로 장애인복지사업을 계획하고 실시할 수 있는 환경이 마련되었다. 따라서 시 · 도가 수행하는 업무의 분담에 대한 기능을 강화하여야 하며, 이를 위하여 관련 부서의 업무를 통합하거나 조정하는 구조 개혁이 요구된다. 장애인 자립과 관련된 욕구는 지역의 특성과 실정에 적합한 정책을 계획하여야 하며 광역시 · 도는 이러한 업무를 효과적으로 수행할 수 있도록 역할과 기능이 강화되어야 한다.

그리고 지역사회의 역량이 강화되어야 한다. 장애인의 재활과 자립을 위하여 공공 영역의 전달체계만으로는 한계가 있다. 장애인복지관을 비롯하여 지역사회에 존재하고 있는 다양한 조직과 단체를 모아서 네트워크를 형성하고 자원 활용, 인식개선, 재활사업의 참여 등에 지역사회가 적극적으로 참여할 수 있도록 역량을 강화하여야 한다. 특히 보건복지부의 산하 전달체계가 없기 때문에 복지 관련 업무를 전담하는 부서, 즉 복지사무소의 설치가 필요하며, 시 · 군 · 구의 보건소를 적절하게 활용하여 장애인전담인력을 확보하는 것도 고려할 수 있을 것이다.

장애인단체 현황(재단법인 4, 사단법인 30)

(2021. 12. 기준)

유형	명 칭	대표자	소재지	설립일자
재단법인	한국장애인개발원	최경숙	(150-917)서울 영등포구 의사당로 22 5층(여의도동, 이룸센터)	89.4.28
	한국장애인재단	이성규	(100-130)서울 중구 통일로 86 207호(순화동, 바비엥3차)	04.2.21
	이형섭복지재단	장석균	(446-518)경기도 용인시 기흥구 언동로 192(상하동)	08.10.22
	푸르메재단	강지원	(110-032)서울 종로구 자하문로89 4층(신교동, 푸르메센터)	05.3.9
사단법인	국제키비탄한국본부	김봉옥	(120-752)서울 서대문구 연세로 50번지 연세의료원 재활병원 내	11.9.9
	사단법인 자행회	김 우	(100-391)서울 중구 장충단로 199 208호(장충동 1가, 분도빌딩)	68.7.4
	장애우권익문제연구소	김성재	(100-391)서울 마포구 월드컵로 87 8층(망원동, 마포로얄프라자)	94.12.14
	장애인먼저실천운동본부	이수성	(150-746)서울 영등포구 여의서로 43 405호(여의도동, 한서리버파크)	03.12.13
	전국장애인부모연대	윤종술	(110-872)서울 영등포구 국회대로 28길 17 3층 (당산동3가, 한얼빌딩)	09.6.12
	한국농아인협회	변승일	(133-834)서울시 성동구 아차산로 7길 21 4층(성수동2가, 보라빌딩)	80.8.30
	한국뇌병변장애인인권협회	유흥주	(121-865)서울시 마포구 성미산로 146 301호(연남동, 현대빌딩)	05.7.14
	한국뇌성마비복지회	김태섭	(157-849)서울 강서구 소정길 35(방화동)	78.10.16
	한국시각장애인연합회	홍순봉	(150-917)서울 영등포구 의사당로 22 3층(여의도동, 이룸센터)	81.5.1
	한국신장장애인협회	김세룡	(131-876)서울 중랑구 동일로 136길 10 301호(중화동, 청원 다미소 상가 제업무시설)	93.12.8
	한국신체장애인복지회	한정효	(153-774)서울 금천구 서부샛길 632 903-1호(가산동, 대륭테크노타워 5차)	81.10.21
	한국언어재활사협회	이은경	(110-776)서울시 종로구 경운동89-4 운현궁SK허브 201동 409호	11.9.9
	한국여성장애인연합	인영희	(150-917)서울 영등포구 의사당로 22 4층(여의도동, 이룸센터)	00.10.5
	한국의지보조기협회	한한석	(140-869)서울 용산구 청파로325(청파동 1가)	75.8.28
	한국자폐인사랑협회	김용직	(135-539)서울 강동구 천호대로 1210 2층(둔촌동, 은선빌딩)	06.12.26
	한국장루장애인협회	전봉규	(110-835)서울 종로구 종로5가 20-2	97.2.5
	한국장애인단체총연맹	김용직	(150-917)서울 영등포구 의사당로 22 4층(여의도동, 이룸센터)	99.4.9
	한국장애인단체총연합회	김락환	(150-917)서울 영등포구 의사당로 22 3층(여의도동, 이룸센터)	02.12.23
	한국장애인복지관협회	장순욱	(121-250)서울 마포구 월드컵북로12길 19 1층(성산동, 대성빌딩)	00.5.25
	한국장애인복지시설협회	정석왕	(121-745)서울 마포구 마포대로 63-8 903호(도화동, 삼창플라자)	83.5.30
	한국장애인부모회	고선순	(133-110)서울 성동구 상원 12길 1 4층(성수동 1가, 스타키빌딩)	86.7.29
	한국장애인연맹(DPI)	황광식	(121-801)서울 마포구 마포대로14가길 10, 2층(공덕동, 동아빌딩)	02.5.16
	한국장애인인권포럼	이권희	(150-849)서울 영등포구 도림로 310-1, 2층(신길동, 신일빌딩)	06.2.9
	한국장애인자립생활센터총연합회	황백남	(150-917)서울 영등포구 의사당로 22 5층(여의도동, 이룸센터)	09.3.27
	한국장애인재활협회	이인규	(137-849)서울 서초구 효령로 161 2층(방배동, 제약회관)	70.12.4
	한국장애인직업재활시설협회	최종태	(152-722)서울 구로구 중앙로 1길 42 610호(고척동, 123전자타운 1동)	06.8.1
	한국지적장애인복지협회	박선자	(150-917)서울 영등포구 의사당로 22 4층(여의도동, 이룸센터)	68.7.4
	한국지체장애인협회	김광환	(150-917)서울 영등포구 의사당로 22 3층(여의도동, 이룸센터)	89.7.15
	한국척수장애인협회	정진완	(150-917)서울 영등포구 의사당로 22 4층(여의도동, 이룸센터)	06.4.11
	해냄복지회	김재익	(135-824)서울 강남구 테헤란로8길 36 2층(역삼동)	09.3.27

CHAPTER 07

장애인복지 재정

1. 장애인복지 재정의 의미
2. 공공재원
3. 민간재원

1. 장애인복지 재정의 의미

장애인복지조직뿐만 아니라 모든 사회복지조직은 생존과 유지, 목표 추구를 위해 다양한 자원을 필요로 한다. 특히 재정은 사업 수행에 필수적으로 필요한 공간, 인력, 시설, 장비 등의 자원을 확보하는 중요한 자원이다(김영종, 2001: 93). 따라서 재정의 안정적 확보는 사업의 성패를 결정짓는 중요한 것으로서 정치적·경제적으로 많은 영향을 받는다. 자원의 총량이 제한되어 있기 때문에 정치적 상황이 평등원리를 강조한다면 보편적 서비스를 확대하고 사회복지재정이 증액될 것이며, 효율성을 강조한다면 선별적 서비스를 강화하여 사회복지재정이 감소될 것이기 때문이다. 마찬가지로 경제적 상황이 좋다면 사회복지예산이 증액될 수 있으며, 반대로 경제적 상황이 악화된다면 사회복지예산이 감소될 수 있다. 그런데 경기 상황에 비추어 볼 때 불경기에는 사회적 약자들이 더욱 증가하여 사회복지예산이 훨씬 많이 투입될 수밖에 없는 현실적 상황이 존재한다.

한동안 사회복지도 신자유주의의 영향을 받아 민영화에 관한 논의가 이루어졌으며, 사회복지의 공급 주체를 다양화시키려는 경향이 나타났다. 이는 사회복지의 공공성과 보편성이 약화되는 현상을 초래하는 문제점을 야기했다. 물론 능력 있는 주민들은 프로그램을 선택적으로 구매할 수 있는 기회가 다양해짐으로써 삶의 질을 강화할 수 있지만 그렇지 못한 주민들에게는 상대적 박탈감을 줄 수 있다.

한편 장애인복지 재정은 전반적인 사회복지 상황과 맞물려 있다. 아무리 좋은 장애인복지정책이라고 하더라도 재원이 불충분하면 성공하기 어렵다. 또 장애인복지정책에 사용되는 재원의 형태는 다르기 때문에 프로그램의 성격에 따라 상이한 재원이 사용된다.

장애인복지정책에 사용되는 재원이 공공재원이냐, 아니면 민간재원이냐에 따라 장애인복지의 목표, 대상, 급여 형태가 달라진다. 또 공공재원 중에서도 정부의 일반예산이냐, 아니면 사회보장성 조세[1])이냐에 따라 목표, 대상, 급여 형태가 다를 수 있다(남기민, 2004: 175). 장애인복지재정은 사회적 연대성, 사회적 형평성, 효율성 등의 여러 가지 기준에 의하여 배분된다. 장애인복지재정은 공공재원으로서 정부의 일반 예산을 주로 사용하고 있다는 점에서 지속적이며 파급 효과가 크기 때문에 평등 지향적 정책을 추구할 수 있는 장점이 있다. 따라서 장애인복지재원이 서비스의 이용 주체인 장애인들에게 어떠한 영향을 미칠지를 충분히 검토하여야 할 것이다. 이러한 점을 염두에 두며 사회복지재원을 크게 공공재원과 민간재원으로 구분하여 살펴보고자 한다.

2. 공공재원

1) 공공재원의 현황

공공재원은 정부의 일반예산으로 편성되기 때문에 조세를 기반으로 하고 있다. 조세는 일반세, 목적세, 조세비용 등으로 구성된다. 일반세는 사용처가 정해지지 않은 세금이며, 목적세는 사용처를 분명하게 정하고 징수하는 세금이다. 조세비용은 특정 집단에게 조세를 감면·공제·면제해 주는 제도를 말한다.

일반적으로 공공재원은 예산을 안정적으로 확보할 수 있기 때문에 장애인복지제도가 지속적으로 유지할 수 있다는 장점이 있다. 한편 공공재원은 예산의 급격한 증가가 어렵기 때문에 제도의 획기적인 변화를 기대하기도 어렵다.

2022년 현재 보건복지부의 예산은 정부 예산의 약 16% 정도의 비중을 차지하고 있으며, 그중에서 장애인복지 예산은 사회복지예산의 3% 수준에 불과하다.[2) 장애

1) 사회보장성 조세는 사회보험 원칙에 입각하여 보험 가입자가 부담하는 갹출료를 의미하며, 사회보험재정을 충당하는 주 재원이라고 할 수 있다. 따라서 보험 가입자에 대한 급여를 제공하는 데 사용되므로 보험 미가입자에게는 혜택이 주어지지 않기 때문에 모든 국민이 급여를 제공받는 것은 아니다.

2) 2022년 보건복지부 예산은 97조 원으로 책정되었으며, 이 중에서 약 3조 원이 장애인복지예산

인복지예산의 총액은 지속적으로 증가하고 있지만 장애인연금, 장애인활동지원 등이 확대되면서 늘어나는 것을 감안한다면 실제적으로 장애인복지예산은 줄어드는 것으로 이해할 수 있다. 보건복지부문 예산 총액에서 장애인복지예산이 차지하는 비중은 「장애인복지법」이 제정되기 이전에는 당시 보건사회부 예산의 1%도 차지하지 못하였으나 법 제정 이후 장애인복지예산의 비중은 높아져 1980년대 중반과 후반에 3～4%를 유지하게 되었다. 그러나 1990년대 전반기 장애인복지예산이 2%대로 낮아졌다가 1990년대 중반 다시 3% 수준으로 회복하여 왔다.

장애인복지제도가 확대되기 위해서 장애인복지예산에서 장애인자립생활을 위한 자립정착금과 인프라 구축, 치료바우처제도의 확대, 성년후견제 지원 등의 예산 증가가 이루어져야 한다.

2) 공공재원의 특성

(1) 중앙화

장애인복지예산을 중앙정부의 일반예산으로 집행하는 것을 의미한다. 중앙정부가 집행하는 예산은 주된 재원이 국민이 납부하는 세금에 의존한다. 장애인복지예산을 중앙에서 집행하는 것은 전국적으로 균등한 장애인복지제도와 서비스를 제공하기 위한 목표를 가지고 있기 때문이다. 이는 장애인복지의 수준을 최소한으로 유지하는 데 효과적이다. 또한 장애인복지에 투입되는 예산을 안정적으로 확보할 수 있으며, 지방자치단체의 정책에 따라 지역적 차이가 발생하는 것을 최소화할 수 있다는 장점이 있다.

(2) 분권화

장애인복지예산을 중앙정부가 독점하지 않고 지방자치단체로 위임하거나 지방

이다. 보건복지부 전체 예산에서 장애인복지 예산이 차지하는 비율은 3%에 불과하다.

자치단체의 역량에 따라 자율적으로 정책을 집행하는 것을 의미한다. 중앙정부가 집행하던 사업과 예산을 지방자치단체로 이양하거나 지방자치단체의 재정 투입을 통하여 지역사회 장애인의 욕구를 충족할 수 있는 정책을 자체적으로 개발할 수 있다. 지방자치단체는 중앙정부에 비해 예산의 규모는 적을 수 있지만 지역사회에 거주하고 있는 장애인의 개별적 욕구를 파악하고 맞춤식 서비스를 제공하는 데 유리하다.

장애인의 욕구에 즉각적으로 대응하고, 지역사회 내에 존재하는 다양한 자원을 동원하는 데 효율적이다. 다만 재정자립도가 낮은 지방자치단체의 경우에는 자체적인 서비스를 적극적으로 개발하기 어렵기 때문에 지역 간 차이가 발생할 수 있다. 또한 전체 장애인을 대상으로 하는 보편적 서비스를 집행하기 어렵고 특정의 욕구를 가진 소수의 장애인에게 서비스를 제공하는 선별적 서비스를 제공하기 쉽다.

(3) 민영화

장애인복지예산은 일반적으로 정부에 의해서 집행되고 있다. 하지만 정부의 능력이 부족할 때 장애인복지사업은 개인의 재원에 의해서 집행될 수밖에 없다. 특히 정부의 재정지출을 줄이고 서비스 제공기관의 전문성을 활용하기 위하여 정부가 집행하던 사업을 민간으로 이전하는 것을 민영화라고 하며, 예산도 민간에게 부담시킬 수 있다.

민영화는 정부가 직접적으로 집행하는 사업의 효율성과 효과성을 높이기 위하여 민간 전문가에게 운영권을 위임하거나 사업의 재량권을 부여하며, 정부가 지출하던 재정의 규모를 줄이기 위한 의도를 가지고 있다. 우리나라 장애인복지시설 운영은 민간에 의해서 시작되고 활성화되었으며, 정부의 재정적 지원을 통하여 안정적으로 사업을 집행하고 있다. 다만 정부가 재정지원을 하고, 민간에 의해서 운영되는 것도 민영화라고 할 수 있다. 우리나라 장애인복지시설은 혼합적 형태로 운영되고 있다.

(4) 상업화

상업화는 민영화의 차원에서 운영되는 장애인복지 서비스를 이윤을 창출할 수 있는 서비스로 전환하는 것이다. 장애인복지사업은 장애인의 욕구충족과 삶의 질을 향상하기 위한 사회적 목표를 가지고 있다. 하지만 정부가 집행하는 사업은 개별적인 욕구나 높은 수준의 욕구를 충족하기에는 한계가 많다. 상업화는 장애인 개개인의 욕구 등을 충족하기 위해서 사적으로 비용을 지불하여 이용하는 서비스이다. 이러한 경우, 비용을 부담할 수 있는 장애인만 이용가능하다는 단점이 있다.

(5) 보편성

보편성은 어떠한 조건 없이 모든 사람을 정책의 대상에 포함하는 것을 의미한다. 장애를 가진 모든 국민들은 공공성이 있는 장애인복지서비스를 소득수준이나 장애정도와 관계없이 이용할 수 있다. 이러한 보편성은 인간으로서의 존엄성을 보장하기 위한 적극적 권리의 의미를 내포하고 있으며, 정부 정책에 의해서 보장되기 때문에 정부의 예산으로 집행한다.

(6) 선별성

선별성은 급여 대상을 제한하는 것을 의미한다. 모든 국민을 정책의 대상에 포함하지 않고 특정한 욕구를 중심으로 조건에 부합하는 사람에게 서비스를 제공한다. 정부의 개입과 역할을 최소한으로 제한하면서 정부의 재정 지출을 감소시키며, 급여조건에 해당되지 못하는 경우 서비스를 제한하여 사회적 배제가 일어날 수 있다.

3) 장애인복지예산 구성

(1) 직접성 예산과 간접성 예산

장애인복지예산은 직접성 예산과 간접성 예산으로 구분되며, 직접성 예산은 장애인에게 직접 지급되는 현금 내지 현물급여에 충당되는 예산을 말한다. 간접성 예산은 거주시설, 이용시설의 장애인복지서비스를 운영함으로써 장애인복지서비스를 실현하는 데 충당되는 예산을 말한다. 최근 장애인복지 예산은 간접성 예산에서 직접성 예산으로 변화되고 있기 때문에 장애인복지의 패러다임이 변화하고 있음을 알 수 있다.

(2) 거주시설용 예산과 재가장애인용 예산

장애인복지예산은 장애인이 생활하는 장소에 따라 거주시설용 예산과 재가장애인용 예산으로 구분하며, 거주시설용 예산은 기초생활보장수급권자를 중심으로 시설보호서비스가 주어지는 거주시설에 소요되는 예산을 말한다. 재가장애인용 예산은 재가장애인에 대한 급여와 이용시설 운영에 소요되는 예산을 말한다.

최근에 우리나라의 장애인복지는 탈시설화 요구 등으로 급속하게 재가장애인 중심으로 정책과 예산 편성이 수립되고 있다. 1990년대 초반만 해도 20%대의 예산 비중을 나타내던 재가장애인 관련 예산의 비중이 1990년대 후반과 2000년대에 들어 50%까지 그 비중이 증대되는 경향을 볼 수 있다. 최근에는 장애인연금, 장애인활동지원제도, 장애수당, 바우처제도 등의 재가장애인에 대한 장애인복지제도가 확대되면서 그 비중은 급격하게 증가하고 있으며, 직접성 예산이 70%를 상회하고 있는 것으로 볼 때 재가장애인 예산은 80% 수준에 이르는 것으로 추정할 수 있다. 이러한 점은 향후 탈시설화와 지역사회중심보호라는 장애인복지의 지향점과 관련하여 볼 때 매우 긍정적이라 할 수 있다.

(3) 교육부의 특수교육 일반 회계 예산

교육부의 특수교육 일반 회계 예산 용도에는 특수학교의 인건비, 운영비, 시설개조비 지원, 점역교과서 공급비, 특수학교 행사 지원비, 국립특수학교 육성회 지원, 국립특수교육원 운영비 등이 포함된다.

(4) 장애인고용 관련 예산

장애인고용 관련 예산(고용노동부 소관)에는 장애인고용 및 직업재활기금, 장애인 고용업체에 대한 재정 지원, 시설 개선 지원, 차량 구입 융자, 고용 지도, 기술 연구, 장애인교육, 직업훈련, 기금 관리비 등이 포함된다. 그리고 일반 회계 예산은 행정 경비로 주로 사용된다.

3. 민간재원

우리나라의 사회복지 특성은 민간이 사회복지서비스를 제공하더라도 절대 다수의 재정은 정부의 재정 지원으로 충당된다는 점이다. 이러한 점은 민간이 정부의 사회복지 책임을 대신하여 수행하고 있다는 생각을 가지게 되고, 민간의 전문성을 충분히 강조하여 사업의 효과성을 높일 수 있다는 장점이 있다. 따라서 민간의 순수한 재정은 범위가 크지 않으며 법인 재산, 수익사업, 정부보조금, 서비스 이용료, 개인 후원금, 사회복지 공동모금, 기업복지 지원금, 종교단체의 지원 등으로 구성된다.

1) 법인 재산

사회복지법인은 사회복지사업을 수행할 것을 목적으로 설립된 법인이므로 그 목적을 수행하기 위해서 필요한 일정액 이상의 기본 재산을 요구한다. 즉, 법인은 사회복지사업의 운영에 필요한 재산을 소유하여야 한다(「사회복지사업법」 제23조 제1항). 법인의 재산은 목적사업용 기본 재산과 보통 재산, 그리고 수익사업용 재산으로 구분되며, 목적사업용 기본 재산은 사회복지법인이 사회복지시설 등을 설치·운영하는 데 직접적으로 사용되는 재산(건물, 운동장 등)을 말한다. 보통 재산은 기본 재산 이외의 재산으로서 법인의 운영에 소요되는 재산(집기, 현금 등)을 말한다(박석돈, 2005: 127-128).

2) 수익사업

사회복지법인은 그 기본 재산만으로 소기의 목적을 달성하기 어려울 때 그 사업을 재정적으로 돕기 위해 본래의 목적인 사회복지사업 이외에 수익을 목적으로 하는 사업을 할 수 있다. 즉, 법인은 목적사업의 경비에 충당하기 위하여 필요한 때에는 법인의 설립 목적 수행에 지장이 없는 범위 안에서 수익사업을 할 수 있다(「사회복지사업법」 제28조 제1항).

3) 정부보조금

정부보조금[3)]은 민간재원의 절대액을 차지하며, 보조금 사용에 대한 책임감을 동반하게 된다. 법적 근거에 의하여 보조금이 지급되기 때문에 경직적 특성을 가지고 있으며, 보조금과 관련된 다양한 행정 업무를 수행하여야 한다. 하지만 지속적이고 정기적으로 보조금이 지급되기 때문에 안정적으로 사업을 실행할 수 있는 중요한 근거가 되고 있다. 다만 정부보조금으로 인하여 공공기관이 민간기관을 통제하거나 민간기관이 자율성을 상실하여 관료화되는 경향이 나타날 수 있다. 지방세와 사회보장성 조세가 있다.

4) 서비스 이용료

이용료는 공공부문이든 민간부문이든 장애인복지서비스의 이용자가 서비스 비용에 대하여 본인이 일부분 부담하는 것을 말한다. 서비스 이용료는 사회복지의 민영화와 밀접한 관련을 맺는다. 장애인복지조직은 소비자를 유치하여 이용료를 확보하기 위하여 경쟁력을 갖춘 프로그램을 개발하고 다양한 마케팅 기법을 동원한다.

3) 기타 정부의 재원으로 조세 비용이 있다. 조세 비용은 직접적으로 조세를 거두어들이는 대신 조세를 감면시켜 사회복지 대상자의 일상생활을 간접적으로 지원하는 형태이다.

서비스 이용료 부담은 서비스의 남용을 방지하고 재원을 확충할 수 있으며 이용자의 선택을 강조하기 때문에 서비스의 질을 높일 수 있는 장점이 있다. 또한 이용료를 부담하면서 서비스를 이용하기 때문에 이용자의 자존심을 높일 수 있다(남기민, 2004: 178). 하지만 서비스를 이용할 수 있는 능력이 없는 장애인의 경우에는 접근성이 제한되는 문제를 가지고 있다.

5) 후원금

사회복지사업은 민간의 자발적 후원금에 크게 의존하고 있다. 이에 「사회복지사업법」은 후원금의 명확한 관리를 위한 규정을 두고 있다. 즉, 사회복지법인 대표이사와 시설의 장은 아무런 대가 없이 무상으로 받은 금품, 기타의 자산(후원금)의 수입·지출 내용과 관리에 명확성이 확보되도록 하여야 한다(「사회복지사업법」 제45조 제1항). 또 법인의 대표이사 또는 시설의 장은 후원금 중 시설에 입소 중인 자에 대한 개인결연후원금에 대하여는 별도의 관리대장에 그 금액, 지원 내역 등을 기록, 비치하여야 한다(「사회복지법인 재무·회계규칙」 제41조의4 제1항).

후원금은 장애인복지조직이 재원을 보충하는 가장 일반화된 방법이다. 후원금을 확보하기 위한 대의명분과 다양한 전략이 개발되고 있으며, 정기적이고 지속적으로 후원금을 확보하기 위한 다양한 관리기법이 동원된다. 정부보조금이 장애인복지조직의 재정을 100% 보장하지 못하기 때문에 조직의 재정을 보완하는 중요한 수단이 될 뿐만 아니라 특별한 욕구를 해결하기 위한 서비스를 제공하는 데 유익하다. 특별 사업이나 프로그램을 지원하는 형태의 후원금, 관리 운영에 대한 후원금, 그리고 장애인에게 직접적으로 지원되는 결연 후원금이 있다.

또 기업은 민간 사회복지의 중요한 재원이다. 기업은 직접적으로 사회복지활동을 전개하기도 하고 사업이나 프로그램을 지원하기도 한다. 기업의 복지지원금은 방향성이 명확하게 설정된 것은 아니어서 다양한 분야로 확대되고 있는 실정이다. 따라서 기업복지지원금은 기업의 복지 패러다임의 부족, 사회복지에 대한 인식 부족, 기업 홍보 차원의 지원 등과 같은 문제를 지니고 있다(정기원, 2001: 85).

6) 사회복지 공동모금

사회복지에 대한 정부 책임의 한계를 극복하고 민간의 자발적 참여를 통하여 사회적 연대의식을 형성하고 사회복지의 자율성을 강화하기 위한 것이 공동모금이다. 민간재원의 어려움을 해결하기 위하여 민간이 적극적으로 참여하며 합리적 방법을 통하여 부족한 재원을 보충하고 있다. 따라서 사회복지서비스의 책임성과 효과성을 강화해야 지역사회의 관심을 제고할 수 있다. 모금된 성금을 공정하고 효율적으로 사용하여야 하며, 기능 보강, 프로그램 지원, 긴급 지원 등의 형태로 이루어지며 배분 심사 기준에 의해 사회복지사업, 기타 사회복지활동에 사용되고 있다.

7) 세제상 지원

「사회복지사업법」에 의해 설립된 사회복지법인이 운영하는 사업에 출연한 재산은 상속세와 증여세가 면제된다(「상속세 및 증여세법」 제12조 제1항, 「동법 시행령」 제8조). 이는 사회복지법인의 사업을 지원하기 위한 방법으로 기업 또는 개인 재산의 사회환원을 목적으로 상속 재산을 공익사업에 기부하도록 유도하기 위한 세제상의 특혜 조처이다. 국가가 사회복지법인에 대하여 직접적으로 각종 세금의 부담 의무를 면제함으로써 기부 문화를 활성화하여 사회복지재원의 확충에 간접적으로 기여하고 있다(박석돈, 2005: 139-140).

Social Welfare with the Disabled

CHAPTER 08

장애인복지 대상

1. 장애유형과 장애진단
2. 장애유형

1. 장애유형과 장애진단

1) 장애유형

장애유형은 2000년 1월 장애 범주를 확대하여 10종으로 구분하였으며, 2003년 7월 1일부터 호흡기, 간, 안면 변형, 장루, 뇌전증장애를 추가하여 법정 장애유형은 총 15종으로 확대되었다. 장애 범주를 확대함으로써 추가로 적용받는 장애인의 수가 증가하였으며, 만성질환으로 고통받아 온 많은 장애인이 법적으로 다양한 서비스를 이용할 수 있는 기회가 확대되었다는 점에서 의미가 있다. 장애의 분류는 「장애인복지법」 제2조에 따르면 신체적 장애와 정신적 장애로 구분할 수 있다. 신체적 장애란 주요 외부 신체 기능의 장애, 내부기관의 장애 등을 말한다. 정신적 장애란 발달장애 또는 정신질환으로 발생하는 장애를 말한다(「장애인복지법」, 법률 제16248호 타법개정 2019.1.15.). 구체적 내용은 다음 절에서 살펴보기로 한다.

〈표 8-1〉 장애유형

대분류	중분류	소분류	세분류
신체적 장애	외부 신체 기능 장애	지체장애	절단장애, 관절장애, 지체기능장애, 변형 등의 장애
		뇌병변장애	뇌의 손상으로 인한 복합적인 장애
		시각장애	시력장애, 시야결손장애
		청각장애	청력장애, 평형기능장애
		언어장애	언어장애, 음성장애, 구어장애
		안면장애	안면부의 추상, 함몰, 비후 등 변형으로 인한 장애
	내부 기관 장애	신장장애	투석 치료 중이거나 신장을 이식받은 경우
		심장장애	일상생활이 현저히 제한되는 심장 기능이상
		간장애	일상생활이 현저히 제한되는 만성·중증의 간 기능이상
		호흡기장애	일상생활이 현저히 제한되는 만성·중증의 호흡기 기능이상

대분류	중분류	소분류	세분류
		장루・요루 장애	일상생활이 현저히 제한되는 장루・요루
		뇌전증장애	일상생활이 현저히 제한되는 만성・중증의 뇌전증
정신적 장애	발달 장애	지적장애	지능지수가 70 이하인 경우
		자폐성장애	소아청소년 자폐 등 자폐성 장애
	정신장애		조현병, 조현정동장애, 양극성정동장애, 재발성우울장애

출처: 「장애인복지법」상 장애분류기준(법 제2조 2항).

2) 장애진단서 작성 기준

① 장애를 진단하는 의료기관의 장애 유형별 소관 전문의는 장애인복지법령 및 '장애정도판정기준'에 의거, 장애 판정 시기 및 장애 상태 등에 대해 진료 기록 및 객관적 검사 등을 통해 확인하고 장애를 진단하여 장애진단서의 모든 항목을 성실히 기재(검사 결과 첨부)해 읍・면・동장에게 우편으로 송부하되, 부득이 인편에 의한 경우 봉투의 봉함 부분에 의료기관의 간인을 찍어 송부해야 한다. 성명, 주민등록번호, 장애 정도는 기재 후 투명 테이프로 처리해야 한다.

② 의료기관의 폐업 등 부득이한 사유로 인하여 이전 진료 기록을 확인할 수 없는 경우 신청인의 현재 상태가 전문적 판단에 의해 장애 판정 시기에 해당하는 이전의 치료력이 인정된다는 적합한 근거 및 구체적 의견을 장애진단서에 명시하고 장애진단을 할 수 있다.

③ 보행상의 장애표준기준표에 해당하는 경우 당연히 보행상 장애를 인정하되, 그 외의 장애 유형 및 등급에 대하여 보행상 장애가 있다고 진단하는 경우 그 사유를 구체적으로 명시하여야 한다.

〈표 8-2〉 장애 유형별 장애 판정 시기

장애 유형	장애 판정 시기
지체 · 시각 · 청각 · 언어 · 지적장애 · 안면장애	장애의 원인 질환 등에 관하여 충분히 치료하여 장애가 고착되었을 때 진단하며, 그 기준 시기는 원인 질환 또는 부상 등의 발생 후 또는 수술 후 6개월 이상 지속적으로 치료한 후로 한다(지체절단, 척추고정술, 안구적출, 청력기관의 결손, 후두전적출술, 선천적 지적장애 등 장애상태의 고착이 명백한 경우는 예외로 한다).
뇌병변장애	1. 뇌성마비, 뇌졸중, 뇌손상 등과 기타 뇌병변(파킨슨병 제외)이 있는 경우는 발병 또는 외상 후 6개월 이상 지속적으로 치료한 후에 장애진단 2. 파킨슨병은 1년 이상의 성실하고 지속적인 치료 후에 장애진단
정신장애	1년 이상의 성실하고, 지속적인 치료 후에 호전의 기미가 거의 없을 정도로 장애가 고착되었을 때에 한다.
자폐성장애	전반성발달장애(자폐증)가 확실해진 시점
신장장애	3개월 이상 지속적으로 혈액투석 또는 복막투석치료를 받고 있는 사람 또는 신장을 이식받은 사람
심장장애	1년 이상의 성실하고, 지속적인 치료 후에 호전의 기미가 거의 없을 정도로 장애가 고착되었거나 심장을 이식받은 사람
호흡기 · 간장애	현재의 상태와 관련한 최초 진단 이후 1년 이상이 경과하고, 최근 2개월 이상의 지속적인 치료 후에 호전의 기미가 거의 없을 정도로 장애가 고착되었거나 폐 또는 간을 이식받은 사람
장루 · 요루	복원수술이 불가능한 장루(복회음절제술후 에스결장루, 전대장절제술후 시행한 말단형 회장루 등), 요루(요관피부루, 회장도관 등)의 경우에는 장루(요루)조성술 이후 진단이 가능하며, 그 외 복원수술이 가능한 장루(요루)의 경우에는 장루(요루) 조성술 후 1년이 지난 시점에 진단
뇌전증	1. 성인의 경우 현재의 상태와 관련하여 최초 진단 이후 2년 이상의 지속적인 치료를 받음에도 불구하고 호전의 기미가 거의 없을 정도로 장애가 고착된 시점 2. 소아청소년의 경우 뇌전증 증상에 따라 최초 진단 이후 규정기간(1년 내지 2년) 이상의 지속적인 치료를 받음에도 불구하고 호전의 기미가 거의 없을 정도로 장애가 고착된 시점

출처: 보건복지부 고시 제2019-117호.

〈표 8-3〉 장애 유형별 장애진단기관 및 전문의 등

장애 유형	장애진단기관 및 전문의 등
지체장애	1. 절단장애: X-선 촬영시설이 있는 의료기관의 의사 2. 기타 지체장애: X-선 촬영시설 등 검사장비가 있는 의료기관의 재활의학과 · 정형외과 · 신경외과 · 신경과 또는 내과(류마티스분과) 전문의
뇌병변장애	- 의료기관의 재활의학과 · 신경외과 또는 신경과 전문의
시각장애	- 시력 또는 시야결손정도의 측정이 가능한 의료기관의 안과 전문의
청각장애	- 청력검사실과 청력검사기(오디오미터)가 있는 의료기관의 이비인후과 전문의
언어장애	1. 의료기관의 재활의학과 전문의 또는 언어재활사가 배치되어 있는 의료기관의 이비인후과 · 정신건강의학과 또는 신경과 전문의 2. 음성장애는 언어재활사가 없는 의료기관의 이비인후과 전문의 포함 3. 의료기관의 치과(구강악안면외과) · 치과 전속지도 전문의(구강악안면외과)
지적장애	- 의료기관의 정신건강의학과 · 신경과 또는 재활의학과 전문의
정신장애	1. 장애진단 직전 1년 이상 지속적으로 진료한 정신건강의학과 전문의(다만, 지속적으로 진료를 받았다 함은 3개월 이상 약물치료가 중단되지 않았음을 의미한다.) 2. 1호에 해당하는 전문의가 없는 경우 장애진단 직전 3개월 이상 지속적으로 진료한 의료기관의 정신건강의학과 전문의가 진단할 수 있으나, 장애진단 직전 1년 이상의 지속적인 정신건강의학과 진료기록을 진단서 또는 소견서 등으로 확인하고 장애진단을 하여야 한다.
자폐성장애	- 의료기관의 정신건강의학과(소아정신건강의학과) 전문의
신장장애	1. 투석에 대한 장애진단은 장애인 등록 직전 3개월 이상 투석치료를 하고 있는 의료기관의 의사 2. 1호에 해당하는 의사가 없을 경우 장애진단 직전 1개월 이상 지속적으로 투석치료를 하고 있는 의료기관의 의사가 진단할 수 있으나 3개월 이상의 투석기록을 확인하여야 한다. 3. 신장이식의 장애진단은 신장이식을 시술하였거나 이식환자를 진료하는 의료기관의 외과 또는 내과전문의
심장장애	1. 장애진단 직전 1년 이상 진료한 의료기관의 내과(순환기분과) · 소아청소년과 또는 흉부외과 전문의

장애 유형	장애진단기관 및 전문의 등
	2. 1호에 해당하는 전문의가 없는 경우 의료기관의 내과(순환기분과) · 소아청소년과 또는 흉부외과 전문의가 진단할 수 있으나 장애진단 직전 1년 이상 내과(순환기분과) · 소아청소년과 또는 흉부외과의 지속적인 진료 기록 등을 확인하고 장애진단을 하여야 한다.
호흡기장애	- 장애진단 직전 2개월 이상 진료한 의료기관의 내과(호흡기분과, 알레르기분과) · 흉부외과 · 소아청소년과 · 결핵과 또는 직업환경의학과 전문의
간장애	- 장애진단 직전 2개월 이상 진료한 의료기관의 내과(소화기분과) · 외과 또는 소아청소년과 전문의
안면장애	1. 의료기관의 성형외과 · 피부과 또는 외과(화상의 경우) 전문의 2. 의료기관의 치과(구강악안면외과) · 치과 전속지도 전문의(구강악안면외과)
장루 · 요루장애	- 의료기관의 외과 · 산부인과 · 비뇨기과 또는 내과 전문의
뇌전증장애	- 장애진단 직전 6개월 이상 진료한 의료기관의 신경과 · 신경외과 · 정신건강의학과 · 소아청소년과 · 소아신경과 전문의

출처: 보건복지부 고시 제2019-117호.

3) 장애등급과 장애판정

2019년 7월 1일 "장애등급제 단계적 폐지 및 종합지원체계 구축"을 위해 「장애인복지법」이 개정되었다. 이는 장애인들의 지역사회 자립과 사회참여를 위하여 지속적인 요구사항이었다.

개정된 장애등급제의 내용을 보면(「장애인복지법 시행령」 제2조, 「동법 시행규칙」 제2조) 장애인은 장애의 정도에 따라 '장애의 정도가 심한 장애인'과 '장애의 정도가 심하지 않은 장애인'으로 구분된다. 즉, 종전에는 등록 장애인은 1급에서 6급까지 장애등급을 부여받았으나 이제는 장애의 정도가 심한 장애인(종전 1~3급)과 장애의 정도가 심하지 않은 장애인(4~6급)으로 단순하게 구분하게 되었다. 이것은 장애 정도가 심한 경우와 그렇지 않은 경우로 단순화하여 장애인에게 서비스를 제공함으로써 지금까지의 의학적인 구분에 의한 서비스 제공에서 서비스 제공자격을 장애인의 일상생활과 사회생활에 맞는 맞춤형 서비스를 제공하려는 목적을 가지고 있다고 하겠다.

2. 장애유형

1) 신체적 기능의 장애

(1) 지체장애

① 정의

지체장애란 지체부자유 상태, 즉 신체의 골격, 근육, 신경중 어느 부분에 질병이나 외상으로 인한 기능장애가 영구적으로 남아 있는 경우를 말한다. 주로 운동기능장애, 감각장애의 상태로 그 증상이 나타난다.

② 원인

가. 선천적 원인

장애가 출산 전인 태아 때 이미 발생한 것을 말한다. 대표적으로는 유전, 염색체 이상, 심한 대사장애, 임신 중 흡연, 약물 복용, 방사선 조사, 매독 또는 풍진, 감염, 조산 또는 난산, 혈액형 부조화, 고령 임신 등을 들 수 있다.

나. 후천적 원인

출산 후의 장애를 말하는데 대부분의 지체장애는 후천적 원인에 의한다. 특히 사회활동 중 장애가 발생하는 경우가 많다. 후천적 원인으로는 외상이 중요시되어 왔으나 선진국에서는 외상보다 당뇨병, 혈액순환장애, 관절염 등 만성질환이 70~80%를 차지하고 있다.

③ 종류

가. 마비

마비는 크게 운동신경마비와 감각신경마비로 구별되며 마비의 정도에 따라 완전마비와 불완전마비로 구별된다. 소아마비는 바이러스에 의해 척수의 전각세포가 손상되어 마비가 나타나는 것이며 주로 하지가 침범되는 마비를 뜻한다.

나. 관절장애

관절이 움직일 수 있는 운동범위를 관절운동가동역(Range of Joint Motion: ROM) 또는 관절운동범위라고 하는데 관절운동범위가 제한되어 있는 것을 관절강직이라 하며, 전혀 움직이지 않는 것을 완전강직, 어느 정도 관절운동이 일어나는 경우를 부분강직이라 한다. 완전강직은 관절 밖의 원인으로 발생하는 경우가 더 많다. 관절 밖의 원인으로는 골수염, 화상, 심한 좌멸상, 골절 등을 들 수 있으며, 관절 내의 원인으로는 결핵성 관절염, 류머티즘 관절염 등의 관절질환, 관절연골 손상이나 관절 내 골절 등이 있다.

다. 절단

절단이란 상지나 하지의 일부분을 잃어버린 상태를 말한다. 절단은 상지절단과 하지절단으로 구분된다. 절단의 원인은 질병, 외상, 종양(암), 선천적 절단 등이다. 질병에 의한 경우는 말초혈관 혈전증, 버거씨병, 당뇨병 합병증 등의 혈관순환장애에 의한 수술이 가장 많으며, 외상은 산업재해와 교통사고에 의한 장애가 많다.

라. 변형

변형은 신체의 어떤 부분의 외적 모양이 다른 것을 말한다. 한쪽 하지가 짧거나 신체의 발육부전으로 왜소한 경우도 포함한다. 일반적으로 절단은 변형이라 하지 않는다. 변형에서 선천성 기형은 매우 드물다. 대부분 자라는 어린이에게서 골 성장판이 손상받는 경우, 골절 혹은 잘못 유합된 경우, 오랫동안 진행된 류머티즘 관절염 등에 의한다. 변형은 척추에서 흔히 볼 수 있는데 척추측만증(옆으로 휜 것), 척추후만증(뒤가 튀어 나온 것)이 있다.

④ 장애 정도 측정 방법

장애 정도를 종합적으로 평가하고 객관적으로 표시하는 것은 장애인 개개인에게 있어 중요하다. 장애 정도가 비슷하다 하더라도 장애 부위에 따라 나이, 성별, 직업, 생활양식 등에 따라 달라질 수 있기 때문이다. 일반적으로 장애인의 기능 평가는 다음과 같은 활동에 대해 실시한다.

가. 이동: 보행, 휠체어 타기 등 주로 하지 기능
나. 일상생활동작: 양치, 세면, 목욕, 화장실 사용, 식사, 의복 착탈 등의 상지 기능
다. 의사소통: 언어장애 유무, 의사소통 방법
라. 기타 취미, 쇼핑 등에 관한 활동

(2) 뇌병변장애

① 정의

뇌병변장애는 1999년 「장애인복지법」 개정으로 기존의 지체장애에서 별도로 분류하여 규정하고 있다. 뇌병변장애는 뇌성마비, 외상성 뇌손상, 뇌졸중 등 뇌의 기질적 병변에 기인한 신체적 장애를 말하는 것으로 보행, 일상생활동작에 제한을 받는 상태이다.

② 종류

가. 뇌성마비

뇌성마비는 하나의 질병이 아니라 비슷한 임상적 특징을 가진 증후군을 집합적

으로 일컫는 용어로 미성숙한 뇌에 대한 비진행성 병변 혹은 손상으로 생기는 운동과 자세의 장애를 보이는 임상증후군을 말한다. 뇌성마비를 가진 사람들은 의료적 장애를 갖지 않으나 뇌와 뇌의 운동기능장애는 발작(경기)을 일으킬 수 있고, 지능발달, 외부 세계에 대한 주의, 행동 및 활동, 시각 및 청각을 손상시킬 수 있다. 뇌성마비는 운동장애의 형태에 따라 경직형, 무정위운동형, 운동실조형, 혼합형으로 분류된다.

뇌성마비의 원인은 다음과 같다.

㉠ 선천적 뇌성마비

원인은 대부분 알 수 없다. 그러나 임신 기간 중 또는 출산 시 뇌 안의 운동중추에 손상을 입었을 경우 발생하는 것으로 보고 있으며, 특히 산중 감염으로서 홍역 또는 풍진, 유아 황달, 진통 및 분만 시의 뇌의 심한 산소 부족이나 두뇌이상 등이 뇌성마비 원인의 많은 부분을 차지한다.

㉡ 후천적 뇌성마비

태어난 후 초기 몇 달 또는 몇 년 동안에 발생한 뇌손상에 의한다.

나. 뇌졸중

뇌혈관 장애로 몸의 절반에 마비가 오는 것을 말한다. 흔히 편마비라 한다. 이것은 뇌혈관이 막혀서 뇌에 피가 통하지 않는 상태(뇌출혈), 뇌에 피가 통하지 않아 뇌세포가 손상되는 상태(뇌경색)를 말한다.

증상으로는 마비가 주로 나타나며 언어장애, 시각장애, 인지능력장애, 안면마비 등의 장애를 동반한다.

③ 장애 판정

장애의 판정 시기는 뇌졸중, 뇌손상, 기타 뇌병변이 있는 경우에 발생 6개월 동안 지속적으로 치료한 이후여야 한다. 장기간 의식을 잃은 경우에는 발병 후 6개월이 경과했을 때 판정할 수 있고 이 경우 최초 판정일로부터 2년 후에 재판정해야 한다. 장애의 정도는 마비 정도와 범위, 불수의운동(흔들림) 여부 등에 따른 팔다리의 기능 저하로 인한 앉기, 서기, 걷기 등의 이동 능력과 일상생활동작의 수행 능력을 기초로 판정한다.

(3) 시각장애

① 정의

「장애인복지법 시행령」 보건복지부 고시에 의하면 시력장애 또는 시야결손장애로 시력에 제한을 받게 되는 경우를 말한다. 시력은 안경, 콘택트렌즈를 포함한 모든 종류의 시력 교정법을 이용하여 측정된 최대교정시력을 기준으로 한다.

② 특성

지직 기능에 시각적 경험의 범위 및 종류의 제한과 환경과의 상호작용의 제한으로 영향을 받을 수 있으며, 충분한 정보를 접할 수 없기 때문에 학습상 많은 문제가 있다. 언어 습득 이전에 장애를 입은 경우 시각적 모방이 불가능하여 언어발달이 늦게 된다. 시각장애인에게 있어 크기, 형태, 공간 개념은 촉각을 통해서만 형성될 수 있다.

③ 원인

시각장애의 원인은 운동, 전쟁, 교통사고, 폭발물, 화공약품, 의약품, 물리적 자극, 방사선, 장난감, 각종 이물질 등에 의해 생긴 외상, 약물중독, 안질환, 백내장, 각막 혼탁, 시신경 위축, 망막변성, 녹내장, 안구위축, 영양장애(비타민 A, B, B_6, C 결핍증), 당뇨병, 류머티즘성 관절염, 피부근염, 강직성 척추염, 고혈압 등에 의한 전신질환, 결핵, 매독, 한센씨병, 뇌막염, 성홍열, 디프테리아, 신장염 등에 의한 감염성 질환, 유전 및 선천적 요인 등이다.

④ 장애 판정

장애의 원인이 발생한 후나 수술 후 6개월 이상 지속적으로 치료한 후에 판정한다. 수술 또는 치료 등의 의료적 조치로 기능이 회복될 있다고 판단하는 경우에는 장애진단을 처치 후로 유보하고 있다. 안과의학에서는 시력의 정도에 따라 맹(시각상실), 준맹(교정시력이 0.02 이상 0.04 미만인 정도의 시력장애), 약시 등으로 분류한다. 약시는 고도약시(보통 교정시력이 0.04~0.1일 경우), 중등도약시(0.1~0.3일 경우), 경도약시(0.3~0.8일 경우)로 구분된다.

(4) 청각장애

① 정의

청각 능력의 결여 또는 결손에 의해 소리로 언어적 정보를 처리하는 데 장애가 있는 상태로, 다른 사람과의 의사소통에 지장이 있고, 일상생활에 어느 정도 제한을 받는 경우를 말하며 손실 정도에 따라 농과 난청으로 구분할 수 있다. 청각장애(농)는 소리를 듣는 구조와 듣는 소리를 뜻 있는 소리로 인지하고 구별하는 중추의 인지구조에서의 어떠한 장애로 인하여 소리를 듣지 못할 때를 말한다. 난청은 언어의 바탕이 확립된 후에 청각장애를 입었을 때를 말한다.

② 특성

이해어나 사용어의 수가 빈약하고 언어의 증가도 더디다. 글의 요지나 말의 취지를 파악하고 읽는 속도나 정확도, 표의 읽기 등 독해력이 떨어진다. 또한 간접적 표현, 추상적 표현, 비유적 표현, 복잡한 구문 등은 이해하기 어렵고 경우에 따라서는 오해하는 경우가 있다. 따라서 언어가 정확하게 개념화되어 있지 않는 경우가 많다.

또한 눈을 감고 한쪽 발로 서거나 평형 기능이 중심 역할을 하는 운동은 전혀 하지 못하는 경우가 있으며 탁구, 야구, 농구, 축구 등은 비교적 장애의 영향이 적다.

의사소통의 수단으로 구두 언어와 수화를 겸용하는 경우가 많다.

③ 원인

가. 어린이 난청

㉠ 출생 전 원인: 유전적 원인으로는 Scheibe씨병, Michel씨병, Bing Siebemann 씨병 등에 의한 것, 비유전적 원인으로는 임신 중 질환, 풍진 및 바이러스성 질환, 임신 중 약물 등에 의한 것을 들 수 있다.

㉡ 출생 시 원인: 미숙아 용혈상 질환(황달), 출산 시 외상(저산소증)에 의한 것을 들 수 있다.

㉢ 출생 후 원인: 유전적 원인으로는 가족성 지각성 난청, 이경화증(Aport씨 증후군) 등에 의한 것을 들 수 있으며, 비유전적 원인으로는 감염성 질환(홍역, 유행성 이하선염, 결핵성 수막염, 폐렴구균성 수막염 등), 외상, 중이염(화농성, 비화농성) 등에 의한 것을 들 수 있다.

나. 노인성 난청

노인성 난청이란 중이질환 때문에 생기는 것이 아니라 감각신경성으로 오는 것을 말하며 음향외상(장기간 소음에 노출되는 경우)이 주원인이다. 보통 65세 정도부터 나타나며 남자에게서 더 흔히 볼 수 있다.

다. 음향외상성 난청

기계문명에 의한 각종 소음 속에서 청각 피로가 발생하는데 이는 회복이 가능하다. 그러나 청각 피로가 회복되기 전 또는 회복된 직후에 다시 소음에 노출됨으로써 청각 피로가 회복되지 못하고 점차 난청으로 이행되는 것을 음향외상성 난청이라 말한다.

평균 소음으로 80dB 이상 상태에서 장기간 또는 순간적으로나마 단절적으로 노출될 때 장애가 발생할 수 있으며, 고주파에서 장애가 발생한다. 폭파음, 포사격,

반복되는 총포의 발사음에 장기적으로 노출될 경우 발생한다.

④ 장애 판정

장애 판정은 청력검사실과 청력검사기에 의해 실시되며, 이비인후과 전문의가 있는 의료기관에서 실시한다. 판정 시기는 청각장애의 원인을 충분히 치료하여 장애가 고착되었을 때 한다.

〈표 8-4〉 청각장애 정도 구분법

1951년 ASA 기준 청력손실(dB)	1964년 ISO 기준 청력손실(dB)	정도
10~15	10~26	정상역(normal limits)
16~29	27~40	경도난청(mild hearing loss)
30~44	41~55	중등도난청(moderate hearing loss)
45~59	56~70	중등고도난청(moderately severe hearing loss)
60~79	71~90	고도난청(severe hearing loss)
80 이상	91 이상	농(최중도)(profound hearing loss)

주: dB(데시벨)은 500, 1000, 2000Hz의 평균치, ASA(미국표준협회), ISO(국제표준기구).

(5) 언어장애

① 정의

언어장애는 언어습득과 발달에 지장이 있는 경우를 말한다. 즉, 음의 고저, 발성에 어려움이 있어 사회적응에 어려움을 겪는 상태를 말한다. 언어 기능은 출생과 더불어 선천적으로 얻어지는 것이 아니라 생후 1년 내지 수 년 사이에 얻어지는 학습의 결과이다. 일반적으로 2년 6개월에 이르러서도 언어발달이 충분하지 않을 때 언어발달지체라 하며, 연령이 7세에 이르러서도 완전하지 못할 때 언어장애가 있다고 한다. 개인의 의사소통이 방해되어 사회생활 면에서 적응이 불가능할 때 언어

장애가 있다고 진단할 수 있다.

② 특성

언어장애의 특성은 다음과 같다.

가. 말을 해도 쉽게 들을 수 없다.

나. 말이 쉽게 이해되지 않는다.

다. 음성이 듣기에 거북하다.

라. 특정 음성(자음, 모음, 이중모음)의 변형이 있다.

마. 언어학적으로 불완전하다.

바. 발성이 어렵거나 말의 리듬, 음조, 혹은 고저에 이상이 있다.

사. 말이 화자의 연령, 성, 신체적 발달 정도와 일치하지 않는다.

③ 종류

언어장애는 음성장애, 구어장애, 발달기에 나타나는 발달성 언어장애, 뇌질환 또는 뇌손상에 의한 언어중추의 손상에 따른 실어증을 포함한다.

음성장애는 단순한 음성장애와 발성장애를 포함하며, 구어장애는 발음 또는 조음장애와 유창성장애(말더듬)를 포함한다.

(6) 안면장애

① 정의

선천성 기형, 후천적 사고 및 질환, 화상 등으로 인해 안면 부위의 색깔, 모양, 혹 등이 변형을 보여서 일상생활이나 사회활동에 지장을 초래하는 경우에 안면변형장애로 분류된다(강영실, 2004: 77).

안면장애는 면상반흔, 색소침착, 모발결손, 조직의 비후나 함몰, 결손이 포함된다.

② 원인

안면장애의 원인은 선천적 원인과 후천적 원인(사고)으로 구분할 수 있다. 선천적 원인에는 거대색소성 모반(큰 점), 맥관기형(모세혈관 기형, 림프관 기형, 동맥형 기형), 혈관종, 신경섬유종증이 있다.

후천적 원인인 화염이나 열탕, 전기·화학적 요인 등에 의한 화상은 그 흉터가 시간이 흐름에 따라 변화한다. 기타 교통사고, 피부질환이나 피부암 등도 원인이 된다.

③ 특성

안면장애의 대부분은 성형수술로 약간의 호전은 가능하나 완치는 거의 불가능하며 추형으로 인한 장애는 영구적이라고 간주할 수 있다. 따라서 안면장애인에게는 일상생활과 사회생활에서의 배제에 대한 사회적 인식 개선, 치료에 대한 과중한 부담의 경감, 직업재활 등과 같은 사회적 개입이 더욱 필요하다.

(7) 신장장애

① 정의

신장장애는 통칭 만성 신부전을 뜻하는 말로 「장애인복지법 시행령」(타법개정 2019. 7. 2.)에 의하면 신장장애인이란 "신장의 기능장애로 인하여 혈액투석이나 복막투석을 지속적으로 받아야 하거나 신장 기능의 영속적인 장애로 인하여 일상생활에 상당한 제약을 받는 사람"으로 규정되어 있다.

② 원인

신장장애의 원인은 후천적인 원인, 즉 질환에 의한 것이 대부분이다. 구체적으로는 신장·비뇨·생식기계 질환이 가장 많으며, 대사, 면역 및 내분비계 질환, 심혈관질환 등이 그 원인으로 나타나고 있다.

③ 특성

정상적인 신장은 인체의 불순물을 제거하고 체내의 수분을 균형 있게 유지시켜 주지만 만일 만성 신장질환으로 인해 신장에 이상이 발생하게 되면 신장은 더 이상 정상적인 기능을 할 수 없게 되어 만성 신부전증이 된다.

신장장애가 생기면 혈액정화를 목적으로 혈액투석기계를 사용하며, 혈액투석을 하거나 인체의 복막을 이용한 복막투석을 하게 된다. 진료일수가 길고, 병원에서 소비하는 시간이 많아 취업 등 사회적 활동에 제약이 있으며, 의료비 부담이 커서 경제적인 어려움이 크다(보건복지부 · 한국보건사회연구원, 2011: 102).

(8) 심장장애

① 정의

「장애인복지법 시행령」에서는 심장 기능의 장애가 지속되며 심부전증 또는 협심증 등으로 일상생활이 현저히 제한되는 심장 기능이상이 있는 것으로 규정하고 있다. 심부전증이란 심장의 펌프 기능이 장애를 일으켜 정맥압이 상승하고 충분한 양의 산소를 말초조직에 공급할 수 없는 상태를 말한다. 심장질환은 심장을 손상시키는 질환들과 말초신경계를 손상시키는 질환들을 포함한다.

이러한 심장 기능 장애는 심장수축력의 정도와 운동능력의 정도에 따라 판정하는데, 다른 장애유형에 비해 비교적 중증인 경우에만 장애로 인정하고 있다.

② 원인

심장장애의 원인은 후천적 원인 중 질환에 의한 비율, 그중 심혈관질환이 매우 높은 비율을 차지하고 있다. 심혈관질환은 심장질환과 혈관질환을 포함한다. 심부전, 고혈압성 심장질환, 부정맥, 판막질환, 선천성 심장질환, 심근증 등이 중요한 심장질환이며, 혈관질환에는 뇌졸중, 말초혈관질환 등이 있다. 심장질환 중에 중요한 부분을 차지하는 관상동맥질환은 대개 동맥경화에 의해서 심장에 혈액을 공급하는 관상동맥이 막히거나 좁아져서 발생한다. 심근경색증이나 협심증이 이에 해당한다.

③ 특성

심장장애에 따라 좌심부전의 경우에는 호흡곤란이 수반되고, 심부전이 가벼울 경우에는 운동할 때에 증상이 나타나지만, 병세가 진행되면 가만히 있을 때도 호흡이 곤란하게 된다. 우심부전의 증상은 신체 말초조직에서 심장으로 운반하는 정맥의 확장과 수분 및 전해질의 저류이며, 이들에 의해 경정맥, 부종 등의 장애가 발생한다(유태완 외, 2010: 64).

(9) 간장애

① 정의

간의 만성적 기능 부전과 그에 따른 합병증 등으로 인한 간 기능의 장애로 인해 일상생활과 사회활동에 제한을 받는 것을 의미한다. 간은 체외에서 유입되거나 체내에서 생성된 각종 영양소들을 가공 처리하고 중요한 영양소들을 합성하여 공급하고, 혈액을 저장하는 역할, 면역 기관의 역할 등을 한다. 또 장에서 영양소 흡수를 위해 꼭 필요한 담즙의 생성과 장으로 배출하는 기능을 수행하며, 술이나 약물 등의 여러 가지 독소를 해독하는 작용을 한다.

② 원인

간 기능의 만성적 질환은 간경화, 만성 간염, 간암 등이 있으며, 간 기능이 감소하거나 소실되어 일상생활과 사회활동에 지장을 초래하게 된다.

간질환의 원인은, 첫째, 간경변증이다. 이는 간의 염증이 오래 지속된 결과, 간의 표면이 우툴두툴해지는 것으로 외관상 비장애인과 별 차이가 없는 경우도 있고, 병색이 완연하고 수척하고 복수가 차 있는 경우도 있다. 또한 간경변증이 진행되어도 아무런 증상을 느끼지 못하는 경우가 대부분이며 간암 발생 가능성이 높다.

둘째, 간암이다. 이는 간에 아무런 질환이 없는 사람들에게는 거의 생기지 않으며, 대부분 만성 간염이나 간경변증과 같은 만성 간질환을 갖고 있는 환자에게서 발생한다. 초기에는 아무런 증상이 없으나 대부분 병이 많이 진행된 경우, 체중이 감소하거나 오른쪽 위쪽 배에 통증이 있기도 하고 심한 경우 명치 부위에 혹이 나타나고 황달이 발생할 수도 있다.

③ 특성

만성 간질환의 주요 증상은 간경변증 환자의 경우 무력감, 피로감, 식욕부진, 구역, 구토, 복부 팽만감, 우측 상복부의 둔통 등 여러 가지 증상이나 증후가 나타날 수 있다. 임상 증상은 만성 간염 증상의 연장이며 간경변증이 오래 경과할수록, 간 손상이 심할수록 다양한 임상 증상이 나타난다.

따라서 만성 간질환을 앓고 있는 경우에 일상생활은 특별히 조심해야 한다.

첫째, 개인 생활 측면에서 살펴보면 간염을 악화시킬 수 있는 요인(음주, 약물오·남용 등)을 피하고 다른 간염 바이러스에 중복 감염이 되지 않도록 철저한 주의가 필요하다.

둘째, 식생활에 있어서 음식물은 골고루 균형 있게 섭취하며, 저염식을 한다.

셋째, 운동을 할 때에는 간경변증 상태에 따라 운동량을 결정해야 한다. 일반적으로 지나친 안정보다는 적당한 활동이 요구된다.

(10) 호흡기 장애

① 정의

폐가 코를 통해 들이쉰 산소를 인체에 제공하고 신진대사를 통해 생긴 찌꺼기를 이산화탄소의 형태로 배설하는 기능을 호흡이라고 하며, 이 체계에 산소 부족과 이산화탄소의 과잉 축적 등으로 인해 장애가 발생하여 세포가 죽는 것이 호흡기장애이다. 호흡기장애의 주요 증상으로는 호흡 곤란, 기침과 가래, 천명,[4] 청색증[5]과

곤봉지[6] 등이 나타난다. 구체적 질환으로는 천식, 만성 기관지염, 기관지 확장증, 늑막염, 결핵, 폐암 등이 있으며(강영실, 2004: 75), 기타 호흡기장애와는 무관하지만 호흡 곤란을 느끼는 경우는 빈혈, 불안, 우울 등 심리적 요인에 의하여 발생하기도 한다.

② 원인

호흡기장애의 원인은 가장 흔한 만성 호흡기질환으로 만성 폐쇄성 폐질환, 만성 제한성 폐질환, 만성 환기장애 질환군, 만성 폐혈관 질환군 등 네 가지가 있다. 만성 폐쇄성 폐질환은 대개 40대 이후부터 만성적 기침, 호흡기질환의 재발 등으로 나타나기 시작하며, 주로 흡연이 원인으로 만성 기관지염에서부터 폐기종까지 다양한 질환이 있다. 만성 제한성 폐질환은 폐간질 질환(뇌전증 섬유증, 폐부종), 흉막질환(흉수, 혈흉), 흉벽 및 복부질환(신경근육전도장애, 흉곽기형, 심한 비만, 흉부 손상)으로 발생하며, 만성 환기장애 질환군은 수면무호흡증, 뇌신경계의 이상, 횡격막 마비 등으로 인해 발생한다. 만성 폐혈관 질환군은 폐동맥고혈압, 폐동맥혈전증, 폐동맥색전증, 폐혈관염 등으로 인해 발생한다.

③ 특성

호흡기장애는 주로 만성 호흡기질환에 의한 호흡 기능의 손실로 오는 장애이며, 일단 장애가 오면 환기 기능의 손실이나 산소-이산화탄소의 가스 교환에 이상이 발생하여 호흡 기능의 회복이나 호전이 불가능한 내부장애이다.

호흡기장애는 모든 호흡기질환의 마지막 결과로 폐 기능이 저하되면 올 수 있으며, 활동 시에 더욱 심한 호흡 곤란을 유발하므로 환자의 삶의 질이 현격히 저하된다. 평상시에는 비교적 안정적인 만성 호흡기장애 환자라도 급성 악화의 요인이

4) 기도 폐쇄의 가장 특징적 증상으로 호흡 시에 쌕쌕하는 호흡음이 나타나는 현상이다.

5) 피부가 청자색으로 푸르게 변하는 현상이다.

6) 손끝이 둥글게 곤봉 모양으로 부풀어 오르며, 손톱과 피부가 이루는 각도가 180°를 넘는 병적인 모양이다.

생기면 생명을 위협할 수 있는 치명적 장애이며, 비장애인에게는 큰 문제가 되지 않는 간단한 감기나 그 밖의 호흡기 감염증이 가장 흔한 급성 악화의 요인이 될 수 있다.

(11) 장루 · 요루장애

① 정의

배변 기능 또는 배뇨 기능의 장애로 인하여 장루 또는 요루를 시술하여 일상생활을 하는 데 상당한 제한을 받는 상태를 의미한다(숭실대학교 장애인복지연구회, 2004: 76). 장루·요루는 직장이나 대장, 소장 등의 질병으로 인해 대변 배설에 어려움이 있을 때 복벽을 통해 체외로 대변을 배설시키기 위하여 만든 구멍을 말한다. 좁은 의미로 장루란 장의 누공이고, 요루란 요관의 누공을 말한다. 넓은 의미로는 복벽에 솟아 있는 장루 자체만을 스토마(stoma)라고 표현하며, 스토마의 형태도 질병의 성격과 수술 방법에 따라 몇 가지 유형으로 나뉜다. 장루·요루는 항상 촉촉하며 모세혈관이 분포되어 색깔은 붉고, 모양은 동그랗거나 타원형이며, 소량의 점액이 분비된다. 또한 신경이 없어 만져도 아프지 않으며 자극을 주면 약간의 출혈이 있을 수 있으나 꼭 누르고 있으면 곧 멈춘다. 크기나 모양은 개인마다 다르며, 항문의 괄약근과 같은 조절 능력이 없어 대변이 수시로 배출되므로 부착물(장루주머니)을 이용하여 관리한다.

② 원인

장루·요루의 원인에는 드물게 각종 사고로 인한 경우도 있지만 대부분이 선·후천적 질병이 원인이다. 우리나라 장루 보유자들의 원인 질병은 95% 이상이 직장암이나 대장암 등의 악성 종양이며, 흔치는 않으나 장결핵, 쿠론씨병, 거대결장증, 척추 기형, 무항문증 등이 원인이 되기도 한다. 요루의 원인 질병의 대부분은 방광암이며, 흔치 않게 방광결핵이나 방광경화증 등으로 방광자율신경이 마비되는 경우도 있다. 또한 수뇨관(輸尿管)이나 요도(尿道)의 종양, 협착증, 결석 등으로 인해서도 요루를 설치할 수 있다.

장루 · 요루의 원인질환은 직장암을 포함한 대장암이 가장 많으며, 악성질환(위암, 자궁경부암, 난소암, 비뇨기계암 등), 양성질환의 순으로 나타난다.

(12) 뇌전증장애

① 정의

뇌전증장애는 '반복적 발작'을 주 증상으로 하는 질병이다. 여기서 말하는 발작은 증상을 표현하는 용어이고, 뇌전증은 병을 표현하는 용어이다. 뇌전증을 말할 때 경련이란 용어를 사용하기도 하는데, 경련이란 근육의 수축에 의해 발생할 수 있는 운동계의 증상을 의미한다. 즉, 발작 중에서 근육의 강한 수축으로 표현되는 발작을 의미하며, 경련 또는 경련성 발작이라고 한다. 발작 중에는 경련성 발작 이외에도 비경련성 발작이 존재한다.

우리의 뇌는 복잡한 신경회로를 통해 전기적으로 서로 연결되어 있다. 대뇌의 이상 또는 손상이 있게 되면 원래 갖고 있는 전기에너지가 과도하게 방출하게 되어 주변으로 퍼져 나가게 되고, 이로 인해 경련 발작, 의식 소실 등의 증세를 유발하게 된다. 뇌전증이란 이러한 현상들이 반복적으로 발생하는 질병을 말한다. 따라서 뇌전증을 유발하는 원인(뇌를 손상시킬 수 있는 원인)들은 아주 다양할 수 있으며, 또한 발작의 양상도 아주 여러 가지 형태로 나타날 수 있다.

② 원인

뇌전증의 원인은 매우 다양하며 뇌에 생길 수 있는 모든 병은 다 뇌전증의 원인이 될 수 있으며, 뇌전증 자체가 유전되는 경우는 매우 드물다. 다른 유전질환으로 인하여 발생한 뇌손상으로 인해 이차적으로 뇌전증이 병발될 수 있으며, 저혈당, 매독, 풍진에 의한 모성감염, 알코올 또는 납중독 등이 원인이 되기도 한다(강영실,

2004: 80). 연령별로 흔한 뇌전증의 원인들을 살펴보면 다음과 같다.

가. 영아기: 주산기 뇌손상, 선천성 기형, 저칼슘증, 저혈당증, 대사성 질환, 뇌막염 혹은 뇌염

나. 유아기: 열성경련, 주산기 뇌손상, 뇌염 및 뇌성마비 등

다. 학령기: 특발성·외상성 뇌손상(교통사고, 안전사고, 외상), 감염 등

라. 청장년기: 외상성 뇌손상, 뇌종양, 감염, 뇌졸중, 만성 알코올중독 등

마. 노년기: 뇌졸중, 뇌 외상, 종양, 퇴행성 질환 등

그리고 뇌전증 발작을 유발하는 요인을 살펴보면 불규칙적 생활주기, 항뇌전증 약을 제대로 먹지 않은 경우, 술을 마시거나 잠을 적게 자거나(수면 부족), 기타 심신을 과로하게 하는 경우, 전자오락, 나이트클럽 등의 강렬하게 반짝거리는 불빛, 발열 상태(고열), 극도로 흥분하거나 심한 정신적 스트레스가 발생한 경우, 생리 전이나 생리 중에 발생하는 경우, 일부 특정 약을 과용량 복용 시의 부작용, 드물게는 큰 소리나 특별한 멜로디의 음악 등이 있다.

③ 특성

뇌전증을 가진 사람들은 대부분 자신의 발작을 예측할 수 있으므로 적절히 통제할 수 있다. 발작 후에 곧바로 정상 생활이 가능하고 약물 치료만으로도 발작을 충분히 예방할 수 있다. 만약 발작이 있다 하더라도 매우 짧고 가역적이므로(다시 정상 상태로 회복) 업무를 올바로 수행할 수 있다. 그러나 천벌이나 유전병으로 바라보고 정신 및 신체 능력이 떨어지는 것으로 오해하고 있는 등 잘못 알고 있는 정보들이 매우 많다. 뇌전증은 단지 질환 중의 하나일 뿐 주변환경에 영향을 주거나 전염되지 않으므로 뇌전증에 대한 정확한 이해와 정보를 가지고 뇌전증장애인에게 적절한 대처를 해야 한다.

2) 정신장애

(1) 지적장애

① 정의

지적장애는 현재 지적 기능에 있어서 실질적 장애가 동반된 상태를 의미한다. 지적장애는 표준화된 지능검사의 소견에서 유의하게 표준 이하의 지적 기능과 동시에 그와 연관된 적응성, 제한성이 두 가지 혹은 그 이상의 실제 적응기술 영역, 즉 의사소통, 자기관리, 가정생활, 사회성 기술, 지역사회활동, 자기 지시, 건강과 안전, 기능적 학습 효과, 여가, 직업기술의 영역 등에서 존재하는 것으로 특징지어진다(숭실대학교 장애인복지연구회, 2004: 182).

국가에 따라 다른 정의로 표현되나 공통점은 다음과 같다.

가. 발생 원인이 다양하다.

나. 정신 발육이 항구적으로 지진하다.

다. 지적 능력이 열악하다.

라. 사회생활의 적응이 곤란하다.

미국지적장애인협회는 1973년 적응행동과 지적 기능과의 관계를 연계하여 보고 있는데, 지능이 수준 이하라 해도 적응행동에 이상이 없는 한 지적장애로 규정하지 않으며 적응행동에 결함이 있을 때만 지적장애로 규정하고 있다.

② 특성

발생 시기는 만 18세 이전이어야 한다(만 18세 이후에 발병하는 지적장애는 치매라 한다). 지적장애가 있는 아동은 행동상의 문제도 동반할 수 있다. 즉, 의존성이 강하거나 자존심이 낮고 공격적이며 충동적이고 좌절을 견디기 어렵다. 지적장애 아동의 가장 현저한 특징은 지적 발달의 장애이며 언어지체가 두드러지게 나타나며, 운동 기능 및 감각 · 지각상의 장애, 정서적 · 사회적 · 학업적 장애를 나타내는 경향이 있다. 지적장애의 정도가 심할수록 기질적 장애가 발생할 위험성은 더 높아진다.

③ 원인

일반적으로 경도는 그 원인이 분명하지 않으나 중등도의 지적장애는 약 25%, 중도는 약 60~80%에서 유전적 또는 뇌손상과 관련된 요인으로 발견된다.

④ 장애 정도

표준화된 지능검사에 의하여 지능지수(IQ)를 정하고 이에 입각하여 DSM-5 또는 ICD-10의 진단기준에 의하여 정도를 구분한다. 지적장애는 지능지수의 정도에 의해 다음과 같이 구분한다.

가. 경도(mild)

㉠ 지능지수가 50~70 사이이다.
㉡ 초등학교 6학년 수준까지의 교육이 가능하다.
㉢ 전체 지적장애의 약 80~85%를 차지하는 가장 흔한 형태의 지적장애이다.
㉣ 일상생활에서 필요한 정도의 언어발달이 가능하다.
㉤ 심한 스트레스 등 특별한 상황을 제외하고는 독립적 생활이 가능하다.

나. 중등도(moderate)

㉠ 지능지수가 35~49 사이이다.
㉡ 초등학교 2학년 정도까지의 교육이 가능하다.
㉢ 전체 지적장애의 약 10% 내외를 차지한다.
㉣ 아주 기본적인 대화 이상의 언어소통이 어렵다.
㉤ 간단한 사회활동은 가능하다.
㉥ 대부분의 경우에 있어서 기질적 요인이 발견되며 경련성 질환, 신경학적 질환, 신체적 질환이 흔히 동반된다.

ⓢ 스스로 독립적 사회생활을 영위할 수 있을 정도까지의 발달이 어려우며 타인의 도움이 지속적으로 필요하다.

다. 중도(severe)

㉠ 지능지수 20~34 사이이다.

㉡ 교육적 측면에서 훈련 불가능, 또는 보호 기능이라 정의되며, 초등학교 1학년 수준의 교육도 어렵다.

㉢ 전체 지적장애의 약 4~7%를 차지한다.

㉣ 언어발달에 있어서 심각한 장애가 동반된다.

㉤ 운동발달 면에서 심각한 발달장애를 보인다.

㉥ 스스로 독립적으로 사회생활을 할 수 있을 정도의 발달이 어렵다.

라. 최중도(profound)

㉠ 지능지수가 20 미만이다.

㉡ 교육이 불가능하다.

㉢ 전체 지적장애의 약 1%를 차지한다.

㉣ 심각한 언어발달의 지연이 있다.

㉤ 운동발달, 신체적 발달 등에 있어서 심각한 장애가 동반된다.

㉥ 유아자폐증이 흔히 동반될 수 있는 지적장애이다.

㉦ 독립적 사회생활이 어렵다.

⑤ 장애 판정

장애의 판정에는 지능을 측정하기 위한 지능검사와 적응행동의 측정을 위한 적응행동검사가 사용된다. 지능검사에는 개인검사와 집단검사가 있으나 정확성 때문에 개인검사가 많이 쓰인다. 가장 보편적으로 사용되는 것은 Stanford-Binet검사의 번안인 고대-비네검사와 웩슬러지능검사(WISC-R)의 번안인 소아용 웩슬러지능검사(KEDI-WISC)이다. 기타 판정에 사용되는 검사에는 매카시(McCarthy)의 아동능력 평가척도(McCarthy Scales of Children's Ability: MSCA), 사회성숙도검사(Korean Vineland Social Maturity Scale) 등이 있다.

(2) 자폐성장애

① 정의

유아자폐증, 비정형적 자폐증에 의한 기능 및 능력장애로 인하여 일상생활 혹은 사회생활을 영위하기 위한 기능 수행에 제한을 받아 도움을 필요로 하는 사람을 말한다.

가. 자폐성장애는 미국 연방정부 규정 제45조 85항에 의하면 심리적 장애, 학습장애와 더불어 인지손상장애의 한 범주에 속한다. 전반적인 신체적·정신적 발달의 지체를 의미하는 것으로서 지적장애, 뇌전증 등의 발작장애, 자폐 등의 정서장애, 외상성 사건, 감각 손상, 소아마비나 근육 디스트로피 등의 질병에 의해 발생되는 발달상의 지체 등이 포함된다. 만 22세 이전에 발생하는 것으로 규정된다.

나. 미국의 발달장애인 원조 및 권리장전법(Developmental Disabilities Assistance and Bill of Rights Act)에서는 발달장애를 18세 이전에 발생하는 지적장애, 뇌성마비, 뇌전증 또는 자폐증에 기인한 지속적이고 본질적인 장애라고 정의하고 있다. 주요 생활활동 영역 중 두세 가지 이상에서 기능적 장애가 나타나며, 특수하고 다학문적 서비스가 필요한 장애이다.

다. 자폐성장애 중 대부분은 지적장애이며 자폐증도 그중 하나이다. 자폐증은 1943년 케너(Kanner)에 의해 처음 보고되었으며 유아자폐증이라 명명하였다.

② 자폐아의 일반적 특성

자폐아의 일반적 특징은 다음과 같다.

가. 의사소통이나 사회적 기술, 인식력 등이 같은 또래의 아이들에 비해 뒤떨어진다.
나. 자해, 수면상의 문제, 음식문제, 눈 맞춤이 없고 고통을 못 느끼거나 과잉 또는 과소행동, 주의력 부족 등 이상행동을 나타내기 시작한다.
다. 일상생활을 정해진 대로만 하려고 하며 조금이라도 거기서 벗어나면 마음이 혼란해지고 분노한다.
라. 사회적 행동상의 기능장애로 사회적 회피, 사회적 무관심, 사회적 어색함을 보임으로써 다른 사람들과 상호작용을 하려고 하지 않는다.
마. 자폐증의 초기 발현은 대개 생후 30개월 전후에 나타난다.
바. 자폐아는 언어로써 표현하기보다는 신체적 행동으로써 의사를 표현하는 경우가 많다.
사. 자폐아는 자신이 관심을 갖는 사물이나 문자, 숫자, 책 내용에 대하여 많은 부분을 정확히 기억한다.

③ 원인

많은 관련 전문가들은 자폐증의 원인을 정서상의 문제보다는 신체생리상의 문제로 보는 데 의견을 같이한다. 이들은 유전적 이상 또는 출생 전, 출생 중 그리고 출생 후에 일어나는 뇌손상이나 감염 등에 관심을 가지고 연구하고 있으나 의견의 일치를 보지 못하고 있다.

가. 심리적 원인

원드(Ward)의 자폐증 원인: 신경학적 결함을 수반한 심리적 문제(예컨대, 임신 기간 중 산모의 불안은 아동의 감각 발달을 느리게 만듦)에 의한다.

나. 유전적 원인

림랜드(Rimland)의 연구, 칸너와 레서(Kanner & Lesser)의 연구, 키일러와 루터(Keeller & Rutter)의 연구에 의하면 오늘날 자폐증은 유전적 원인에 기인하고 있다고 보고 있다.

다. 기질적 원인

생화학적 원인 측면에서는 신경전달물질(세로토닌)에 원인이 있다고 보며, 뇌기질적 원인 측면에서는 자폐아의 소뇌가 손상되어 비정상적 행동으로 자폐증을 보이고 있다고 본다.

④ 장애 판정

장애의 진단은 정신건강의학과, 소아정신건강의학과 전문의가 행한다. 장애판정 절차는 ㉠ 자폐성장애의 진단명에 대한 확인, ㉡ 자폐성장애의 상태(impairment) 확인, ㉢ 자폐성장애로 인한 정신적 능력장애(disability) 상태의 확인, ㉣ 자폐성장애 정도의 종합적인 진단의 순서를 따라 이루어진다.

우리나라에서 공식적인 자폐성장애의 분류체계로 사용하고 있는 제10차 국제질병사인분류(International Classification of Diseases, 10th Version)의 진단지침에 따른다.

(3) 정신장애

① 정의

정신장애는 생물학적·심리적 병변으로 인하여 정신기능의 제 영역인 지능, 지각, 사고, 기억, 의식, 정동, 성격 등에서 병리학적 현상이 진행되는 것을 말한다(정무성 외, 2009: 64). 우리나라는 제10차 국제질병사인분류(International Classification of Diseases, 10th Version)의 진단지침에 따라 조현병, 조현정동장애(調絃情動障碍), 양극성 정동장애, 재발성 우울장애로 인하여 일상생활과 사회생활을 영위하는 데 제한을 받아 도움이 필요한 상태를 말한다.

② 원인

정신장애의 원인은 매우 다양하고 복잡하므로 정확히 밝히기 어려운 경우가 많다.

가. 생물학적 원인

유전적 요인이나 기질 같은 생리적·생물학적 요인이 원인이 된다는 것이다. 생물학적 원인은 1950년대 정신치료를 위한 약물 발견과 함께 더 밝혀졌다.

나. 심리적 원인

사랑의 상실, 절망, 미움, 분노, 열등감, 갈등, 공포, 불안감, 수치심과 같은 부정적 감정과 심리 상태가 정신장애를 일으킨다고 본다. 프로이트의 정신분석 이론이 대표적 이론이다.

다. 사회문화적 원인

가정환경이나 사회문화적 환경 등 후천적 사회환경이 정신장애의 원인이 된다는 것이다.

③ 유형

가. 조현병

조현병은 대표적인 정신증적 질환으로 환각, 망상 및 사고과정의 이상, 의욕 저하, 사회활동 저하, 인지기능 저하 등 많은 정신기능 영역의 손상을 보일 수 있다. 즉, 여러 가지 정신증 증상을 지속적으로 경험하며 이로 인해 일상생활과 사회생활에 장애를 겪을 때 조현병이라 진단한다.

조현병의 증상은 외모, 행동, 생각, 정서, 인지기능, 신체적 증상 등 다양한 영역에서 나타나는데 양성증상, 음성증상, 분열, 인지손상으로 나뉘어 설명하기도 한다. 양성증상은 비장애인에게 없는 현상이 나타나는 것으로서 환청, 망상, 기이한 행동 등이 대표적이다. 음성증상은 비장애인에게 있는 것이 결핍되는 것으로서 감정표현의 감소, 언어빈곤, 무쾌감증, 무의욕증, 반사회성 등이 나타난다. 분열은 사고의 장애, 바보스러움, 초조함이나 부적절한 행색 및 위생상태 등의 기이한 행동 등을 동반한다. 또한 기억력, 주의력, 집중력의 저하, 타인의 감정을 파악하는 데 어려움을 겪는 등의 인지기능 저하 등의 증상을 보인다.

나. 양극성 정동장애(조울병)

양극성 정동장애는 기분이 너무 좋거나 너무 우울한 양 극단의 기분 변화를 보이는 기간과 정상적인 기분을 보이는 기간이 번갈아 나타나는 정신의학과적 질환이다. 즉, 양극성 정동장애는 시기에 따라 다른 모습으로 보이는데 때로는 우울증으로 때로는 조증으로, 때로는 정상적으로, 때로는 기분 변화가 급변하는 오락가락하는 상태를 보인다. 다시 말해, 어떤 기간 동안 삶의 의욕 상실, 비애감, 자책감, 수면장애, 피해망상 등으로 우울하거나 이유 없는 즐거움, 지칠 줄 모르는 에너지, 불면, 불안, 과대망상 등을 보이는 장애인데, 이러한 두 가지 상반된 기분이 일정한 기간을 두고 번갈아 가면서 오는 것을 양극성 정동장애라 한다. 학문적인 용어로는 조울병이라고도 한다.

다. 재발성 우울장애

우울증이 한 번에 그치지 않고 계속 나타나는 것을 우울장애라고 한다. 우울증은 슬픔, 일상적 활동 수행의 어려움, 절망감, 무력감, 삶에의 흥미 상실 등이 전반적으로 나타난다. 증상으로는 식욕상실, 불면, 피로, 사회적 위축, 초조, 인지적 증상으로 집중곤란, 일상적 일에 대한 결정능력의 곤란, 낮은 자존감, 자신과 세상, 타인에 대한 부정적 사고, 자살사고, 심한 경우 망상이나 환각을 동반하기도 한다.

재발성 우울장애는 미국 정신의학회 정신장애 진단 통계편람(DSM)의 진단 기준 증상 중 5개 이상 증상이 2주일 이상 동일하게 나타나야 한다. 그리고 '우울한 기분' 또는 '흥미 또는 즐거움 상실'과 같은 증상 중 하나는 반드시 포함되어야 한다. 재발성 우울장애는 주요 우울장애, 반복성 우울장애라고도 한다.

라. 조현 정동장애

조현 정동장애는 조현병의 특징인 망상, 환각, 이상행동, 이상언어 등이 발생하며, 동시에 우울증상 또는 조증증상 등의 기분증상이 같이 있는 기간이 있는 경우를 말한다. 임상적으로는 조현병 환자에게서 기분 증상을 보일 경우 또는 기분장애 환자에게서 조현병 증상을 동시에 보일 때 조현 정동장애라 한다.

Social Welfare with the Disabled

CHAPTER 09

장애인복지 접근 방법

1. 장애인복지 정책적 방법
2. 장애인복지시설 및 서비스
3. 장애인복지 실천적 서비스

1. 장애인복지 정책적 방법

1) 소득보장

소득은 장애인이 일상생활을 영위하는 데 있어서 필수적으로 요구되는 기본 생계에 필요한 비용이다. 따라서 소득은 노동을 통하여 보장되는 임금소득과 미래의 사회적 위험에 대비하기 위하여 재택된 사회보험에 의한 소득, 그리고 임금소득 상실 등의 이유로 자력으로 소득을 확보하기 어려운 국민들에게 보조적으로 지급되는 공공부조에 의한 소득 등이 있다. 그러나 장애인은 현실적으로 임금소득을 확보하기 위한 자조적 방법이 여의치 않아 정책적 방법을 통하여 보장받을 수밖에 없다. 정책적 소득보장정책은 직접적 소득보장정책과 간접적 소득보장정책으로 대별할 수 있다.

(1) 직접적 소득보장

직접적 소득보장정책은 장애인의 생존권을 보장하고 기본적 생활을 영위하는 데 필요한 비용을 현금의 형태로 제공하는 것을 말한다. 적극적 의미에서 장애로 인해 발생하는 추가 비용을 금전으로 보장하는 성격으로 국민연금, 산재보험 등의 사회보험과 장애인연금제도, 국민기초생활보장제도, 사회수당(장애수당) 등을 들 수 있다.

① 장애인연금제도

가. 장애인연금의 목적 및 의의

장애인연금은 장애정도가 중한 장애인에게 근로능력의 상실 또는 현저한 감소로 인하여 줄어드는 소득과 장애로 인하여 추가로 드는 비용을 보전하기 위하여 매월 일정액의 연금을 지급하는 사회보장제도로서 장애정도가 중한 장애인의 생활안정 지원과 복지 증진 및 사회통합을 목적으로 한다.

장애인연금은 국민연금의 장애연금과 국민기초생활보장의 기여 요건 등을 충족하지 못해 사회적 안전망에서 제외되던 상당수의 장애인에게 최저생활을 보장하고, 우리 사회에서 가장 취약한 계층에 대한 사회통합의 기능도 기대된다는 점에서 중요한 의의가 있다.

나. 급여대상자 및 신청

장애인연금을 받을 수 있는 대상자는 18세 이상의 등록한 중증장애인 중 본인과 배우자의 소득인정액이 소득하위 70% 수준 이하인 사람이다. 선정기준액은 매년 고시되며, 2022년도 적용되는 선정기준액은 단독가구 월 122만 원, 부부가구 월 195,2만 원이다.

급여대상자는 거주지 읍・면・동 주민센터를 통해 신청할 수 있다. 신청은 신청인, 대리인의 신분 확인이 필수이므로 인터넷, 전화, 우편으로는 신청할 수 없다.

다. 장애인연금의 종류와 내용

장애인연금은 기초급여와 부가급여로 지급된다. 기초급여는 근로능력의 상실 또는 현저한 감소로 인하여 줄어드는 소득을 보전해 주기 위해 지급하는 급여로 소득보장 성격의 연금이며, 부가급여는 장애로 인하여 추가로 드는 비용의 전부 또는 일부를 보전해 주기 위하여 지급하는 급여로 추가지출비용 보전성격의 연금이다.

기초급여(18~64세)의 급여액은 보건복지부장관이 그 전년도 기초급여액에 대통령령으로 정하는 바에 따라 전국소비자물가변동률을 반영하여 매년 고시하도록 규정하고 있다. 2022년 1월부터 2021년(30만 원) 대비 7,500원 인상되어 생계・의료급여 수급자는 기초급여액 307,500원, 부가급여(월 최대 8만 원)를 포함하여 월 최대 387,500원의 장애인연금이 지급된다. 주거・교육급여 수급자 및 차상위계층은 기초급여액 307,500원, 부가급여(월 최대 7만 원)를 포함하여 월 최대 377,500원을 받을 수 있으며, 차상위 초과계층은 기초급여액 307,500원, 부가급여(월 최대 2만 원)를 포함하여 월 최대 327,500원을 받을 수 있다.

65세 이상자에게는 만 65세가 되는 달의 전달까지 기초급여를 지급하고, 만 65세가 되는 달부터 동일한 성격의 급여인 기초노령연금으로 지급하며, 이 경우에는 별도 신청이 필요하다. 부가급여는 생계・의료급여수급자는 387,500원, 주거・교육급여 수급자 및 차상위계층은 7만 원, 차상위 초과계층은 2만 원 지급받는다.

또한 단독가구와 부부(2인)가구의 생활비 차이를 감안하여 부부가 모두 기초급여를 받는 경우 각각의 기초급여액에 20%를 감액한 246,000원(1인기준)을 지급한다. 약간의 소득인정액 차이로 기초급여를 받는 자와 못 받는 자의 소득역진 최소화를 위해 기초급여액의 일부를 단계별로 감액한다.

부가급여(18세 이상)의 대상자는 국민기초생활보장 수급자와 차상위계층, 차상위 초과자로 한한다. 장애로 인한 추가지출비용 보전을 위해 부부감액과 초과분 감액은 적용하지 않는다. 지급액은 다음과 같다.

〈표 9-1〉 **장애인연금 부가급여 지급액**

<table>
<tr><th colspan="2">자격</th><th colspan="6">급여(기초급여 + 부과급여)</th></tr>
<tr><th rowspan="3">장애인연금 대상자 (기초급여)</th><th rowspan="3">부가급여 대상자</th><th rowspan="3">연령</th><th colspan="4">기초급여</th><th rowspan="3">부가급여</th></tr>
<tr><th rowspan="2">단독</th><th colspan="2">부부의 경우</th><th rowspan="2">초과분 감액여부</th></tr>
<tr><th>1인 수급</th><th>2인 모두 수급 시</th></tr>
<tr><td rowspan="2">장애인연금</td><td rowspan="2">기초(재가)</td><td>18~64</td><td colspan="2">307,500원</td><td>246,000원</td><td>×</td><td>8만 원</td></tr>
<tr><td>65 이상</td><td colspan="2">–</td><td>–</td><td>–</td><td>38,75만 원</td></tr>
<tr><td rowspan="2">장애인연금</td><td rowspan="2">기초(보장시설)
(시설수급자
급여특례)[1]</td><td>18~64</td><td colspan="2">307,500원</td><td>246,000원</td><td>×</td><td>-</td></tr>
<tr><td>65 이상</td><td colspan="2">–</td><td>–</td><td>–</td><td>(7만 원)[1]</td></tr>
<tr><td rowspan="2">장애인연금</td><td rowspan="2">차상위
(차상위
급여특례)[2]</td><td>18~64</td><td colspan="2">최고
307,500원</td><td>최고
246,000원</td><td>○</td><td>7만 원</td></tr>
<tr><td>65 이상</td><td colspan="2">–</td><td>–</td><td>–</td><td>7만 원
(14만 원)[2]</td></tr>
<tr><td rowspan="2">장애인연금</td><td rowspan="2">차상위 초과</td><td>18~64</td><td colspan="2">최고
307,500원</td><td>최고
246,000원</td><td>○</td><td>2만 원</td></tr>
<tr><td>65 이상</td><td colspan="2">–</td><td>–</td><td>–</td><td>4만 원</td></tr>
</table>

1) 65세 이상 국민기초생활보장 수급자(일반재가/생계 · 의료수급)의 경우, 기초연금 수령액이 생계급여에서 차감됨에 따른 전체수급액 감소분을 장애인연금 부가급여에서 보전하여 지급

2) 보장시설수급자 급여특례: 2010년 7월 1일 당시 만 65세 이상(1945년 6월 30일 이전출생)이고 종전 장애수당(기초생활수급자)수급자로서 그 당시 보장시설수급자(급여특례/생계· 의료수급자 포함)

출처: 보건복지부, 『2022 장애인연금 사업안내』 참조.

② 장애 관련 사회수당

우리나라에는 장애 관련 수당으로 장애수당, 장애아동수당, 보호수당이 있다. 그러나 이 중 보호수당은 예산의 문제로 아직 시행되지 못하고 있다.

장애수당은 다른 사람의 도움 없이는 일상생활을 영위하기 어려운 국민기초생활보장 대상 장애인에게 지급하여 저소득 장애인가구의 생활안정을 도모하고자 하는 목적이 있다. 장애수당은 경증의 장애인과 보장시설 거주 장애정도가 경한 장애인에게 지급하는 소득지원정책이다. 18세 이상의 등록 장애인 중 장애정도가 경한 장애인으로 생계·의료·주거·교육수급자 및 차상위계층의 장애인에게 월 4만 원의 장애수당을 지급한다. 또 보장시설에 거주하는 수급자로서 장애정도가 경한 장애인은 월 2만 원 수당을 지급하고 있다(「2021 장애인연금 사업안내」 p.201). 물론 지방자치단체의 역량에 따라 추가로 지급할 수 있다. 장애수당은 장애인 본인을 기준으로 지급하므로 1가구에 지급대상 장애인이 2인인 경우에도 각자에게 지급된다. 지급 개시는 장애수당을 지급하기로 결정한 달의 당월분부터 지급하며, 지급 종료는 장애수당을 지급하지 아니하기로 결정한 달까지 지급된다.

장애아동수당은 장애아동을 보호·양육하는 보호자의 경제적 생활수준, 장애 정도를 고려하여 장애아동의 보호자에게 장애로 인한 추가적 비용보전을 위해 지급하는 수당이다. 장애아동수당은 2004년 월 5만 원, 그리고 2006년 월 7만 원으로 인상하였다. 더 나아가 2007년까지 장애수당 외에 장애아동수당을 추가로 지급하였으나 장애수당은 지급을 중단하는 대신 장애아동수당을 대폭 인상하였으며, 지원대상도 기초생활보장 수급자 중 1급 장애아동에서 18세 미만 차상위계층 장애아동으로 확대하였다.

2022년 장애아동수당 대상은 18세 미만의 등록장애인으로 재가장애아동 보호자이며, 생계·의료·주거·교육급여 수급자 및 차상위계층을 지원한다. 이는 장애로 인한 추가 비용을 지원하여 장애아동의 양육환경을 개선하고 장애아동가구의 생활안정을 도모하기 위하여 지급되는 것이다. 또한 장애인이 「초·중등교육법」에 의한 고등학교 또는 이에 준하는 특수학교 및 각종 학교에 재학 중인 경우에는 20세 이하까지 대상자에 포함되고 있다. 장애아동수당의 지급액은 생계 또는 의료급여 수급자인 장애정도가 중한 장애인이 월 22만 원, 주거 또는 교육급여 수급자 및 차상위계층 장애정도가 중한 장애인이 월 17만 원, 생계·의료·주거·교육급여 수급자 및 차상위계층으로서 장애정도가 경한 장애인이 월 11만 원, 보장시설에서 생활하는 생계 또는 의료급여 수급자인 중한 장애인 월 9만 원, 보장시설에서 생활하는 생계 또는 의료급여 수급자인 경한 장애인 월 3만 원이 지급되고 있다(2022.1.12. 보건복지부 보도자료).

③ 국민연금의 장애연금

우리나라의 공적연금은 특수직 연금인 공무원연금(1960), 군인연금(1963), 사립학교교직원연금(1973)과 국민연금(1988)이 있다. 공적연금 중에서 일반 국민들에게 보편적으로 적용되는 연금이 국민연금이므로 이를 중심으로 살펴보고자 한다.

국민연금은 고령, 장애, 실업 등의 이유로 근로 능력을 상실하게 되는 경우에 연금을 지급함으로써 기본 생활을 유지할 수 있도록 하는 소득보장제도이다. 즉, 미래에 닥쳐올 사회적 위험에 대비하기 위하여 소득의 일부를 정기적으로 납부하여 경제적 어려움에 대처하기 위한 대표적 사회보장제도이다.

국민연금은 만 60세가 되었을 때 지급되는 노령연금, 10년 이상 가입자나 연금수급권자가 사망했을 때 유족에게 지급하는 유족연금, 국민연금 가입자가 수급 요건을 충족하지 못하고 탈퇴하였을 경우 지급되는 반환일시금, 국민연금 가입자가 가입 중에 발생한 질병 또는 부상으로 완치 후에도 신체 또는 정신상의 장애가 남을 때 그 정도에 따라 지급하는 장애연금으로 구분할 수 있다.

장애연금은 국민연금 가입 중에 발생한 질병 또는 부상으로 인해 완치 후에도 장애가 있는 사람에 대하여 장애가 존속하는 동안 지급되는 연금급여를 말한다. 장애등급은 1~4급으로 구분되며, 장애연금액은 장애정도(등급)와 가입 중의 소득수준에 따라 결정된다. 장애 1급은 기본연금액 100%, 장애 2급은 기본연금액의 80%, 장애

3급은 기본연금액의 60%를 월 단위로 나누어 지급하며 장애 4급은 기본연금액의 225%에 해당하는 금액으로 장애일시보상금으로 지급한다.

그러나 장애연금의 수급 시기가 장애 원인 발생일로부터 2년이 경과하여 장애가 남아 있다고 판정되는 경우에 지급하므로 2년 동안은 장애연금을 지급받을 수 없는 어려움이 있다. 또한 소득의 재분배라는 차원에서 국민연금과 함께 동시에 이중적 지급은 인정하지 않고 있다.

〈표 9-2〉 장애연금의 급여 수준

장애등급	급여 수준	급여 방법
1급	기본 연금액 100% + 가급 연금액	장애연금, 장애일시보상금 중 선택
2급	기본 연금액 80% + 가급 연금액	
3급	기본 연금액 60% + 가급 연금액	
4급	기본 연금액 225%	장애일시보상금 수령

출처: 「국민연금법」 제68조.

④ 산업재해보상보험의 장해급여

산재보험은 1963년에 제정되어 1964년부터 시행되었으며, 산재근로자와 그 가족의 생활을 보장하기 위하여 국가가 책임을 지는 의무보험으로 국가가 사업주로부터 보험료를 징수하여 그 재원으로 사업주를 대신하여 산재근로자에게 보상을 해 주는 제도이다.

산재를 당한 노동자가 받을 수 있는 급여는 요양급여, 휴업급여, 장해급여, 유족급여, 상병보상급여, 장의비, 특별급여가 있으며 장애인과 관련된 급여는 장해급여에 해당된다. 당연히 산재보험은 취업하지 않은 장애인에게는 해당되지 않는다.

〈표 9-3〉 산재보험의 급여 요건 및 급여 수준

급여 종류	급여 요건	급여 수준
요양급여	산재로 인해 부상 또는 질병의 치료를 위하여 요양비를 지불. 단, 3일 이내에 치유되는 부상, 질병의 경우에는 「근로기준법」에 의해 사용자가 보상	• 진찰 및 검사 • 약제, 진료재료와 의지(義肢), 그 밖의 보조기의 지급 • 처치, 수술, 그 밖의 치료 · 재활치료 • 입원 · 간호 및 간병 · 이송 • 그 밖에 고용노동부령으로 정하는 사항
휴업급여	산재로 인한 요양으로 취업하지 못한 기간에 지급. 단, 취업하지 못한 기간이 3일 이내일 때는 제외	1일당 평균임금의 70% 지급
장해급여	산재로 인한 부상, 질병 후 장애가 남아 있는 경우	1급: 329일분, 2급: 291일분, 3급: 257일분, 4급: 224일분, 5급: 193일분, 6급: 164일분, 7급: 138일분 장애등급 1~3급: 연금으로 지급되며 1~4년 분의 1/2에 해당 금액 선급 지급 장애등급 4~7급: 일시금과 연금 중에 선택, 연금으로 선택할 시 연금의 2년분의 1/2에 해당 금액 선급지급 장애등급 8~14급: 일시금으로 지급
간병급여	요양급여를 받는 자가 상시 또는 수시로 간병이 필요하여 실제 간병을 받는 경우	• 상시간병급여(1일 전문간병인: 44,760원, 가족 기타 간병인: 41,170원) • 수시간병급여(1일 전문간병인: 29,840원, 가족 기타 간병인: 27,450원)
유족급여	재해근로자가 사망한 때	평균임금의 52~67% 상당금액을 매월 지급 급여기초연액의 47%부터 62%까지(기본금액 47% + 1인당 5% 가산, 20%까지 가산 가능)
장의비	재해근로자가 사망한 때	평균임금의 120일분
상병보상연금	2년 이상 장기요양하는 재해근로자가 폐질자로 판정된 경우, 휴업급여 대신 지급	장해급여 1~3급과 동일
특별급여	보험 가입자의 고의, 과실로 인한 재해 시 민사배상에 갈음하여 유족특별급여와 장해특별급여 지급	

출처: 「산업재해보상보험법」(2021. 10. 15. 기준).

장해급여는 정률보상과 특별급여로 구분되는데 개별 피해의 규모와 상관없이 정해진 비율에 의해 지급되는 정률보상의 급여 수준이 낮아 이를 보완하기 위하여 특별급여를 두고 있다. 즉, 정률보상이 민사상의 손해배상청구와 같은 문제를 가지게 되어 이를 방지하기 위한 것이 특별급여이지만 사업주가 반드시 자신의 고의, 과실에 의한 재해라는 것을 인정하여야만 지급받을 수 있다.

⑤ 국민기초생활보장제도의 생계급여

국민기초생활보장제도는 최저생계 이상의 생활을 유지할 수 있도록 생활 능력이 부족한 국민에게 국가가 생활을 보장해 주는 공공부조를 의미하는 것으로 2000년 10월 1일부터 시행되었으며, 소득이 없는 장애인의 생활안정에 기여하고 있다.

급여 대상 선정은 자신을 부양해 줄 수 있는 사람이 없다는 것이 입증되어야 한다. 부양 의무자가 있더라도 부양 능력이 없거나 부양을 받을 수 없는 경우에도 인정된다. 그러므로 장애와 관련 없이 일정한 소득과 자산 수준 이하인 사람들이 수급권자가 될 수 있으며 급여는 생계급여, 주거급여, 의료급여, 자활급여, 교육급여, 해산급여, 장제급여가 있다.

2021년 기초생활수급자의 최저생계비는 〈표 9-4〉와 같다.

〈표 9-4〉 2022년도 급여종류별 수급자 선정기준

(단위: 원)

가구규모	1인가구	2인가구	3인가구	4인가구	5인가구	6인가구	7인가구
생계급여수급자 (기준중위소득 30%) * 급여기준	583,444	978,026	1,258,41,	1,536,324	1,807,355	2,072,10,	2,334,178
의료급여수급자 (기준중위소득 40%)	777,925	1,304,034	1,677,880	2,048,432	2,409,806	2,762,802	3,112,237
주거급여수급자 (기준중위소득 44%)	894,614	1,499,639	1,929,562	2,355,697	2,771,277	3,177,222	3,579,072
교육급여수급자 (기준중위소득 50%)	972,406	1,630,043	2,097,351	2,560,540	3,012,258	3,453,502	3,890,296

※ 생계급여 수급자 선정기준 기준 중위소득 30%는 동시에 생계급여 지급기준에 해당

※ 8인 이상 가구의 급여별 선정기준: 1인 증가시마다 7인가구 기준과 6인가구 기준의 차이를 7인가구 기준에 더하여 산정(8인가구 기준: 2,509,737원)

※ 8인가구 생계급여수급자 선정기준: 2,596,254원 = 2,334,178원(7인기준)
+ 262,076원(7인기준-6인기준)

따라서 국민기초생활보장제도는 장애인이기 때문에 추가로 지급해 주는 급여는 전혀 없으며, 장애 유무가 수급자로 선정되는 데 있어 유리한 점도 없다. 장애인이 각종 추가 비용을 개인적으로 부담하고 있음에도 불구하고 전혀 고려되지 않고 있다는 점은 아쉬운 부분이라 할 수 있다.

(2) 간접적 소득보장

간접적 소득보장정책은 소극적 의미에서 서비스를 제공받는 데 소용되는 경비를 감면하는 성격의 의료비, 교육비 등과 같은 현물급여와 각종 세제 혜택, 요금 감면 등을 들 수 있다.

① 장애인자립자금 대여

자립이 가능한 저소득 장애인에게 자립자금을 대여하여 자활·자립 및 생활안정을 도모할 목적을 가지고 있다.

대여 지원대상은 가구의 소득인정액이 기준 중위소득 50% 초과 100% 이하인 만 19세 이상의 등록장애인으로서 금융기관의 여신규정상 결격사유가 없는 자이다(『2021년 장애인복지 사업안내(2권)』 p.331.). 2019년 대여한도는 무보증대출은 가구당 1,200만 원 이내이며, 보증대출은 가구당 2,000만 원 이내, 담보대출은 5,000만 원 이하이다. 대여이자는 연 최고 3%이며 상환방법은 5년 거치 5년 분할상환하면 된다. 단 「국민기초생활보장법」상의 수급자 및 차상위 계층은 미소금융재단의 자금대여상품을 이용할 수 있다.

② 장애아 보육료 지원

장애아 보육료 지원은 저소득 장애인가구의 생활안정을 도모하기 위한 목적을 가진 것으로 2022년 장애아 무상보육료 지원내용을 보면, 지원대상은 만 0세에서

만 12세 장애아동으로 장애소견이 있는 의사진단서 제출자(만 5세 이하만 해당), 발달지체를 보이는 특수교육대상자 진단·평가 결과 통지서 제출자(만 3세에서 만 8세까지만 해당)에 한하고 있다. 지원내용을 보면 종일반의 경우 한 달에 53만 2천 원을 지원하고 있으며, 방과 후의 경우는 한 달에 26만 6천 원을 지원하고 있다. 또 만 3~5세 누리장애아 지원금액은 한 달에 53만 2천 원을 지원하고 있다. 이 제도는 가구소득수준과는 무관하게 읍·면·동에 신청하면 제공받을 수 있다(2022.1.28. 보육사업안내 지침).

③ 세제혜택

장애인 또는 장애인 가족에게 각종 세제혜택을 제공함으로써 간접적 소득보장을 제공하고 있다. 2019년 제공되고 있는 세제혜택은 「2021년 장애인복지사업」에서 볼 수 있듯이 승용자동차에 대한 개별소비제 500만 원 한도로 면제, 장애인용차량에 대한 취득세·자동차세 면제, 승용자동차 LPG 연료사용 허용, 차량구입 시 지역개발공채구입 면제, 소득세 공제,[1] 장애인 의료비 공제(의료비 지출 전액의 15%), 상속세 상속 공제,[2] 장애인특수교육비 소득 공제(특수교육비 선액의 15% 공제), 장애인 보험료 공제(연 100만 원 한도, 15% 공제율 적용), 증여세 과세가액 불산입(최고 5억 원), 장애인 보장구 부가가치세 영세율 적용, 장애인 수입물품 관세 감면, 특허 출원료, 심사청구료, 1~3년차 등록료, 기술평가청구료 면제 등의 감면 등이 있다(『2021년 장애인복지사업안내(1권)』).

④ 각종 경제적 경감시책

장애인의 경제적 부담을 경감함으로써 간접적 소득보장시책이 되고 있는 내용은 「2021년 장애인복지사업」과 같다. 이들 시책의 내용을 보면 의료 및 재활지원의

1) 부양가족 공제 시 장애인인 경우 연령제한 없으며, 소득금액에서 장애인 1인당 연 200만 원 추가 공제함.
2) 상속세과세가액 = 당초의 상속세과세가액 − (1천만 원 × 기대여명의 연수)

시책, 장애인활동지원, 장애아 가족양육지원과 같은 서비스제도, 장애인고용을 위한 일자리 지원, 장애인 생산품 판매시설 운영지원과 같은 일자리·융자지원제도, 고궁, 능원, 국·공립박물관 및 미술관, 국·공립공원, 국·공립공연장, 공공체육시설 요금 감면 등 공공요금 감면 제도 등이다.

간접적 소득보장정책의 아쉬운 점은 일정 소득 이상의 장애인 외의 저소득 장애인에게는 실질적인 도움이 되지 않는다는 것이다. 텔레비전 수신료, 전화 요금 할인, 이동통신 요금 할인 등의 혜택 외에 각종의 세제혜택이나 차량 구입과 관련된 시책은 대다수의 저소득 장애인과는 무관하기 때문이다. 따라서 간접적 소득보장 정책이 대중교통의 할인 등 저소득 장애인의 일상생활에 도움이 되는 형태로 확대되는 것이 바람직하다.

2) 고용보장

직업을 가지는 것은 무엇보다도 생계를 위한 경제적 수입을 가질 수 있는 것이며 일을 통해 사회발전에 긍정적 역할을 담당하고, 사회적 인간관계를 유지하여 자기실현을 추구할 수 있다. 반면에 실업은 가족 및 동료, 친척, 이웃 등 사회관계상의 위기를 초래할 뿐만 아니라 사회관계의 단절이 심화되어 사회로부터 소외될 수 있다. 따라서 장애인의 고용보장은 비장애인과의 사회통합을 추구하고, 장애인이 적극적으로 사회참여함으로써 기본적 인권을 보장하고 노멀라이제이션의 이념을 실현하여 장애인의 자아실현에 기여하는 것이라고 할 수 있다.

우리나라에서 장애인의 고용문제에 대하여 정책적 접근이 이루어진 것은 최근의 일이다. 전쟁 희생자에 대한 사회복지 차원의 원호 목적으로 「군사원호보상법」(1961)이 제정되는 등 상이군경을 위한 복지제도가 도입되었으며, 1981년 「심신장애자복지법」을 제정하면서 장애인복지에 관심을 가지게 되었다. 1982년 「직업안정법」을 개정하며 장애인의 고용촉진을 위한 고용 기회 확대와 부당한 취업 제한을 금지하는 조항을 두었으며, 1989년 대통령 자문기구로 장애인복지대책위원회를 설치하여 장애인복지대책을 건의하게 되었다. 1990년 「장애인고용촉진법」이 제정되었으며, 2000년에 「장애인고용촉진 및 직업재활법」으로 개정되어 장애인의 고용에 대한 대책을 위한 기본적 제도를 마련하게 되었다.

우리나라의 장애인고용 현황은 상당히 나쁘다. 높은 실업률과 낮은 임금 수준이 이를 설명해 준다. 2020년 장애인통계실태조사 결과에 의하면 2020년 우리나라의 15세 이상 장애인 취업 인구는 893,392명으로써 장애인 인구대비 취업자 비율은 37.0%로 전체 인구의 취업자 비율인 63.0%보다 낮고 장애인 실업율도 5.9%로 전체 인구 실업율인 4.5%보다 높은 수준이다(한국장애인고용공단 고용개발원, 2020a: 12).

2017년 취업장애인 중 임금근로자의 임금 수준을 보면, 평균임금은 171만 원으로, 월 평균수입을 장애유형별로 살펴보면, 간장애인이 278만 원으로 가장 높고, 다음이 시각장애인(196만 원), 지체장애인(189만 원), 장루 · 요루장애인(188만 원) 등의 순서로 나타나고 있다(보건복지부, 한국보건사회연구원, 2018).

장애인의 고용보장은 장애인의 사회통합에 있어서 필수적인 것임에도 불구하고, 전달체계의 부족, 지역사회 관심의 부족, 훈련기관 및 질적 수준의 부족 등으로 어려움을 겪고 있음을 알 수 있다.

우리나라의 장애인고용정책은 장애인 고용의무률을 적용하는 고용의무와 장애인을 고용하고 있는 사업주와 근로장애인의 지원, 자영업을 하고 있는 장애인을 지원하는 정책, 보호고용을 중심으로 이루어지고 있다.

(1) 고용의무[3)]

우리나라는 장애인이 기능적, 사회적으로 불리한 위치에 있으므로 이를 보호의 대상으로 장애인고용에 대한 이행 강제 수단으로 「장애인고용촉진 및 직업재활법」에 의해 고용의무제와 장애인 고용장려금 및 고용부담금제도를 실시하고 있다. 고

3) 2019년부터 의무고용을 법률 용어에 적합하게 고용의무로 변경하였다.

용의무제는 상시 근로자 300인 이상을 고용하는 사업체에 대하여 시행 첫해인 1991년 1%, 1992년 1.6%, 1993년 이후 2%의 고용의무률이 적용되었다. 2000년에는 동법 전면개정으로 국가의 고용의무를 강화하여 재직 중인 장애인공무원의 수가 1만 명이 될 때까지는 장애인 공개 채용 비율을 5%로 하도록 규정하고 있다.

2009년 개정된 「장애인고용촉진 및 직업재활에 관한 법률」에 의해 중증장애인 2배수 고용제(더블카운트제도)[4]가 도입되고 공공부문과 민간부문의 고용의무률을 상향 조정하였다. 공기업, 준정부기관 등 공공기관의 장애인 고용의무률은 2010년부터 2%에서 3%로 오르고, 민간기업의 부담금 산정 시 적용되는 고용의무률은 2010년부터 2.3% 2014년부터는 2.7%, 2017년부터는 2.9%로 조정되었다. 2021년 상시 50인 이상 사업장에 대하여 장애인 고용의무률은 정부 및 공공기관 3.4%, 민간기업 3.1%로 강화되고 있다. 2022년에 장애인 고용의무률은 정부 및 공공기관 3.6%, 민간기업 3.1%로 강화되었다.

〈표 9-5〉 고용의무률 적용기준

기준연도		2010년	2014년	2017년	2019년	2021년	2022년
고용부담금 고용의무률	민간기관	2.3	2.7	2.9	3.1	3.1	3.1
	공공기관	2.3	2.7	3.2	3.4	3.4	3.6
	정부부분	3.0	3.0	3.2	3.4	3.4	3.6

출처: 한국장애인고용공단(https://www.kead.or.kr, 2021.12.14. 검색).

고용부담금[5]은 월평균 100명 이상의 근로자를 고용하는 사업주가 장애인 의무

4) 2배수 고용제는 중증장애인을 고용하면 그 고용인원의 2배수의 일반 장애인을 고용한 것으로 간주하는 제도이다. 사업주의 장애인의무 고용률과 부담금을 산정할 때만 적용되며 고용장려금 지급금액을 산정할 때는 적용되지 않는다.

5) 2021년도의 고용부담금의 부담기초액은 월 1,094,000원으로 결정되었다. 최저임금의 영향으로 고용부담금을 인상한 것이다. 고용의무이행률이 3/4 이상인 경우 월 1,094,000원, 1/2~3/4 미만인 경우 6%를 가산하여 월 1,159,640원, 1/4 이상~1/2 미만인 경우 20%를 가산하여 월 1,312,800원, 1/4 미만인 경우 40%를 가산하여 월 1,531,600원, 그리고 장애인을 한 명도 고용하지 않은 경우 최저임금액 월 1,822,480원으로 결정되었다.

고용률에 못 미치는 장애인을 고용한 경우 납부해야 하는 부담금이다. 2006년부터 200인 이상 299인 이하 사업장은 고용의무률의 적용을 받고 있으며, 단 5년간 장애인고용부담금[6])을 50% 면제하고 있다. 2007년부터는 100인 이상 사업장에 고용의무률을 강제적용하고 있으며, 5년간 고용부담금을 50% 면제하여 왔다. 2010년부터는 50인 이상 사업장에 고용의무률을 적용하고 있다.

장애인고용 대상 업체에서 장애인을 고용의무률 이상으로 고용한 경우나 고용의무 비적용 사업체에서 장애인을 고용한 경우 고용에 대한 지원금을 지급하고 있다. 사업주의 장애인 고용에 대한 지원금은 크게 '고용촉진장려금'과 '장애인고용장려금'으로 구분된다. 고용촉진장려금은 2011년 1월 1일부터 기존의 '신규고용촉진장려금'이 전면 개편·변경된 것으로, 노동시장의 통상적인 조건에서 취업이 곤란한 장애인을 고용하는 사업주에게 지급함으로써 취업에 취약한 장애인의 고용을 촉진하기 위한 제도이다. 지원수준 및 한도는 신규 고용한 근로자 수 1인당 월 30~60만 원(6개월 단위로 지원)을 지원하는데 우선지원대상기업의 경우에 장려금의 연간 총액은 720만 원이며, 사업주가 지급한 임금의 80%를 한도로 지원하고 있다. 최대 지원 기간은 2년이다. 기존보다 지원금액을 약 20% 증가시켜 최대 연 869만 원(기존 720만 원)을 지원하도록 개정되었다. '장애인고용장려금'은 한국장애인고용공단에서 장애인고용촉진 및 직업재활기금에 의해 지원되는 것으로 고용의무률을 초과하여 장애인을 고용하는 사업주에게 일정액의 지원금을 지급하는 것을 뜻한다. 이는 장애인을 고용한 사업주의 경제적 부담을 경감해 주고 장애인 고용을 장려하기 위하여 지급되는 것이다.

고용장려금의 지급기준은 2009년도까지 2%를 초과하여 장애인을 고용한 사업주에게 장려금을 지원했으나, 2014년부터는 월별 상시근로자의 2.7%를 초과하여 장애인을 고용한 사업주에게만 장려금을 지원하는 것으로 변화되었다. 2020년 현재

6) '장애인고용부담금'이란 장애인을 고용하는 사업주와 장애인을 고용하지 않는 사업주의 경제적 부담을 평등하게 조정함으로써 장애인고용에 따른 경제적 부담을 보전해 주기 위한 유도적·조정적 특별 부담금을 뜻한다(심진예 외, 2012).

는 월별 상시근로자에서 고용의무률(민간: 3.1%, 공공: 3.4%)를 초과하는 경우 계속 지급하고 있다. 2020년 고용장려금의 지급단가는 〈표 9-6〉과 같다.

〈표 9-6〉 장애인고용장려금

구분	경증장애인		중증장애인		비고
	남성	여성	남성	여성	
2019년 발생분까지	30만 원	40만 원	50만 원	60만 원	지급단가와 월 임금액의 60%를 비교하여 낮은 단가 적용
2020년 발생분까지	30만 원	45만 원	60만 원	80만 원	

※ 중증남성 지급단가는 '18년 발생분부터 50만 원 적용(그 이전연도 발생분은 40만 원 적용)
※ '17년 발생분까지 경증장애인 연차별 감액(근속 3년 30%, 5년 이상 50% 감액)
※ '18년 발생분부터 경증장애인 감액 폐지

(2) 고용주 및 근로장애인 지원

장애인 고용주 지원제도는 「장애인고용촉진 및 직업재활법」에 기초하고, 장애인 고용의무를 이행하지 않는 사업주에게 징수하는 부담금을 재원으로 시행되고 있는 제도이다.

장애인을 새로이 고용하거나 계속적으로 고용하고자 하는 사업주를 위한 사업주 지원 사업은 고용촉진지원금이나 고용장려금 이외에 고용지원자금융자, 시설장비 무상지원, 고용관리비용 지원, 고령자 고용환경개선 자금 융자, 장애인취업알선 지원금, 장애인표준사업장지원제도, 통합지원서비스 등이 있다. 장애인 고용주 지원사업내용은 〈표 9－7〉과 같다.

〈표 9-7〉 장애인 고용주 지원사업

<table>
<tr><th>구분</th><th>지원목적 및 내용</th><th>지원금액</th></tr>
<tr><td rowspan="3">장애인고용 시설자금 융자 사업</td><td>• 작업시설: 장애인 고용에 따라 설치 · 구입하는 작업장, 작업설비 작업장비 등</td><td rowspan="3">• 사업장당 15억 원 내에서 장애인 근로자 1인당 1억 원 한도
• 고용의무 장애인 근로자 중 중증장애인을 25/100 이상 고용조건
• 융자기간
-3년 거치 5년 균등분할
• 대출금리
-연 1%</td></tr>
<tr><td>• 편의시설: 「장애인 · 노인 · 임산부 등의 편의증진 보장에 관한 법률 시행령」 제4조 규정에 의한 시설</td></tr>
<tr><td>• 부대시설: 장애인 고용에 따라 설치 · 구입 · 수리하는 기숙사, 식당, 휴게실, 의무실 또는 물리 치료실 등</td></tr>
<tr><td rowspan="2">시설장비 무상지원 제도</td><td>• 「장애인고용촉진 및 직업재활법」 제24조에 따른 장애인고용 우수사업주 또는 법 시행규칙 제3조제1호 및 제2호의 기준에 해당하는 장애인을 고용한 사업주의 통근용 승자동차 구입비용(장애인근로자 수는 최소 10명 이상이어야 하며 장애인근로자 수 산정은 사업장별로 함)</td><td>• 장애인근로자 수가 10명 이상 20명 미만인 사업주인 경우 1회당 2천만 원 한도
(20명 이상인 경우 4천만 원 한도)
(2년간 고용유지, 5년간 기존 용도대로 사용)</td></tr>
<tr><td>• 「장애인 · 노인 · 임산부 등의 편의증진 보장에 관한 법률 시행령」 제4조에서 정한 편의시설의 설치 · 구입 · 수리비용</td><td>• 소요비용에 따라
*1천만 원 이하 시: 전액지원
*1천만 원 초과 시: 1천만 원 +1천만 원 초과금액의 2/3 (만 원 이하 절사)지원</td></tr>
<tr><td></td><td>• 재택근무에 필요한 작업장비의 설치 · 구입 · 수리비
-작업장비의 범위: 정보통신기기, 사무용 가구
-수리비: 지원품목의 A/S기간 종료시점부터 사후관리기간 내, 연 1회에 한하여 사업주당 50만 원 이내
※ 공단 근로지원부에서 무상임대 · 지원하는 장비는 지원불가</td><td>• 사업주당 3천만 원 한도
[장애인근로자 1명당 3백만 원 한도, 신규고용조건(채용 후 3개월이 경과하지 아니한 자)]</td></tr>
</table>

구분	지원목적 및 내용	지원금액
장애인고용 관리 비용지원	• 작업지도: 사업주가 중증장애인 근로자를 사업장당 상시 1명 이상 5명까지 수급자격 인정신청일 이전 90일 이내 새로이 고용하고 당해 사업장에 배치된 작업지도원으로 하여금 장애인근로자 1명당 월 12시간 이상 작업지도를 실시한 경우 해당사업주에게 지급. 단, 작업지도원 1명당 관리대상 장애인은 5명을 초과할 수 없음	• 장애인 1인당 월 14만 원 (단, 최저임금 미만은 1/2)
보조공학 기기 지원	• 장애인의 고용촉진과 직업생활 안정을 도모하기 위하여 직업생활에 필요한 각종 보조공학기기를 고용유지조건이나 무상으로 지원하는 제도 • 대상은 장애인을 고용하거나 고용하고자 하는 사업주이며 고용노동부 지정 직업 훈련기관장	• 무상임대: 장애인 1인당 지원 물품가액 1천만 원(중증은 1,500만 원) 한도, 사업장당 총 2억 원 이내 • 무상지원: 장애인 1인당 물품가액 3백만 원 한도이며 사업장당 총 5천만 원 이내
장애인 취업알선 지원금	• 무료직업소개사업을 수행하는 기관이 장애인을 사업장에 취업알선하여 일정기간 이상 상시근로하게 한 경우, 비용을 지원	• 10만 원: 취업알선한 장애인이 고용된 사업장에서 1개월 이상 상시 근로하고 최저임금 이상 받음 • 추가 20만 원: 취업알선한 중한 장애인이 고용된 사업장에서 3개월 이상 상시 근로하고 최저임금 이상 지급 받음(경증 추가 10만 원)

(3) 자영업 장애인 지원

장애인은 취업에 어려움이 있고, 취업을 유지하는 데에도 많은 어려움이 있다. 또한 실업에 처할 가능성이 높고, 재취업이 어려우며, 낮은 임금과 열악한 물리적 환경, 낮은 직위 등 이들이 처한 고용환경은 열악하다. 이 때문에 많은 장애인들은 일할 기회를 얻기 위해, 그리고 안정적으로 고용을 유지하기 위해 스스로 창업을 하는 경우가 많다(변용찬 외, 2008; 한국장애인개발원, 2012: 171 재인용).

2000년 「장애인고용촉진 및 직업재활법」 개정을 통해 자영업 창업 지원을 위한 제도를 도입하여 장애인의 자영업 창업을 위해 노력하기 시작하였다. 2005년 7월 신규 도입된 「장애인기업활동촉진법」으로 자영업 창업을 원하는 장애인 및 장애인 기업을 유지하고자 하는 장애인을 위한 지원 기틀이 마련되었다.

「장애인기업활동촉진법」의 도입으로 2000년부터 한국장애인고용공단에서 지원하던 장애인 자영업 창업자금 융자제도는 2011년부터 중소기업청으로 이관되게 되었다. 즉, 장애인 자영업 창업 관련된 모든 사업들은 중소기업청(2017년 7월 중소벤처기업부로 부서 명칭 변경)이 담당하게 되었다. 중소기업청에서는 '장애인기업종합지원센터'를 만들어 장애인창업과 기업활동 촉진하고 있다. 2008년에는 장애인기업종합지원센터를 재단법인으로 변경하였다. 현재 장애인기업종합지원센터는 장애인의 경제적 자립과 장애인고용창출을 위한 정보 · 기술 · 교육 · 훈련 · 연수 · 상담 · 연구조사 등 종합적인 지원기능을 수행하고 있다. 장애인기업종합지원센터 지원내용은 〈표 9-8〉과 같다.

〈표 9-8〉 장애인기업종합지원센터 사업내용

구분	내용	지원대상 및 업종
창업지원	**장애인 맞춤형 창업교육** • 사업내용 - 일반과정: (온라인교육) 장애인교육지원시스템(창업넷, start.debc.or.kr)을 통해 기초교육, 역량강화교육, 재기교육, 협동조합 교육 진행 - 특화과정: 장애인 특화업종 및 분야를 선정한 다음 전문적 기술 및 창업교육을 지원하는 교육프로그램	• 대상: 장애인 예비창업자 및 업종전환을 희망하는 기창업자
	장애인창업 점포지원 • 사업내용: 선정대상자의 창업아이템에 따라 사업화에 적합한 사업장을 (재)장	• 대상: 장애인 예비창업자 및 업종전환을 희망하는 기창업자 • 업종: 서비스업, 도 · 소매 및 유통업,

구분	내용	지원대상 및 업종
	애인기업종합지원센터(이하 '센터')명으로 임차하여, 3(+2)년간 창업보육서비스 제공	음식업 등 입지중심형 업종(창고, 단순 사무공간(사무실) 및 제조공장 등은 지원업종에서 제외)
	장애인 사업화자금지원 • 창업 초기 필요한 사업화 지원 • 매장 모델링, 집기구입, 브랜드 개발, 홈페이지 제작 등을 지원 • 최대 20백만 원 한도 내 지원(자부담 20%)	• 대상: 장애인 예비창업자 및 업종전환을 희망하는 재창업자
	장애인기업 경영환경개선 지원 • 창업교육을 이수한 장애인기업에게 수혜자 선정을 통한 경영환경개선 자금을 지원 - 경영환경 개선에 필요한 개선 비용 지원 - 내・외부 인테리어, 간판교체, 아이템 변경에 따른 설비, 사무집기 구입비 등을 지원 - 최대 10백만 원 한도 내 지원(자부담 20%)	• 대상: 업종추가 예정인 경영환경개선을 희망하는 장애인기업
	창업아이템 경진대회 • 사업내용: 창의적인 아이디어 및 아이템을 보유한 장애인 창업자 및 기업을 발굴하고 포상・시상을 통해 창업분위기 조성과 혁신적 창업기업을 육성 - 장애인 우수 창업아이템 발굴을 통해 포상 및 시상	• 대상: 장애인 예비창업자 및 창업 7년 미만의 장애인기업
기업 지원	**수출강화** **1. 국내외 전시회 참가지원** • 장애인기업의 마케팅 및 판로개척을 위한 지원 - 전시회 참가를 통해 마케팅 및 판로개척을 희망하는 장애인기업을 대상으로 전시회 참가비용을 지원	• 대상: 장애인기업 확인서를 발급받은 장애인기업

구분	내용	지원대상 및 업종
	2. 수출마케팅 및 컨설팅 지원 • 장애인기업의 해외시상 진출을 위한 지원 - 수출인프라구축, 글로벌마케팅, 해외네트워크 형성 등 수출 성장 단계별 집중지원을 통해 장애인기업의 수출 역량강화를 위한 지원	• 대상: 장애인기업 확인서를 발급받은 장애인기업
	기술지원 **1. 신제품 제작 지원** • 장애인기업의 신제품 개발 및 기업경쟁력 제고를 위하여 유망한 아이디어의 사업화를 지원 - 기업 경쟁력 제고를 위한 초기단계 기술개발비용 지원 **2. 기술인증 및 마케팅 지원** • 신제품 국내외 인증을 통한 제품 신뢰성 확보를 지원 - 기술인증: 국외인증(444개), 국내인증(조달가점, 법정의무, 기업인증, 지식재산 출원등록) 및 시험 · 컨설팅 비용 지급 - 마케팅 지원: 전통, 인쇄, 옥외, 온라인 등 다양한 매체 광고비용, 브랜딩 비용(BI, CI개발 등), 홍보영상 제작비, 카탈로그, 포스터 등 디자인 및 인쇄비용 지원	• 대상: 장애인 예비창업자 또는 장애인기업 확인서를 발급받은 장애인기업 • 대상: 장애인기업
	공공구매 • 1인 사업자 보조공학기기 지원 • 공공입찰 판로지원시스템 • 나라장터 종합쇼핑몰 등록 컨설팅 • 전국장애인경제인대회 • 장애인기업확인서 발급절차 • 장애인기업 우수사례 홍보 및 인식개선	• 대상: 장애인기업 중 1인 중증장애인 사업주(장애인기업확인서 발급기업)

구분	내용	지원대상 및 업종
보육실 운영	**창업보육실 운영** • 지원내용 - 우수한 창업아이템을 보유한 창업초기의 장애인기업 및 예비창업자를 대상으로 비즈니스공간 및 사무기기, 기업지원정책 등을 지원	• 대상: 장애인 예비창업자 또는 창업 3년 미만의 장애인기업 • 창의적인 아이디어와 전문분야의 기술을 갖춘 사업화 가능한 업종(IT관련업, 제조업, 디자인업, 서비스업 등)

출처: (재)장애인기업종합지원센터(2022), http://debc.or.kr 재구성.

(4) 보호고용

일반고용이 어려운 장애정도가 중한 장애인을 위한 보호고용제도는 1986년 장애인복지시설 내의 자립작업장 설치·운영 계획에 의하여 22개의 보호작업장이 설치되면서부터 본격화되었다(남상만 외, 2002: 196). 동 법률은 1989년과 1999년, 2007년 개정되었고, 2007년 개정 「장애인복지법」 제58조는 직업재활시설을 일반작업환경에서는 일하기 어려운 장애인이 특별히 준비된 작업환경에서 직업훈련을 받거나 직업생활을 할 수 있도록 하는 시설로 규정하고 시설의 유형을 기존의 보호작업장, 직업훈련시설, 작업활동시설, 근로작업시설의 4개에서 장애인보호작업장과 장애인근로사업장의 2개로 분류하고 2010년 말까지 유형개편을 완료하도록 하였다. 이에 따라 2010년 직업재활시설 유형개편을 완료한 시설은 모두 119개소이다. 2015년 12월 31일에 개정된 「장애인복지법」에 의하면 장애인직업재활시설은 장애인 보호작업장, 장애인 근로사업장, 장애인 직업적응훈련시설로 분류되며, 2020년 12월 31일 장애인근로사업장 67개소, 보호작업장 619개소, 직업적응훈련시설 34개소로 총 720개소로 지속적으로 증가하는 추세에 있다(보건복지부, 2021c).

장애인보호작업장은 직업능력이 낮은 재가장애인(장애인거주시설과 인접하여 설치된 경우에는 입소장애인 중 근로가 가능한 사람도 가능)에게 직업훈련 및 일거리 등을 제공하여 보호적 조건에서 생산활동에 참여하게 함으로써 이에 상응하는 노동의 대가를 지급하고, 더불어 직업알선 등을 하고 있다. 보호작업장 장애인의 장애유형을 보면, 2018년 현재, 지적장애인이 13,622명(74.8%)으로 가장 높은 비율을 차지하고 있으며, 자폐성장애인은 1,220명(6.7%)으로 발달장애인 직업재활시설 이용자의 80% 이상을 차지하고 있다. 지체장애인은 1,073명(5.9%), 정신장애인 894명(4.9%) 등의 순으로 직업재활시설을 이용하는 비율이 높은 것으로 나타나고 있다.

한편, 직업재활시설은 중증장애인에게 일할 기회를 제공하여 유상적 임금을 제공함으로써 사회적, 경제적으로 독립생활을 가능하도록 지원하는 기능을 하고 있으므로, 직업재활시설에서 임금을 받으며 일을 하는 이용장애인을 근로장애인으로, 직업적응훈련 서비스를 받으며, 훈련의 개념으로 생산활동에 참여하는 이용장애인을 훈련장애인으로 구분하고 있다.

직업재활시설 근로장애인의 월평균 임금은 지역마다 차이는 있으나 59,1만 원으로 확인되었으며, 근로사업장의 월평균 임금은 99,7만 원인 반면, 보호작업장의 월평균 임금은 40,1만 원으로 두 시설 간의 임금차이가 확인되었다. 또한 직업재활시설에서 최저임금 이상을 받는 근로장애인은 2,984명, 최저임금 이하의 임금을 받으며 최저임금 적용제외 인가를 받은 근로장애인은 7,961명으로 전체 근로장애인의 69.2%에 이르고 있다(한국장애인개발원, 2019: 154-155).

(5) 직업재활서비스

장애인의 고용보장정책이 보다 효과적으로 이루어지기 위해서는 경제활동에 참여할 수 있는 장애인들의 직업능력을 강화하는 것이 필요하다. 장애인의 직업재활은 재활사업 중에서 가장 중요하고 핵심적 방법으로 개인, 가족, 지역사회, 그리고 사회정책이 협력적으로 관계함으로써 효과성을 높일 수 있다. 장애인의 직업능력을 강화하기 위한 직업재활서비스는 직업준비훈련, 직업적응훈련, 직업훈련, 사후지원서비스가 연계되어 제공된다.

직업준비훈련은 장애인의 학교교육기간 중에 장애 정도와 특징에 따라 직무에 대한 기초 지식과 근로 습관을 습득할 뿐만 아니라 인간관계 유지, 자신감 강화 등을 학습한다. 직업준비훈련은 근로 중 발생할 문제점을 사전에 예방할 수 있는 효과가 있으며 장애인의 직업적응력을 높일 수 있다.

장애인의 직업적응훈련은 장애인이 직업환경에 쉽게 적응할 수 있도록 훈련하는 것을 의미하며, 비장애인과의 관계 형성, 작업환경이나 장비에 대한 친숙도를 강화하는 형태로 이루어진다. 일반사업체의 작업현장에서 직접적으로 훈련받는 것이 바람직하나 보호작업장 등에서 구체적 작업을 수행하면서 경험을 축적할 수 있다.

직업훈련은 직무와 관련된 구체적 기술이나 동작을 익히기 위한 것으로 직업숙련도를 높이기 위하여 실시한다. 작업장에서의 현직훈련을 통하여 난이도가 높은 기술을 익힐 수 있도록 교육한다.

사후지원서비스는 장애인의 직업활동 과정에서 예기치 못한 상황이 발생할 수 있으며, 이러한 다양한 문제를 해결하도록 지원하는 것이다. 특히 취업한 장애인의 직장 내 욕구와 문제를 파악하여 직장에서 요구하는 새로운 교육과 훈련을 실시할 수 있다.

3) 의료보장

장애인에게 의료보장은 가장 기본적이며 필수적인 사회보장이다. 신체적 혹은 정신적 기능의 손상은 필연적으로 의료적 서비스를 요구하게 되며, 의료적 서비스를 통하여 능력을 극대화하고 사회적 장애의 극복에도 기여하게 된다.

기존 장애인복지법의 보건의료 서비스 한계를 보완하고자 2015년 「장애인 건강권 및 의료접근성보장에 관한 법률」(이하 장애인건강권법)이 제정되었다. 「장애인건강법」에 근거하여 장애인 건강보건관리종합계획수립, 장애인 건강관리 사업, 전달체계 확립 등이 추진되고 있다.

장애인 의료보장제도로는 사회보험제도인 국민건강보험과 공적부조제도인 의료급여제도, 의료급여법에 의한 의료비 지원과 보장구 무료교부사업 등이 있다. 「2020년 장애인통계집」에 의하면 2017년 현재, 장애인의 의료보장 현황은 건강보험 미가입은 없으며, 이 중 직장건강보험 가입자는 56.9%, 지역건강보험 가입자는 28.3%이며, 의료급여의 비율은 1종 13.1%, 2종 1.6%로 합계 14.7%이다.

의료급여제도는 수급자 및 시설보호 대상자에게 국가 재정으로 의료 혜택을 부여하는 제도이다. 대체로 재산 및 소득수준과 육체적 근로 능력에 의하여 대상자가 선정되고 있다. 국민건강보험제도는 치료 중심의 급여로서 장기적으로 치료를 요하는 장애인들의 의료적 욕구를 충족하기에는 현실적으로 부족함이 많다. 특히 장애인과 관련된 의료적 서비스를 제공하는 병·의원의 의료진들이 장애에 대한 관심이 부족하여 적절한 대책을 강구하지 못할 뿐만 아니라 종합병원 등에서 재활의학과 관련된 인력이 매우 부족하다는 한계가 있다.

(1) 건강권보장

장애인의 건강권보장을 위해 2015년 「장애인 건강권법」이 제정되고 시행되고 있다. 「장애인건강법」의 목적은 "장애인의 건강권 보장을 위한 지원, 장애인 보건관리 체계 확립 및 의료접근성 보장에 관한 사항을 규정하여 장애인의 건강증진에 이바지하는 것"이다. 이 법에 근거하여 보건복지부장관은 「장애인복지법」 제11조에 따른 장애인정책조정위원회의 심의를 거쳐 장애인 건강보건관리종합계획(이하 "종합계획"이라 한다)을 5년마다 수립하고 「국민건강증진법」 제4조 및 제4조의2에 따라 국민건강증진종합계획 및 실행계획을 수립·시행함에 있어서 종합계획이 포함되도록 하여야 한다.

종합계획에는 장애인 건강보건관리사업의 목표와 방향에 관한 사항, 장애인 건강보건관리사업의 추진계획 및 방법에 관한 사항, 장애인 건강보건관리에 필요한 전문인력의 육성 및 교육·훈련에 관한 사항, 장애 유형 및 정도, 성별 특성 등에 따른 장애인 건강보건관리에 관한 사항, 모성권 보장 등 여성장애인의 건강보건관리에 관한 사항, 그 밖에 장애인의 건강증진 및 장애인 건강보건관리를 위하여 필요한 사항 등이 포함되었다(「장애인 건강권법」, 2018. 12. 11. 개정).

특히 이법 제16조에는 국가 및 지방자치단체는 장애 정도가 심하여 건강에 대한 특별한 보호가 필요한 장애인에 대하여 장애인 건강 주치의 제도를 시행할 수 있다고 규정하고 있다.

한편 제5차 장애인정책종합계획(2018~2022) 중 건강권에 관련한 중점 과제로는 재활의료전달체계 구축 및 접근성 강화, 장애인 건강수준 향상을 위한 기반마련, 장애인체육 향우 기회보장, 여성장애인 지원강화가 있다.

(2) 의료비지원

의료비지원은 생활이 어려운 저소득 장애인의 생활안정 및 의료보장을 목적으로 하고 있다. 이 지원제도는 제1차 장애인복지 발전 5개년 계획에 의해 더욱 확대되었으며, 제2차 장애인복지발전 5개년 계획('03~'07)에 의해 의료급여 수급권자 의료비 지원 및 본인부담금 지원사업이 확대되었고, 희귀·난치성 질환자에 대한 의료비 지원과 청각장애아동 인공와우 수술비 지원 사업도 확대되었다. 또한 1~2차를 기반으로 한 제3차 장애인정책발전 5개년 계획('08~'12)에서는 모자보건 강화로 선천적 장애발생을 예방하기 위하여 모든 신생아를 대상으로 청각선별검사를 무료로 추진하였으며('09년부터), 미숙아 및 선천이상아 의료비 지원 사업을 확대하였다.

제4차 장애인정책종합계획('13~'17)에서는 장애인연금 도입, 장애인 활동지원서비스를 도입하였다. 제5차 장애인정책종합계획('18~'22)에서는 '장애인과 비장애인이 더불어 행복한 사회 실현'을 목표로 장애등급제 개편 및 맞춤형 서비스지원체계 시범사업 확대를 위한 정책이 추진 중이다.

의료급여 수급권자 의료비 지원은 「의료급여법」에 의한 의료급여 2종 수급권자인 등록장애인과 건강보험 차상위 본인부담경감대상자인 등록장애인(만성질환자, 18세 미만 등록장애인)이 대상이며, 1차 의료기관에서 처방전 교부 시 본인부담금 1,000원 중 750원을, 처방전을 교부하지 않고 진료하거나 의약품을 직접 조제하는 경우 본인부담금 1,500원 중 750원을 지원한다. 2, 3차 의료급여기관 및 국·공립

결핵병원진료 시 의료급여수가 적용 본인부담 진료비 15% 전액을 지원하며, 2015년 7월부터 장애인보장구 구입 본인부담금이 전액 건강보험(의료급여)으로 지원됨에 따라 장애인의료비 지원사업에서 장애인보장구 구입비를 지원하지 않고 있다. 장애인 의료비 지원 예산은 2018년 현재 약 230억 7,200만 원 규모이다(한국장애인개발원, 2019: 340).

장애인보장구지원은 보장구에 대한 유형별 기준액, 고시금액 및 실구입 금액 중 최저금액 지급하며, 동일 보장구 유형별로 내구연한 내에 1인당 1회만 인정한다. 지원대상은 의료급여수급권자 중 「장애인복지법」에 따라 등록한 장애인으로 지원품목은 의지, 보조기, 보청기, 수동휠체어, 전동스쿠터, 전동휠체어 등 87종이다. 지원절차는 의사의 처방전을 발부받아 보장구 판매업소에서 직접 보장구를 구입한 후, 보장구 급여비 지급청구서, 보장구 처방전, 의료급여기관에서의 보장구 검수확인서, 세금계산서를 구비하여 시·군·구에 급여 신청을 해야 한다(한국장애인개발원, 2019: 340).

(3) 보장구 서비스

보장구란 장애인이 장애로 인해 상실 또는 약화된 신체기능의 보완, 대체, 교정을 목적으로 사용하는 각종의 기구나 물품을 총칭하는 것으로 정의할 수 있다.

① 장애인 보장구 교부 서비스

저소득 장애인에게 일상생활의 편의증진 등을 위해 보장구를 교부하여 생활 능력 향상과 복지 증진을 도모하고자 하는 장애인 보조기구 교부 서비스 대상은 「장애인복지법」 제2조에 따른 장애인 중 「국민기초생활 보장법」 제2조 제2호에 따른 수급자 또는 같은 조 제10호에 따른 차상위계층이다.

사업 근거규정(법령)은 「장애인보조기기법」 제8조를 근거하고 있으며, 지원 품목은 목욕의자, 욕창 방지용 방석 및 커버, 와상용 욕창예방 보조기기, 보행차, 음식 및 음료섭취용 보조기기 등 28개 유형의 품목이다.

신청 절차는 최초 거주 지역 읍·면·동 사무소(행정복지센터)에 신청하면 자격기준 검토하고, 필요에 따라 의료기관의 진단서를 요구할 수 있다. 보조기기센터가 설치되어 있는 지자체의 경우 적합한 보조기기 추천을 위해 보조기기전문센터에 의뢰하여 상담을 진행한다(한국장애인개발원, 2019: 381).

② 보장구 건강보험(의료급여)급여 실시

장애인 보장구 급여지원은 국민건강보험 가입자 또는 피부양자인 장애인 또는 장애인 가족에게 장애인 보장구를 지원하는 사업으로 우리나라 보조기기 공공전달체계에서 가장 높은 비중을 차지하고 있는 지원제도이다. 경제적 여건으로 인해 의료급여를 받고 있는 장애인에게 국민건강보험과 동일한 품목으로 의료급여 보장구 급여를 지원하고 있다.

지원사업의 진행 주체는 국민건강보험 보장구 지원의 경우 국민건강보험공단 전국지사이며, 의료급여 보장구지원의 경우 시·군·구에서 담당하고 있다. 지원 범위는 각 품목별 지원 기준 액 내에서 국민건강보험의 경우 구입의 90% 지원, 의료급여의 경우 100% 지원을 받을 수 있다.

장애인 보장구 급여로 지원되는 품목은 팔의지(21종), 다리의지(18종), 팔보조기(5종), 척추보조기(7종), 골반보조기, 다리보조기(12종), 교정용 신발류, 기타 보장구(22종) - 휠체어(3종), 지팡이, 목발, 의안, 저시력 보조 안경, 콘택트렌즈, 돋보기, 망원경, 흰 지팡이, 보청기, 체외용 인공후두, 전동휠체어, 전동스쿠터, 자세보조용구, 욕창 예방 방석, 욕창 예방 매트리스, 전동리프트, 보행차(2종), 소모품(배터리) 등 총 87개 품목이다(한국장애인개발원, 2019: 387).

③ 장애인 보장구 부가가치세 영세율 적용

물품이 유통될 때 소비자가 부담하는 부가가치세의 부과율을 0%로 적용하여 장애인이 저렴하게 보장구를 구입하도록 하는 서비스이다. 부가가치세는 매 유통 단계마다 발생하는 부가가치에 대하여 세금이 부과되며, 최종 소비자가 전액을 부담하게 되는데 0세율을 적용한다는 것은 마지막 단계에서 부과되는 세금만 면제하는 것이 아니라 매 유통 단계마다 부과된 세금 전액을 면제하는 것이다.

지원 대상 물품은 의수족, 휠체어, 보청기, 보조기, 지체장애인용 지팡이, 목발, 시각장애인용 흰 지팡이, 청각장애인용 인공달팽이관 시스템, 성인용 보행기, 욕창예방용품(매트리스·쿠션 및 침대에 한함), 인공후두, 장애인용 기저귀, 텔레비전 자막수신기(정부 또는 한국농아인협회가 청각장애인에게 무료로 공급하는 것에 한함), 점자판과 점필, 시각장애인용 점자정보단말기, 시각장애인용 점자프린트, 시각장애인용으로 특수 제작된 화면 낭독 소프트웨어, 지체장애인용으로 특수 제작된 키보드 및 마우스 등이다.

4) 교육보장

장애인 교육은 장애아동의 특수한 욕구와 가능성을 고려하여 능력을 극대화하고, 사회생활에 스스로 적응해 가도록 최적의 교육을 실시하는 것을 말한다. 따라서 장애아동의 교육은 장애유형과 특징에 부합되는 개별화된 교육과 자립 능력을 개발하고 지원하는 자기관리 능력의 배양에 의미를 두고 사회적으로 대처하고자 하는 정책이다.

장애인에 대한 교육권리를 보장하기 위한 정책으로 특수학교 및 특수학급에서의 특수교육, 대학특례입학제도를 들 수 있다. 장애인 교육은 인지적 지식과 경험적 지식을 동시에 습득할 수 있도록 이루어져야 하지만, 교육보장은 이러한 측면이 충분히 고려되지 않은 채 부분적으로 이루어지고 있다.

(1) 특수교육

특수교육은 일반교육을 기본으로 하고, 장애의 특성에 따른 특별한 교육적 지원을 필요로 하는 학생에게 부족한 부분을 충족하여 학습의 효과를 극대화하는 데 목적이 있다.

1998년부터 시작한 특수교육발전 5개년 계획은 1차(1998~2002), 2차(2003~2007)를 거쳐 3차(2008~2012) 5개년 발전계획을 수행하였다. 그동안 장애학생을 위한 「특수교육진흥법」의 한계를 극복하고 장애학생에게 질 높은 교육서비스를 제공하고자 2007년에 「장애인 등에 대한 특수교육법」을 제정하였다. 이 법은 기존의 「특수교육진흥법」을 보완하는 데 그치지 않고 전면적인 법 개정을 통하여 새로운 특수교육의 방향을 정립하였다.

주요 제정 내용은 특수교육대상자에 대한 유치원 및 고등학교 과정의 의무교육을 도입하고, 장애의 조기발견체제를 구축하면서 장애 발견 즉시 조기에 무상교육 기회를 부여하고 있다. 모든 시·군·구교육지원청에 특수교육지원센터를 설치하여 지역 중심의 교육서비스가 원활하게 제공될 수 있도록 하였다.

또한, 대학에 대해 장애학생지원센터의 설치와 장애인에 대한 편의제공을 의무화하고, 국가 및 지방자치단체 등이 장애성인평생교육시설을 설치하여 장애인에 대한 생애주기별 교육지원 체계를 확립하도록 함으로써 장애인의 고등교육 및 평생교육을 지원할 수 있도록 하였다. 아울러, 학급설치 기준과 특수교육교원 배치 기준을 낮춤으로써 특수교육의 질을 제고하고자 하였으며, 특수교육대상자에 대하여 가족지원, 치료지원, 보조인력지원 등 관련 서비스의 제공을 규정함으로써 장애인의 교육권을 실질적으로 보장하고자 하였다(한국장애인개발원, 2012: 176-177).

이어서 꿈과 끼를 키우는 특수교육 제공으로 장애학생 행복 실현을 위하여 4차(2013~2017)를 추진하게 되었다. 이를 통해 장애인의 생애주기별 교육지원체계 구축, 학령기 아동의 통합교육 내실화, 특수교육지원센터 설치·운영 확대를 통한 특수교육 지원 강화 등의 성과를 이루었다. 현재는 특수교육대상자의 성공적 사회통합 실현을 위한 4대 분야 13개 중점 과제를 중심으로 5차(2018~2022) 계획이 추진되고 있다(한국장애인개발원, 2019: 231).

특수교육대상자는 「장애인 등에 대한 특수교육법」에 규정한 장애 범주에 포함된 학생들로서 「동법」 제15조에서 시각장애, 청각장애, 정신지체, 지체장애, 정서·행동장애, 자폐성장애, 의사소통장애, 학습장애, 건강장애, 발달지체 및 그 밖에 대통령령으로 정하는 장애 등 총 11개 범주로 구분하고 있다.

특수교육대상 학생의 장애유형별 학생 수는 2019년도 기준 전체 92,958명 중에서 지적장애학생이 49,624명으로 가장 많고, 그다음으로 자폐성장애 13,105명, 지체장애 10,200명 등의 순이다. 장애영역별 추이를 살펴보면, 최근 5년간 발달지체가 53.6%, 자폐성장애가 28.8% 순으로 높은 증가율을 보이고 있다.

우리나라의 특수학교는 1962년 당시 10개교에 불과하였으나, 2019년 전국 특수학교 수는 177개교로 약 17배 이상 증가하였다. 이는 10년 전인 2009년 150교보다 27교가 증가하였으며, 최근 5년간 11교가 늘어나 연평균 2교 이상이 늘어난 것으로 볼 수 있다. 특수학급의 경우는 11,105개로 2009년 6,924개보다 4,181학급이 증가하였으며, 최근 5년간 1,488학급이 늘어나 연평균 297학급이 증가하였다.

또한 특수교육기관(특수학교, 특수학급, 일반학교의 일반학급 포함)에서 특수교육대상자로 선정되어 교육을 받고 있는 장애학생 수는 매년 꾸준하게 증가하고 있는 추세로 2019년 기준 특수교육대상자의 수는 92,958명으로, 2009년 75,187명보다 17,771명 증가하였고, 최근 5년간 5,680명이 늘어나 연평균 1,136명이 증가한 것으로 나타났다(한국장애인개발원, 2019: 231-236).

장애인의 특수교육은 노멀라이제이션의 이념이 실현될 수 있는 비장애학생과의 폭넓은 교류가 이루어질 수 있도록 통합적으로 운영되는 것이 바람직하다. 따라서 특수교육은 장애유형과 특성에 부합되는 교육과 더불어 비장애학생과의 자연스런 교육기회를 제공하여 물리적 통합과 사회적 통합이 동시에 추구될 수 있도록 배려하는 것이 바람직하다.

(2) 대학특례입학제도

교육부는 1994년 「교육법 시행령」과 대학 학생정원령을 개정하여 장애인 중 일정한 기준에 해당하는 사람이 1995년부터 대학 및 전문대학에 특수교육 대상자로 정원 외 특례입학할 수 있도록 하였다.

특례입학 대상자는 「장애인복지법」에 의하여 장애인 등록을 필하고 「특수교육진흥법」의 규정에 의해 선정된 특수교육 대상자로 시각장애, 청각장애, 지적장애 중 어느 한 가지 장애 또는 중복장애에 해당하는 사람이다.

해마다 많은 다양한 종별의 장애인이 대학특례입학제도에 의해 입학하고 있는데 장애학생들은 대학의 행정적 지원 미비, 편의시설 미비, 국가의 행·재정적 대학 지원의 미비로 대학생활에 많은 어려움을 겪고 있다.

2. 장애인복지시설 및 서비스

1) 장애인복지시설의 개요

우리나라 장애인복지시설은 생활보호를 목적으로 한 민간주도의 요보호 장애인 거주시설로부터 시작되었다. 이후 1981년 「심신장애자복지법」이 제정·공포되면서 '심신장애자 복지시설'의 종류와 설치·운영에 관해 법으로 규정하게 되어 장애인복지시설이 수용보호 기능의 시설 개념을 탈피하게 된다. 1989년 「장애인복지법」을 개정하면서 장애인복지시설에 대한 내용 또한 전반적으로 개편되었는데 대규모 시설보다는 지역사회 내의 작은 시설들을 설치하는 방향으로 시설의 수가 급격하게 증가하였다. 1999년 「장애인복지법」 전면개정을 통해 현재와 유사한 시설 분류가 이루어졌으며 2012년 4월 장애인복지시설 개편을 주요 골자로 한 「장애인복지법」 일부개정이 이루어져 장애인복지시설의 개념과 기능을 재정립하게 되었다.

2019년 6월 4일 「장애인복지법」 일부개정에 따라 장애인복지시설의 개편이 이루어지게 되었는데 그 내용은 〈표 9-9〉와 같다.

〈표 9-9〉 장애인복지시설의 종류

구분	시설의 종류 및 기능
장애인거주시설	가. 장애인 유형별 거주시설: 장애 유형이 같거나 유사한 장애를 가진 사람들을 입소 또는 통원하게 하여 그들의 장애유형에 적합한 주거지원・일상생활지원・지역사회생활지원 등의 서비스를 제공하는 시설을 말한다. 나. 중증장애인 거주시설: 장애의 정도가 심하여 항상 도움이 필요한 장애인에게 주거지원・일상생활지원・지역사회생활지원・요양서비스를 제공하는 시설을 말한다. 다. 장애영유아 거주시설: 6세 미만의 장애영유아를 보호하고 재활에 필요한 주거지원・일상생활지원・지역사회생활지원・요양서비스를 제공하는 시설이다. 라. 장애인단기거주시설: 보호자의 일시적 부재 등으로 도움이 필요한 장애인에게 단기간 주거서비스, 일상생활지원서비스, 지역사회생활서비스를 제공하는 시설을 말한다. 마. 장애인공동생활가정: 장애인들이 스스로 사회에 적응하기 위하여 전문인력의 지도를 받으며 공동으로 생활하는 지역사회 내의 소규모 주거시설을 말한다.
장애인지역사회 재활시설	가. 장애인복지관: 장애인에 대한 각종 상담 및 사회심리・교육・직업・의료재활 등 장애인의 지역사회생활에 필요한 종합적인 재활서비스를 제공하고 장애에 대한 사회적 인식 개선사업을 수행하는 시설 나. 삭제 〈2012.4.10.〉 다. 장애인 주간보호시설: 장애인을 주간에 일시 보호하여 장애인에게 필요한 재활서비스를 제공하는 시설 라. 삭제 〈2012.4.10.〉 마. 삭제 〈2012.4.10.〉 바. 장애인 체육시설: 장애인의 체력증진 또는 신체기능 회복활동을 지원하고 이와 관련된 편의를 제공하는 시설 사. 장애인 수련시설: 장애인의 문화・취미・오락활동 등을 통한 심신수련을 조장・지원하고 이와 관련된 편의를 제공하는 시설 아. 장애인 생활이동지원센터: 이동에 상당한 제약이 있는 장애인에게 차량 운행을 통한 직장 출퇴근 및 외출 보조나 그 밖의 이동서비스를 제공하는 시설 자. 한국수어 통역센터: 의사소통에 지장이 있는 청각・언어장애인에게 한국수어 통역 및 상담서비스를 제공하는 시설

구분	시설의 종류 및 기능
	차. 점자도서관: 시각장애인에게 점자간행물 및 녹음서를 열람하게 하는 시설 카. 점자도서 및 녹음서 출판시설: 시각장애인을 위한 점자간행물 및 녹음서를 출판하는 시설 타. 장애인 재활치료시설: 장애아동을 포함한 장애인에게 언어 · 미술 · 음악 등 재활치료에 필요한 치료, 상담, 훈련 등의 서비스를 제공하고 서비스를 이용한 자로부터 비용을 수납하여 운영하는 시설
장애인직업재활시설	가. 장애인 보호작업장: 직업능력이 낮은 장애인에게 직업적응능력 및 직무기능 향상훈련 등 직업재활훈련 프로그램을 제공하고, 보호가 가능한 조건에서 근로의 기회를 제공하며, 이에 상응하는 노동의 대가로 임금을 지급하며, 장애인 근로사업장이나 그 밖의 경쟁적인 고용시장으로 옮겨갈 수 있도록 돕는 역할을 하는 시설 나. 장애인 근로사업장: 직업능력은 있으나 이동 및 접근성이나 사회적 제약 등으로 취업이 어려운 장애인에게 근로의 기회를 제공하고, 최저임금 이상의 임금을 지급하며, 경쟁적인 고용시장으로 옮겨갈 수 있도록 돕는 역할을 하는 시설 다. 장애인 직업적응훈련시설: 작업능력이 극히 낮은 장애인에게 작업활동, 일상생활훈련 등을 제공하여 기초작업능력을 습득시키고, 작업평가 및 사회적응훈련 등을 실시하여 장애인 보호작업장 또는 장애인근로사업장이나 그 밖의 경쟁적인 고용시장으로 옮겨갈 수 있도록 돕는 역할을 하는 시설
장애인의료재활시설	장애인 의료재활시설: 장애인을 입원 또는 통원하게 하여 상담, 진단 · 판정, 치료 등 의료재활서비스를 제공하는 시설
장애인생산품판매시설	장애인 생산품의 판매활동 및 유통을 대행하고, 장애인 생산품이나 서비스 · 용역에 관한 상담, 홍보, 판로개척 및 정보제공 등 마케팅을 지원하는 시설

2) 장애인거주시설

(1) 장애인 유형별 거주시설

2012년 1월 일부 개정된 「장애인복지법」에 따라 기존의 장애인 거주시설은 장애인거주시설로 개념 및 기능이 재정립되었다. 이는 기존의 장애인 거주시설에서 거주 기능을 별도로 분리하고, 장애인거주시설의 정원은 30명을 초과할 수 없도록 하며, 거주시설의 이용 절차 및 시설이 제공하는 서비스의 최저기준을 규정함으로써 이용자 중심의 서비스 지원체계가 마련되었다. 유형별 거주시설은 지체·뇌병변장애인을 위한 시설, 시각장애인을 위한 시설, 청각·언어장애인을 위한 시설, 지적·자폐장애인을 위한 시설로 구분할 수 있다.

(2) 장애정도가 중한 장애인거주시설

장애정도가 중한 장애인 거주시설은 장애인의 보호조치, 의학적 진단 및 재활, 생활지도, 특수교육, 다른 시설로의 이동 등에 대한 재활사업을 수행한다. 원칙적으로 장애정도가 중한 장애인이 입소 대상이다.

(3) 장애영유아거주시설

6세 미만의 장애영유아를 보호하고 재활에 필요한 주거지원·일상생활지원·지역사회생활지원·요양서비스를 제공하는 시설이다.

(4) 장애인단기거주시설

장애인단기거주시설은 일정기간 주거·일상생활·지역사회생활 등을 제공하고 아울러 장애인을 돌보는 보호자의 단기간 휴식을 제공하는 시설이다.

(5) 장애인공동생활가정

장애인공동생활가정은 장애인이 지역사회 안에서 가정과 같은 주거환경에 거주하면서 독립생활에 필요한 각종 서비스와 지원을 받고 사회구성원으로서 존엄한 삶을 영위할 수 있도록 하는 시설로서 시설 입소자 및 재가장애인으로 공동가정에서 생활하는 것이 재활 및 자립에 더 효과적이라고 인정되는 사람, 낮 시간 동안 근로, 고용훈련, 교육 및 재활훈련 등에 참여하고 있는 사람들이 이용할 수 있다.

일반주택, 아파트, 연립주택 등과 같은 일반 주거지 형태로 하여 신규시설을 설치하더라도 지역사회의 일반 주거지역 내에 설치하는 것을 원칙으로 한다.

3) 장애인지역사회재활시설

(1) 장애인복지관

장애인의 상담, 치료, 교육훈련, 사회교류 촉진 및 여가활동 등의 종합적 복지서비스를 제공하고 있으며, 장애인복지관의 접근성을 높이기 위해 1993년부터는 도 단위의 장애인종합복지관에 1개소씩의 분관을 설치하고 있다. 2021년 12월 15일 현재 장애인복지관은 전국에 247개소 설치되어 있다(한국장애인복지관협회, http://www.hinet.or.kr, 2021.12.15. 검색).

장애인복지관에서는 상담지도사업(장애인에 대한 기초 상담 및 각종 검사, 진단을 통한 판정, 장애 등록 검진), 의료재활사업(장애인의 신체 기능 회복을 위한 의료재활서비스 제공), 교육재활사업(장애인에 대한 각종 교육재활서비스 제공), 직업재활사업(장애인의 경제적 안정과 자립 촉진을 도모하기 위한 직업재활서비스 제공), 사회심리재활사업(장애인의 사회참여 확대를 위한 각종 사회심리재활서비스 제공), 재가장애인복지사업(지역사회장애인의 재가복지를 위한 재가복지서비스 제공), 스포츠 및 여가활동사업(장애인의 신체적·정신적 건강 증진을 위한 스포츠 및 여가활동 지원), 정보제공사업(각종 장애 관련 정보 제공), 수화 관련 사업(청각·언어장애인에 대한 수화서비스 제공), 여성장애인의 복지증진사업(사회적 차별 및 부당한 대우를 받기 쉬운 여성장애인의 권익보호 및 임신·출산·양육, 가사지원 등 복지 증진), 사회교육사업(비장애인의 장애인에 대한 인식 개선 및 참여 조성), 지역사회자원개발사업(지역사회에 대한 장애인의 이해 증진 및 자원 개발·활용에 참가), 홍보·계몽사업(지역사회를 대상으로 한 장애 인식 개선 및 장애 예방 등을 위한 활동 참가), 조사·연구사업(장애인복지 증진을 위한 조사 연구 및 다양한 재활 프로그램 개발, 보급), 기타 사업(기타 장애인복지 증진을 위해 필요한 사업에 참가) 등을 운영하고 있다.

(2) 장애인주간보호시설

장애인을 주간에 일시 보호하여 장애인에게 필요한 재활서비스를 제공하는 시설로 일상생활지원, 여가활동지원, 지역사회적응활동지원 등의 사업을 수행하고 있으며, 장애인 가족구성원이 안심하고 사회·경제활동을 영위할 수 있도록 하는 데 운영 목적이 있다.

수행하는 사업은 재활치료사업(물리치료, 작업치료 및 일상생활동작훈련 등을 통해 독립생활 능력 배양)을 비롯하여 여행 및 견학 취미생활지원 사업, 교육지도, 자원봉사자 개발 및 실습생 교육 지도, 기타(차량, 인력 등 허용범위 내에서 시설 이용을 위한 교통 편의 제공, 보호시설을 이용하는 장애인과 그 가족과의 상담 등을 통한 욕구 파악, 자원봉사자들을 통한 목욕, 이·미용 서비스 및 중식, 간식 등을 제공) 등이다.

(3) 장애인체육시설

장애인체육시설은 지역 내 시설(특수학교 포함)장애인 및 재가장애인의 이용을 우선으로 하되, 지역실정을 감안하여 지역주민이 함께 이용하도록 하여 사회통합에 기여하게 할 수 있다. 이용료를 징수하는 경우 재가장애인과 시설장애인 및 지역주민으로 구분하여 차등을 둔다.

(4) 장애인수련시설

장애인수련시설은 장애인의 문화·취미·오락활동 등을 통한 심신수련을 조장·지원하고 이와 관련된 편의를 제공한다.

(5) 장애인 생활이동지원센터

이동에 제약이 있는 장애인에게 차량 운행을 통하여 민원업무 대행, 직장 출퇴근, 시장 보기, 외출 보조 및 병원 이용 보조 등 각종 이동 서비스 및 안내 보조를 제공한다.

(6) 한국수어통역센터

의사소통에 지장이 있는 청각·언어장애인에 대한 한국 수어통역 및 상담서비스를 제공하는 시설로서 이용 대상은 센터가 있는 지역의 의사소통에 지장이 있는 등록 청각·언어장애인을 우선적으로 하되, 다음에 해당하는 자의 요청이 있는 경우 특별한 사정이 없는 한 이용할 수 있다. 첫째, 센터 소재지 외의 인근 지역 등록 청각·언어장애인, 둘째, 청각·언어장애 민원인과 업무상 의사소통을 할 필요가 있는 관내 주요 관공서, 셋째, 기타 청각·언어장애인과 의사소통이 필요한 일반 개인 등이다.

(7) 점자도서관

점자도서관은 시각장애인에게 다양한 지식과 정보제공을 위해 점자 간행물 및 녹음서를 열람하게 하는 시설로 시각장애인의 교육 및 독서, 학습, 문화생활을 지원한다.

(8) 점자도서 및 녹음서 출판시설

시각장애인을 위한 점자 간행물 및 녹음서를 출판하는 시설로 서울에 3곳, 경북에 1곳의 출판시설이 있다.

(9) 장애인 재활치료시설

장애아동을 포함한 장애인에게 언어·미술·음악 등 재활치료에 필요한 치료, 상담, 훈련 등의 서비스를 제공하고 서비스를 이용한 자로부터 비용을 수납하여 운영하는 시설이다.

4) 장애인직업재활시설

장애인직업재활시설은 장애인작업활동시설, 장애인보호작업시설, 장애인근로작업시설, 장애인직업훈련시설, 장애인생산품판매시설 등 5개 유형으로 분류가 되던 것이 2019년 「장애인복지법」 개정으로 장애인보호작업장, 장애인근로사업장, 장애인 직업적응훈련시설 등 3개 시설로 개편되었다.

(1) 장애인보호작업장

장애인보호작업장은 직업능력이 낮은 장애인에게 직업적응능력 및 직무기능 향상훈련 등 직업재활훈련 프로그램을 제공하고, 보호가 가능한 조건에서 근로의 기회를 제공하며, 이에 상응하는 노동의 대가로 임금을 지급하며, 장애인근로사업장이나 그 밖의 경쟁적인 고용시장으로 옮겨갈 수 있도록 돕는 역할을 하는 시설이다. 장애인보호작업장 근로장애인의 최소 인원은 10명 이상으로 하고, 작업활동 프로그램을 운영할 경우에도 최소 10명 이상 되도록 하여야 한다.

(2) 장애인근로작업장

장애인근로작업장은 직업능력은 있으나 이동 및 접근성이나 사회적 제약 등으로 취업이 어려운 장애인에게 근로의 기회를 제공하고, 최저임금 이상의 유상적 임금을 지급하며, 경쟁적인 고용시장으로 옮겨갈 수 있도록 돕는 역할을 하는 시설을 말한다. 장애인근로사업장의 고용 최소인원은 30명으로 하고 장애 정도가 중한 장애인이 장애인근로자의 60% 이상이 유지되도록 해야 한다. 장애인근로사업장은 장애인근로자와 근로계약을 체결하여야 한다.

(3) 장애인 직업적응훈련시설

작업능력이 극히 낮은 장애인에게 직업기초훈련, 재활기초훈련 등의 직업생활

준비에 필요한 직업적응훈련 프로그램을 통하여 장애인 보호작업장 또는 장애인근로사업장이나 그 밖의 경쟁적인 고용시장으로 옮겨갈 수 있도록 돕는 역할을 하는 시설이다. 장애인에게 직업기초훈련, 재활기초훈련 등의 직업생활 준비에 필요한 직업적응훈련 프로그램을 통하여 장애인이 지역사회 내에서 직업을 가지고 사회구성원으로서 역할을 할 수 있도록 직업인으로서의 자격, 노동습관, 기초지식과 직업인으로서의 차림새 등 장애인의 일반적인 특성뿐만 아니라 경제상황, 기술적 진보, 물리적인 작업환경 혹은 사회적인 편견과 직장에서의 인간관계와 역할 인식, 개인의 내적인 문제 등과 같은 상황 해결 등을 위한 훈련을 한다.

5) 장애인의료재활시설

장애인을 위한 의료재활사업을 효율적으로 수행하기 위하여 사회복지법인 등 비영리법인 부설 시설로 장애인 의료재활을 위하여 입원 및 통원, 낮병원을 통한 장애인 진료, 장애의 진단 및 포괄적이고 전문적인 재활치료, 장애인에 대한 의료재활상담, 장애인의 기타 질환에 대한 진단 및 치료, 장애인보조기구의 제작, 판매, 검수 및 수리, 장애인 재활 및 재발 방지에 관한 교육, 장애인 등록을 위한 진단 등의 사업을 수행한다.

6) 장애인생산품판매시설

장애인생산품판매시설은 생산품판매장을 갖추고, 국가 · 지자체 · 공공단체로의 납품을 활성화하기 위해, 보건복지부장관이 우선 구매제도와 관련하여 별도로 고시하는 장애인복지단체와 협의하여 우선구매제도 관련 품목의 물량조정, 배분 등 필요한 업무를 수행한다. (사)한국장애인직업재활시설협회가 관리 · 운영하고 있으며 한국장애인직업재활시설협회는 매년 1회 판매시설 평가와 관련하여 계획수립, 평가수행, 결과보고를 하여야 한다.

3. 장애인복지 실천적 서비스

1) 장애인 자립생활 지원서비스

(1) 장애인 자립생활 및 지역 정착지원을 위한 선도 사업

장애인 분야 선도 사업은 거주시설에 입소 중이나 지역사회에서 생활하기를 희망하는 장애인 또는 집이나 지역사회에 거주하고 있으나 일상생활의 어려움(장애심화, 부양가족 부재 등) 등으로 케어가 필요한 장애인을 대상으로, 개인별 지원계획에 근거한 탈시설 및 자립생활을 지원하여 자기결정권의 보장, 삶의 질 및 인권을 향상시키는 것을 목표로 한다.

장애인 자립생활 및 지역 정착지원을 위한 선도 사업의 내용은 크게 세 가지로 구성된다. 첫째, 탈시설 욕구 조사(초기상담, 정보제공 등)를 바탕으로 개인별 맞춤형 지원계획(individual service plan)을 수립하는 것이다. 개인별 지원계획 전담기관에서 당사자 욕구, 자립가능성 등을 종합적으로 판정하여 대상자를 선정하고, 선정된 대상자에 대하여 개인별 지원계획 전담기관에서 개인별 지원계획을 수립한다. 둘째, 자립체험주택, 케어안심주택 등의 주거모델을 운영하는 것이다. 시설퇴소 후, 일상생활 적응 훈련이 필요한 경우 자립체험주택(지원인력 상시 거주)을 거쳐 케어안심주택을 이용할 수 있도록 지원한다. 셋째, 개인별 지원계획에 따른 서비스를 연계하는 것이다. 연계서비스는 소득 및 고용, 보건의료, 안심 서비스 등 자립생활을 지원하는 제반의 서비스를 포함한다.

소득지원은 1인당 1,200만 원의 자립정착금, 장애인연금(부가 급여), 기초 생활보장급여 지급 특례(부양의무자 기준 미적용) 등이 있으며, 고용지원은 지역 맞춤형 취업지원과 현장중심 직업재활센터 등을 통해 적극 지원한다. 보건의료와 돌봄서비스는 장애인 건강주치의, 지역사회 중심 재활사업 및 맞춤형 건강관리, 장애인 활동지원, 발달장애인 주간활동서비스, 사회공헌 연계를 통한 이동 지원 등을 연계

한다. 2019년 장애인 분야 선도 사업에 선정된 지역은 대구광역시 남구와 제주도 제주시 두 곳이다. 선도 사업을 통해 지방자치단체가 거주시설과 협의하여 시설 소규모화 및 운영 구조를 변경하는 선도 사례개발·확산하기를 기대하고 있으며, 이를 위해 지방자치단체에서 희망 법인을 공모하여 추진·지원방안을 마련할 계획이다(한국장애인개발원, 2019: 27-30).

(2) 장애인자립생활지원서비스

① 장애인자립생활센터 개요

장애인자립생활지원센터의 지원대상은 모든 장애인으로 하며 시설거주 장애인, 탈시설 장애인, 재가장애인 등 자립을 희망하는 장애인을 우선 지원한다. 서비스 내용은 장애인에게 자립생활에 대한 포괄적인 정보를 제공하고, 장애인 권익옹호 활동을 한다. 동료상담, 자립생활기술 훈련 등의 서비스를 통하여 장애인이 자립하여 생활할 수 있도록 지원하며, 지역사회 안에서 다양한 사회참여 활동을 지원한다.

② 서비스 내용

구분	내용
동료상담	동료상담가는 장애인으로서 자신의 체험을 살려 실제적인 일에 대하여 자신의 경험을 이야기하고, 상대 장애동료가 자립적인 생활을 할 수 있을 때까지 심리적, 정서적으로 함께해 주는 지지자의 역할을 할 수 있다. 동료상담은 장애라는 같은 배경을 지닌 상담가와 내담자가 대등한 입장에서 서로 이야기하며 장애로 인한 경험을 바탕으로 정보나 도움을 제공하는데 이는 경험의 결과를 서로 공유한다는 것을 의미한다.
자립생활기술 프로그램(ILP)	보다 효과적인 자립생활을 위해 자립생활 이전 미리 준비단계에 대해 직접 체험해 보는 프로그램이다. 자립생활의 목표설정, 자기이해, 건강관리, 대인관계 및 의사결정부터 보장구 관리, 요리, 세탁, 금전관리, 소비생활, 성생활, 여가활동, 취업준비 등 일상생활에 필요한 영역에서 장애당사자의 상황에 맞는 자립생활기술프로그램을 체험한다.

구분	내용
권익옹호	장애인당사자가 지역사회에서 겪는 다양한 차별에 맞서 장애인을 옹호하여 스스로의 권리를 지키고 권익을 신장하는 데 함께한다. 또한 장애인이 생활하기 편리한 지역사회 환경을 만들어 가는 장애인당사자의 활동을 적극 지원한다. 나아가 자립생활센터의 권익옹호는 장애인을 위한 각종 제도, 법률, 서비스의 제정과 개선을 위한 장애운동 전반을 포괄한다.
탈시설 자립지원	거주시설에 찾아가 거주시설 장애인들에게 동료상담을 통해 자립생활의 이념을 전파하고 자립에 필요한 정보를 제공한다. 자립홈 운영을 통해 지역사회에서 살아 보는 체험을 갖게 하여 자립의 동기부여와 자신감을 갖도록 지원한다.
자립홈운영	장애인거주시설이나 가족의 보호 아래 제한된 생활을 하는 장애인에게 스스로 살아가는 자립생활을 체험하는 기회와 자립생활에 성공할 수 있도록 일상생활훈련, 직업훈련, 지역사회활동, 문화체험 등을 지원한다. 신청자격은 만 19세 이상 장애인(여성 2명, 남성 2명)이며, 거주시설 장애인 우선이다.

출처: 충주장애인자립생활센터(https://cjil.or.kr, 2021.12.15. 검색).
한국장애인자립생활총연합회(http://www.koil.kr, 2021.12.15. 검색).

(3) 장애인활동지원서비스

① 장애인활동지원제도 개요

장애인활동지원제도는 신체적·정신적 이유로 원활한 일상생활과 사회활동에 어려움을 겪고 있는 장애인의 자립생활과 사회참여를 지원하고 그 가족의 부담을 줄임으로써 장애인의 삶의 질을 높이기 위한 목적으로 2007년 4월부터 시행되었다. 이후 2011년 11월부터 종전의 '장애인활동지원지원사업'에 방문목욕과 방문간호 등 일종의 요양서비스가 추가되어 '장애인활동지원서비스'로 개편되었다.

2011년 10월부터 시작된 활동지원제도는 2013년에 대상자를 장애등급 2급까지 확대하였고, 2015년 6월에는 3급까지로 확대하였으며, 2017년 12월 장애등급제 개편에 따른 법령 개정에 따라 모든 장애인으로 신청자격을 확대하였다. 2021년 현재 서비스 대상은 만 6세 이상 만 65세 미만의 「장애인복지법」상 등록장애인이며, 「장애인복지법」상 서비스 지원 종합조사 결과에 따라 산출된 종합점수 42점 이상이다(보건복지부, mohw.go.k, 2021.12.15.검색).

2022년 활동지원서비스 급여량은 전체 15구간으로 구분하여 최고 710만 5천 원부터 최저 88만 9천 원까지 제공한다. 급여항목들도 과거에 제공되었던 활동지원 이외에 방문목욕(제공인력: 요양보호사), 방문간호(제공인력: 방문간호사) 등으로 서비스 유형이 다양화되었다(보건복지부, 「2022년 장애인활동지원 급여비용 등에 관한 고시」).

② 서비스 내용

구분	내용
신청자격	• 만 6세~만 65세 미만의 자로 혼자 일상생활과 사회생활을 하기 어려운 「장애인복지법」상 모든 등록 장애인(단, 65세 미만으로 「노인장기요양법」에 의한 장기요양 급여를 받는 사람은 제외됨) • 활동지원 급여를 받는 도중 만 65세 도래에 따라 노인장기요양인정 신청을 하여 등급외 판정을 받은 사람
서비스대상	• 만 6세 이상 만 65세 미만의 「장애인복지법」상 등록장애인 –「장애인복지법」상 서비스 지원 종합조사 결과에 따라 산출된 종합점수 42점 이상
대상자 선정	• (방문조사) 국민연금공단 직원 • (심의) 특별자치도 · 시 · 군 · 구 수급 자격 심의위원회 –직장 · 학교생활 등 복지욕구 고려 추가 선정 가능 • (선정) 특별자치도 · 시 · 군 · 구
긴급활동지원	• 가족의 사망, 가출, 행방불명, 구금 · 요양시설 입소, 입원 등으로 신청인을 돌볼 가족이 없는 경우
급여내용	• 활동지원(수급자의 가정 등을 방문하여 신체활동, 가사활동 및 이동보조 등을 지원), 방문목욕, 방문간호

<table>
<tr><th>구분</th><th colspan="3">내용</th></tr>
<tr><td rowspan="17">급여량</td><td>활동지원등급</td><td>종합점수</td><td>월 한도액</td></tr>
<tr><td>1구간</td><td>465점 이상</td><td>7,105,000원</td></tr>
<tr><td>2구간</td><td>435점 이상 ~ 465점 미만</td><td>6,660,000원</td></tr>
<tr><td>3구간</td><td>405점 이상 ~ 435점 미만</td><td>6,217,000원</td></tr>
<tr><td>4구간</td><td>375점 이상 ~ 405점 미만</td><td>5,773,000원</td></tr>
<tr><td>5구간</td><td>345점 이상 ~ 375점 미만</td><td>5,329,000원</td></tr>
<tr><td>6구간</td><td>315점 이상 ~ 345점 미만</td><td>4,885,000원</td></tr>
<tr><td>7구간</td><td>285점 이상 ~ 315점 미만</td><td>4,440,000원</td></tr>
<tr><td>8구간</td><td>255점 이상 ~ 285점 미만</td><td>3,997,000원</td></tr>
<tr><td>9구간</td><td>225점 이상 ~ 255점 미만</td><td>3,553,000원</td></tr>
<tr><td>10구간</td><td>195점 이상 ~ 225점 미만</td><td>3,109,000원</td></tr>
<tr><td>11구간</td><td>165점 이상 ~ 195점 미만</td><td>2,665,000원</td></tr>
<tr><td>12구간</td><td>135점 이상 ~ 165점 미만</td><td>2,220,000원</td></tr>
<tr><td>13구간</td><td>105점 이상 ~ 135점 미만</td><td>1,777,000원</td></tr>
<tr><td>14구간</td><td>75점 이상 ~ 105점 미만</td><td>1,333,000원</td></tr>
<tr><td>15구간</td><td>42점 이상 ~ 75점 미만</td><td>889,000원</td></tr>
<tr><td>특례</td><td>기존 수급자 중 구간외(42점 미만)</td><td></td></tr>
<tr><td>특별지원급여</td><td colspan="3">• 수급자 또는 수급자의 배우자가 출산한 경우 1,185,000원
• 거주시설 등에서 퇴소하여 자립을 준비하는 경우 297,000원
• 실질적으로 수급자를 보호하고 있는 동거가족(또는 친족)의 결혼, 사망, 출산, 입원 등으로 보호자가 일시적으로 부재한 경우 297,000원</td></tr>
<tr><td>본인부담금</td><td colspan="3">• 「국민기초생활보장법」상 생계급여 또는 의료급여 수급자: 무료
• 「의료급여법」상 의료수급권자, 「국민기초생활보장법」상 차상위계층(생계급여 또는 의료급여를 받지 아니하는 수급자와 그 가구원 포함): 2만 원
• 서비스 대상자 소득수준에 따라 본인부담금 납부
– 활동지원급여 본인부담금 상한액은 177,700원이며, 「국민연금법」 제51조 제1항 제1호에 따른 금액의 100분의 7에 해당하는 금액에 따라 매년 변동될 수 있음</td></tr>
</table>

구분	내용
서비스 제공 기관	• 장애인자립생활센터, 장애인지역사회재활시설, 지역자활센터 등 활동지원기관 −서비스 대상자가 이용을 원하는 제공기관과 계약 후 서비스 이용

출처: 보건복지부, 『2022년 장애인활동지원 급여비용 등에 관한 고시』 재작성.

(4) 자립생활을 위한 주거지원 서비스

① 장애인주거지원제도 개요

장애인 자립생활에서 주거의 기능은 단순한 거주 장소로만 바라보는 협의적 관점보다는 장애인이 자립생활을 영위하는 데 있어 주거는 자신의 결정에 의해 생활 전반을 조정·관리하고 지역사회와 다양한 사회적 관계를 형성해 가는 사회적 매개체로서 중요하게 인식되어야 한다.

장애인복지의 전반적인 사항 등을 규율하고 있는 기본법적 성격을 띠고 있는 「장애인복지법」, 모든 생활영역에서 장애를 이유로 한 차별을 금지하고 장애를 이유로 차별받은 사람의 권익을 효과적으로 구제하기 위해 2007년 4월에 제정된 「장애인 차별금지 및 권리구제 등에 관한 법률」, 장애인·고령자 등 주거약자의 안전하고 편리한 주거생활 지원을 목적으로 2012년 2월에 제정되어 시행되고 있는 「장애인·고령자 등 주거약자 지원에 관한 법률」, 국민의 주거환경과 주거수준 향상도모를 위해 제정된 「주택법」, 「주택공급에 관한 규칙」, 「공공주택 특별법 시행규칙」 등이 대표적이다.

국내에서 장애인 주거지원 관련 내용을 규정하고 있는 대표적인 법률들의 현황을 살펴보면 〈표 9-10〉과 같다.

〈표 9-10〉 장애인주거지원제도 관련 법과 주요제도

법령	조항	주요내용
「장애인복지법」	제27조	주택보급
「국민기초생활보장법」	제11조	주거급여
「장애인 차별금지 및 권리구제 등에 관한 법률」	제16조	토지 및 건물의 매매, 임대 등에 있어서의 차별금지
「장애인·고령자 등 주거약자 지원에 관한 법률」	제10조	주거약자용 주택의 의무건설
	제15조	주거개조비용 지원
	제17조	주거지원센터의 설치
「주택법」	제7조	주거종합계획의 수립
「주택공급에 관한 규칙」	제51조제2호	국민주택의 특별공급
「공공주택 특별법 시행규칙」	제14조제1항 및 별표3	영구임대주택의 입주자 선정 특례
	제15조제1항 및 별표4	국민임대주택의 입주자 선정 특례

② 서비스 내용

가. 공공주거서비스

공공주거서비스의 범위 안에서 지원받을 수 있는 주거 형태는 영구임대주택, 국민임대주택, 장기전세주택, 신축다세대매입임대 등이다.

영구임대주택의 경우 「장애인·고령자 등 주거약자 지원에 관한 법률」에 의거하여 영구임대주택의 5% 이상을 주거약자용 주택으로의 건설을 의무화하고 있으며, 「공공주택 특별법 시행규칙」 제14조에 따라 영구임대주택을 공급하는 경우 입주자 모집공고일 현재 무주택세대구성원으로서 장애인인 공급신청자를 1세대 1주택의 기준으로 1순위로 선정해야 한다.

국민임대주택도 「장애인·고령자 등 주거약자 지원에 관한 법률」, 「공공주택 특별법 시행규칙」 제15조에 따라 국민임대주택의 5%(수도권 이외 지역 3%)를 주거약자용 주택으로 건설하도록 하고 있고, 그중 20%는 장애인에게 우선 공급하도록 규정하고 있다.

국민주택은 「주택공급에 관한 규칙」에 따라 그 건설량의 10퍼센트의 범위에서 입주자모집공고일 현재 무주택세대구성원인 장애인에게 관계기관의 장이 정하는 우선순위기준에 따라 한 차례에 한정하여 1세대 1주택의 기준으로 특별 공급할 수 있으며, 주무부장관이나 특별시장 · 광역시장 · 특별자치시장 · 도지사 또는 특별자치도지사의 승인을 받은 경우 10퍼센트를 초과하여 특별 공급할 수 있다.

장기전세주택은 국가 및 지방자치단체, 한국토지공사 등에서 전세 형태의 임대 목적으로 건설하는 주택으로 장애인에게 공급물량의 20%를 우선 공급한다. 임대는 20년이며 등록장애인과 장애정도가 중한 장애인이 우선 입주대상이 된다.

신축다세대매입임대는 민간이 신축한 다세대나 연립주택을 매입하여 장기전세로 시중가격보다 저렴하게 공급하는 제도로 우선공급대상자는 「주택공급에 관한 규칙」 제32조에 의거하여 「장애인복지법」에 따른 장애인 중 등록장애인으로 하고 있다.

나. 주거비 및 주택개조 지원사업

정부 및 공공기관이 모든 장애인을 대상으로 지원하는 주거비 및 주택개조사업 내용으로는 주거급여, 국민주택기금대출, 주택개조가 있다.

주거급여는 「국민기초생활보장법」에 의거하여 「국민기초생활보장법」상의 수급자를 대상으로 한다. 지급내용은 주거안정에 필요한 임차료, 유지수선비 등이 있으며, 가구 수에 따라 차등 지급된다. 그 외 「국민기초생활보장법」에서 주거비와 관련된 지원은 주거급여와 생계급여에 포함된 주거비가 있다.

국민주택기금대출에는 전세자금과 주택구입자금이 있는데, 장애인가구는 비장애인가구에 비해 0.2% 낮은 금리를 지원받을 수 있다.

주택개조 서비스는 「장애인 · 고령자 등 주거약자 지원에 관한 법률」에 의거하여 주거약자가 있는 가구나 임대사업자로 월평균 소득이 도시근로자 가구당 월평균 소득액 이하에 해당될 경우 주택개조 시 필요한 비용을 연 2%의 저금리로 지원받을 수 있다.

2) 성년후견제도

(1) 성년후견제도의 의미

성년후견제도는 판단능력이 부족한 지적장애인, 자폐성장애인, 정신장애인을 위해 판단을 대리하거나 도와주는 제도이다. 과거의 「민법」에서는 자기판단능력이 부족하거나 미약하여 자립적인 생활이 불가능하다고 판단되는 사람은 금치산자, 한정치산자로 법원에서 선고하여 친족 중심의 후견인이 법률행위를 대리하도록 하였다. 그러나 이러한 법률행위는 본인의 의사가 전혀 반영될 수 없는 구조로 잔존능력의 무시와 인권침해의 요소가 강하여 사회적으로 큰 거부감이 있었으며 피후견인의 일상생활 삶에 미흡하였다.

성년후견제도는 심신의 장애로 인하여 판단능력이 상실되었거나 불완전한 상태인 대상자가 후견인의 도움을 받아 본인의 잔존능력을 이용하여 스스로 일상생활을 유지할 수 있도록 사회복지서비스 및 재산관리와 같은 사무처리를 지원하는 제도로서, 이들이 인권기반의 삶을 유지할 수 있게 하는 것을 목적으로 도입되었다.

우리나라의 성년후견제도는 2011년 2월 18일 「민법」 개정안이 통과되고 2013년 7월 1일부터 시행함으로써 제도화되기 시작하였다. 성년후견제도의 시행으로 본인의 의사와 잔존능력의 존중을 기본이념으로 하여 후견 범위를 개별적으로 정할 수 있도록 하였고 재산 관련 분야뿐만 아니라 치료, 요양 등 신상에 관한 분야에도 폭넓은 도움을 줄 수 있다. 또한 현재 정신적 제약이 없는 사람이라도 미래를 대비하여 성년후견제도(임의후견)를 이용할 수 있다(대한민국법원, https://help.scourt.go.kr, 2021. 12. 15. 검색).

(2) 후견신청 방법

피후견인 신청은 가정법원에 본인이 직접하거나 다른 사람(배우자, 4촌 이내의 친족, 미성년후견인, 미성년후견감독인, 한정후견인, 한정후견감독인, 특정후견인, 특정후견

감독인, 검사 또는 지방자치단체의 장)을 통해 할 수 있다.

(3) 후견인의 권한

① 후견인 개념

피후견인, 즉 판단능력이 부족한 지적장애인, 발달장애인, 정신장애인의 법정대리인을 말한다. 후견인은 피후견인에 대해 법률행위를 대리해 주는 사람이다.

후견인은 피후견인이 판단하기 어려운 부분을 대신 판단해 주는 것을 말하며 모든 것을 대신 결정해 주는 것이 아니고, 가정법원에서 지정한 사항에 대해서만 효력이 있다. 그리고 이러한 후견인의 대리행위는 법률적인 책임이 뒤따른다. 성년후견인의 선임은 가정법원 판사의 심판에 의해 결정된다.

② 후견인의 유형

후견인은 법적 권한에 따라 4가지 유형으로 구분된다. 법적 권한은 「민법」에서 부여받고 가정법원 판사가 개별적으로 지명한 후 실현된다.

〈표 9-11〉 후견인의 유형

후견인의 유형	개정 「민법」에서 부여된 명칭
전면적 대리권 및 동의권, 취소권을 갖는 후견인	성년후견인
제한적 대리권 및 동의권, 취소권을 갖는 후견인	한정후견인
특정한 대리권 및 동의권, 취소권을 갖는 후견인	특정후견인
본인이 공정증서로 계약한 후견인	임의후견인

③ 후견인의 권한행사의 범위 및 원칙

가정법원은 성년후견인에게 피성년후견인의 신상에 관하여 결정할 수 있는 권한의 범위를 정하고 있다(「민법」 제938조 제3항). 후견인은 성년후견인의 신상보호 결정권을 대행할 때 보충적인 입장에서 대리해야 한다(「민법」 제947조의2 제1항). 즉,

피성년후견인이 자신의 신상에 대해 단독으로 결정할 수 있을 경우에는 피성년후견인의 결정에 따라야 한다.

(4) 후견인의 의무

후견인은 본인의 의사존중(자기결정원칙, 잔존능력 활용)과 신상배려의무, 선량한 관리자의 주의의무, 피후견인의 일상생활에 대한 세심한 배려의무, 피후견인과의 이익 상충에 대한 엄격한 주의의무를 가진다.

(5) 후견사무의 유형

후견인의 후견사무는 법적으로 포괄하여 규정되어 있다. 후견사무는 생활관계에 따라 크게 재산관리, 신상보호 2가지로 구분되는데 본질은 본인의 의사결정을 대리함으로써 인권을 보장하는 데 있다. 가정법원이 성년후견인 또는 한정후견인에게 신상에 관하여 결정할 권한을 부여하더라도 피후견인이 신상에 관하여 스스로 결정할 의사능력이 있을 때에는 후견인이 그 권한을 행사할 수 없다.

3) 발달장애인지원서비스

발달장애인은 그 특성상 의사소통 및 인지능력의 부족으로 자기결정권이나 자기보호에 어려움을 겪게 되는 경우가 많아 다양한 행동상의 문제를 동반하거나 성폭력, 학대, 무시 그리고 경제적 착취 같은 인권침해에 노출될 가능성이 가장 높은 장애유형으로 일상생활에 다양한 지원이 필요하다.

2014년 특정 장애유형에 있어서 최초로 발달장애인과 그 가족을 대상으로 한 「발달장애인 권리보장 및 지원에 관한 법률」(이하 「발달장애인법」)을 제정하였으며, 이 법에 근거하여 다음과 같은 서비스가 지원되고 있다.

(1) 조기발견 서비스

발달장애의 조기발견과 조기중재의 효과와 그 중요성은 이미 국내외의 많은 연구들을 통해 입증되어 왔다. 장애의 완화와 2차적인 장애의 예방, 그리고 성인기 발달장애인에 투여되는 사회적 비용의 절감 등 개인적으로도 또한 사회적으로도 긍정적 효과가 있다. 국내 장애관련 법률 중에 조기발견에 대해 명시하고 있는 법률은 「장애인 등에 대한 특수교육법」 제5조와 제14조, 「발달장애인 권리보장 및 지원에 관한 법률」 제23조, 「장애아동복지지원법」 제12조가 대표적이다.

발달장애의 조기발견 정책 중에 하나인 '영유아건강검진 사업'은 2007년부터 시행되었고, 만 6세 미만의 영유아를 대상으로 한다. 영유아건강검진을 실시한 결과 선별에 의해 확인된 영유아는 문제를 가지거나 가지지 않을 수도 있으며, 발달장애가 의심되는 영유아에 대해서는 지원요건을 충족할 경우에 발달장애 정밀진단 비용과 진찰료를 지원한다(한국장애인개발원, 2017: 636).

(2) 보건의료 및 발달서비스

① 보건의료

발달장애인은 보건의료서비스를 이용할 때 의사소통으로 인한 어려움을 경험하며, 의사소통 지원 등 특화된 의료 서비스 지원을 필요로 한다. 2015년 11월에 시행된 「발달장애인 권리보장 및 지원에 관한 법률」에 따라 설치된 거점병원(「발달장애인법」 제24조) 및 행동발달증진센터(「발달장애인법」 제24조)는 발달장애인 맞춤형 의료지원을 위한 출발선이 되고 있다. 현재 거점병원과 행동발달증진센터는 통합·운영되고 있으며, 양산부산대학교병원과 한양대학병원이 거점병원으로 선정되고 행동발달증진센터를 운영하고 있다.

거점병원에서는 별도의 진료 코디네이터를 두어 발달장애인의 예약부터 진료 전 과정을 안내·지원한다. 또한 소아청소년과, 정신건강의학과, 치과 등 발달장애 관련 진료부서 간의 협진을 통해 발달장애인에게 의료 서비스를 제공한다.

행동발달증진센터는 사회복지시설, 특수학교 등에서 효과적으로 개입하기 어려운 중증도 발달장애인을 대상으로, 그들의 자해·공격 등 행동문제를 근거 기반 치료법을 통해 완화하고 있다(한국장애인개발원, 2017: 637-638).

② 발달재활서비스

「장애아동지원법」 제21조(발달재활서비스지원)에 의하면 "국가와 지방자치단체는 장애아동의 인지, 의사소통, 적응행동, 감각·운동 등의 기능향상과 행동발달을 위하여 적절한 발달재활 서비스를 지원할 수 있다"고 규정하고 있다. 발달재활서비스의 대상자 선정은 장애아동 연령, 장애유형, 소득을 기준으로 한다.

먼저 연령은 만 18세 미만을 기준으로 하며, 재가 및 시설입소아동을 포함하며, 다만, 등록이 안된 영·유아(만 6세 미만)의 경우 시각·청각·언어·지적·자폐성·뇌병변 장애가 예견되어 발달재활서비스가 필요하다고 인정한 의사진단서와 검사자료로 대체가능하다. 소득기준은 전국가구평균소득 150% 이하로 소득에 따라 지원금을 차등 적용하며, 기초생활수급자 및 차상위 계층은 타 복지급여(행복e음, 증명서 등) 수령 여부 등에 의해 판단하며, 차상위 초과 전국가구평균소득 150% 이하는 건강보험료 본인부담금액을 토대로 판정한다(한국장애인개발원, 2017: 638).

(3) 보육 및 교육지원서비스

① 보육지원

장애영유아 보육지원사업은 「장애아동복지지원법」 제22조 보육지원과 「영유아보육법」 제34조 무상보육에 근거하여 실시되고 있다. 2014년 장애인실태조사에 따르면 발달장애아동은 타 장애유형의 장애아동에 비해 장애아통합 어린이집과 장애전담 어린이집을 이용하는 비율이 높다.

② 교육지원

현재 모든 지역교육청에 특수교육지원센터가 설치(199개)되어 장애 발견·진단·

배치 등의 기능을 수행하고 있으며, 특수학교 및 특수학급 수는 최근 5년 동안 연평균 330학급이 증가하였다(교육인적자원부, 2016). 반면에 최근 학교수준이 올라갈수록 일반학교에 다니던 장애학생들이 특수학교에 돌아가는 사례들이 있으며(박은혜 외, 2015; 보건복지부·한국보건사회연구원, 2015), 통합교육의 질적인 성과에 대한 검토의 필요성이 지속적으로 제기되고 있다(한국장애인개발원, 2017: 643).

(4) 돌봄 및 가족지원

① 돌봄

발달장애인에 대한 돌봄은 「발달장애인 권리보장 및 지원에 관한 법률」 제29조(거주시설·주간활동·돌봄지원)에 법률로 지원하도록 하고 있다. 돌봄지원은 지속적인 도움이 필요한 발달장애인 아동 및 가족에게 꼭 필요한 지원 서비스이다.

발달장애아동의 돌봄지원은 보육과 교육, 사회복지서비스가 결합되어 다양한 형태로 존재하고 있으며, 영유아기에서 고등학교를 졸업할 때까지 어린이집과 유치원, 학교 등에서 일정한 돌봄을 제공받을 수 있다(한국장애인개발원, 2012). 또한 중증장애(1급~3급)를 가진 발달장애아동은 장애아돌보미와 활동지원사를 파견하는 장애아가족 양육지원사업과 장애인활동지원사업을 통해 돌봄을 지원받고 있다(한국장애인개발원, 2017: 645).

② 가족지원

발달장애인은 일상생활에도 도움이 필요한 장애정도가 중한 장애인이 많아 발달장애인 돌봄을 주로 담당하는 부모들은 여가, 경제적·사회적 활동이 사실상 곤란하다. 「발달장애인법」에 근거하여 현재 진행되고 있는 발달장애인 가족을 위한 지원 정책으로 발달장애인 부모상담지원사업, 발달장애인 가족휴식지원사업, 발달장애인 부모교육사업 등이 있다(한국장애인개발원, 2017: 645).

(5) 권리구제 및 공공후견

① 발달장애인 권리구제사업

발달장애인 권리구제사업은 발달장애인이 형사사건의 당사자(피해자, 가해자)가 된 경우 발달장애인의 권익옹호를 위하여 보호조치, 형사·사법절차지원 등을 수행하는 사업으로, 2015년 11월 21일 「발달장애인 권리보장 및 지원에 관한 법률」(이하 「발달장애인법」)이 시행된 이후 2016년 1월부터 시행되고 있다. 본 사업은 「발달장애인법」 제12조 내지 제17조에 근거하고 있으며, 발달장애인의 사회참여를 촉진하고, 권리를 보호하며, 인간다운 삶을 영위하는 데 이바지함을 목적으로 한다(한국장애인개발원, 2017: 648).

② 발달장애인 공공후견지원사업

발달장애인 공공후견지원사업은 의사결정능력 부족으로 어려움을 겪고 있는 성인 발달장애인에게 자립적인 사회생활과 법률행위 등에 도움을 받을 수 있도록 '후견인' 선임을 지원하고, 후견활동에 대한 모니터링 및 감독을 통해 안정적인 후견서비스를 제공하는 사업으로, 2013년 9월부터 시행되었으며, 시범사업을 거쳐 한국장애인개발원 발달장애인지원센터가 2015년 2월부터 보건복지부로부터 본 사업을 위탁받아 현재까지 운영하고 있다(한국장애인개발원, 2017: 649).

(6) 고용 및 직업재활서비스

① 고용

1990년 「장애인고용촉진 등에 관한 법률」이 제정·시행된 이래 지난 24년간 장애인 고용률은 1991년 0.43%에서 2015년 2.51%로 5배 이상 크게 증가하였다. 그중 발달장애인의 고용은 타 장애유형에 비해 증가하여 2013년 3.9%에서 2015년 6.0%로 2.1% 증가를 보였다.

그러나 아직 많은 발달장애인은 일반고용으로 전이되지 못하고 직업재활시설에서 보호고용형태로 고용되어 근무를 하고 있으며, 2014년 기준 전국 541개 직업재활시설 중 근로장애인 15,651명 가운데 지적장애인 11,355명(72.5%), 자폐성장애인 737명(4.7%)으로 발달장애인이 77.2%를 차지하고 있다(한국장애인개발원, 2015).

② 직입재활서비스

국제노동기구(ILO)는 장애인 직업재활에 관한 권고(제99호)에서 직업재활을 “직무지도와 훈련, 취업알선 등의 직업적 서비스를 포함한 연속적이고 협력적인 재활과정의 일부로 장애인이 적절한 고용을 확보하고 유지할 수 있도록 돕는 것”이라고 정의하고 있다. 따라서 직업재활의 궁극적인 목표는 장애인이 자신의 능력과 적성에 맞는 직업을 찾아서 취업하고, 그 직무에 만족하며 적응하여 시민으로서의 역할을 수행할 수 있도록 하는 것이다(강위영 외, 2013).

한국장애인개발원에서는 2013년 발달장애인 특화형 일자리인 발달장애인 요양보호사 보조일자리 사업을 실시하였고, 이듬해 재정지원 일자리 사업 본 사업에 편성되어 매년 꾸준히 참여인원을 확대하며 발달장애인의 직업재활을 위해 노력하고 있다. 또한, 일반노동시장으로의 성공적인 진입을 위한 장애정도가 중한 장애인의 현장중심 직업훈련 및 고용연계 사업인 퍼스트잡(First Job)을 실시하고 있다. 2016년 18세 이상 장애정도가 중한 장애인 훈련생 48명 중 22명이 취업에 성공할 정도로 유익한 사업으로 2017년 참여기관을 추가 모집하여 사업을 실시하고 있다. 한국장애인고용공단에서 역시 발달장애인의 직업훈련을 목적으로 2016년 서울특별시발달장애인훈련센터를 오픈하여 제조직무, 제과제빵, 의류분류, 우편분류 등의 직무훈련을 실시하고 있다(한국장애인개발원, 2017: 652).

(7) 발달장애인 주간활동서비스

① 주간활동서비스 이용대상

발달장애인 주간활동서비스란 발달장애인이 낮 시간에 의미 있는 하루, 바람직한 하루를 보낼 수 있도록 발달장애인의 욕구를 반영한 서비스를 제공하여 장애인의 자립과 사회참여를 지원하기 위해 2019년 3월부터 실시된 제도이다.

주간활동서비스는 「장애인복지법」상 등록된 지적 및 자폐성 장애인이 이용할 수 있는 서비스로, 만 18세 이상 만 65세 미만인 자가 신청할 수 있다(한국장애인개발원, 2019: 286).

② 주간활동서비스 전달체계

주간활동서비스 사업을 총괄하는 역할은 보건복지부로, 사업에 대한 전반적인 관리·감독을 실시하며 사업을 지원한다. 또한 각 지방자치단체에서는 수급자격위원회를 구성하여 서비스 이용자를 결정하며, 주간활동 제공기관을 선정 및 관리·지원하는 역할을 한다. 또한, 중앙 및 지역발달장애인지원센터에서는 서비스 이용자를 선정하기 위한 조사를 실시하며 주간활동 제공기관 모니터링 및 프로그램 컨설팅을 진행한다. 실제로 발달장애인 이용자에게 서비스를 제공하는 기관에서는 주간활동 사업을 계획하고 프로그램을 연계하는 역할을 한다. 사회보장정보원에서는 지방자치단체의 예탁금을 관리하며 바우처를 지급하고 정산한다(한국장애인개발원, 2019: 285).

③ 주간활동서비스 내용

주간활동서비스의 프로그램은 발달장애인이 낮 시간에 주도적으로 참여하면서 의미 있게 보낼 수 있는 활동으로 구성된다. 주간활동 프로그램은 크게 참여형과 창의형으로 나누어져 있으며, 이용자의 욕구에 맞게 적합하게 프로그램이 구성된다. 참여형 프로그램은 자조모임(티타임, 동아리, 독서모임 등), 건강증진활동(산책, 걷기, 수영, 등산, 요가, 볼링, 탁구, 농구 등), 교육(일상생활 자립, 권리, 성인권 및 안전 교육 등), 문화관람(연극, 영화관람, 미술관 및 박물관 이용), 직장탐방, 캠프 등이 있으며, 창의형 프로그램에는 자조모임, 음악활동, 미술활동, 도예, 사진 찍기, 기타 창작 활동 등이 있다. 프로그램에 참여하는 이용자는 2~4인의 소그룹에 속해, 제공기관 및 외부 협력기관을 통해 주간활동 서비스를 이용할 수 있다(한국장애인개발원, 2019: 287).

CHAPTER 10

장애인 접근권

1. 접근권의 의미
2. 접근권의 원칙
3. 접근권의 내용
4. 무장애 환경
5. 접근권의 과제와 전망

고속버스터미널 등 여객시설에 시각장애인 인적서비스 미제공은 이동권 침해

국가인권위원회(위원장 최영애)는 고속버스터미널 등 여객시설을 설치·운영하는 교통사업자가 시각장애인 이동권 보장을 위해 안내보조 등 인적서비스를 제공할 수 있도록 국토교통부장관에게 「교통약자의 이동편의 증진법 시행령」 제15조 제3항을 개정하도록 권고했다.

인권위는 고속버스터미널 등 여객시설에서 시각장애인의 이동을 돕는 안내보조 등 인적서비스를 제공하지 않아 이용편의 개선을 위한 법령 개정을 요구하는 진정 등을 지난해 다수 접수했다.

이에 대해 국토교통부는 인적서비스 제공 의무가 법령에 의무적으로 규정할 사항이 아니고, 교통사업자가 각 여객시설의 장애인 이용수요와 이동편의시설 설치 여건 등에 맞게 교육·훈련 프로그램, 매뉴얼에 따라 제공할 사항이라고 밝혔다.

열차와 비행기 등 교통사업자를 살펴보면, 코레일(KORAIL)은 보호자 없이 이동하는 휠체어이용자, 시각장애인 등 불편이 있는 고객에게 '장애인·노약자 도우미'를 운영하고 있고, 인천공항은 여객터미널 앞에 도움을 요청하는 전화 수화기를 설치해 장애인에게 인적 편의를 제공하고 있다.

또한 올해 초 인권위는 한국도로공사와 협의, 홈페이지와 모바일 'hi-쉼마루' 어플리케이션을 통해 전국 193개 고속도로 휴게소에서 시각장애인이 인적서비스를 받을 수 있도록 조치했다. 실효적 이행을 위한 모니터링도 병행했다.

그러나 코레일과 인천공항은 법령에 따른 것이 아니라 자체 규정으로 인적서비스를 제공하고 있고, 한국도로공사는 인권위와 협의를 통해 인적서비스를 제공하고 있다. 이들 사업자 역시 상황의 변화에 따라 추후 인적서비스를 줄이거나 폐지할 가능성이 생길 수도 있다.

현재 「교통약자법 시행령」 제15조 제3항은 여객시설을 설치·운영하는 교통사업자가 법 제17조 제1항에 따라 교통약자에게 제공해야 하는 편의의 종류로 한국수어·통역서비스, 휠체어·점자안내책자·보청기기, 공중팩스 등 물적 서비스에 대해 규정하고 있고, 안내보조 등 인적서비스에 대해 규정하는 별도의 근거는 없는 상황이다.

따라서, 인권위는 국토교통부장관에게 고속버스터미널 등 여객시설을 설치·운영하는 교통사업자가 안내보조 등 인적서비스를 제공할 수 있도록 「교통약자법 시행령」 제15조 제3항을 개정, 시각장애인에 대한 이동권 보장을 권고했다.

출처: 국가인권위원회 장애인차별조사1과(2018.11.15.).

1. 접근권의 의미

장애인복지의 목적은 사회통합과 노멀라이제이션의 실현이며, 장애인 접근권[1]은 장애인의 사회통합과 노멀라이제이션을 실현하기 위한 중요한 수단이다. 장애인 접근권은 물리적 접근뿐만 아니라 문화예술 등에 대한 접근을 의미하는 정보이용을 포함하는 개념이라고 할 수 있다. 즉, 장애인 접근권은 교육, 의료, 직업, 문화, 오락, 그리고 복지 등의 활동과 서비스를 이용하는 경우에 반드시 선행되어야 하는 일상생활에 대한 권리이며, 일상생활에서 장애인의 선택과 결정이 수용되고 사회참여가 보장되는 구체적 방법이라고 할 수 있다.

장애인의 접근권은 제반 환경을 개선하여 물리적 장벽이 제거되어 자유로운 이동이 보장되고 정보를 활용할 수 있도록 장애인에 대한 사회적 차별이나 억압이 제거되어야 하는 당연한 권리이다. 장애와 비장애는 명확하게 구분되는 기준을 가지고 있는 것이 아니며, 사회적 약속에 의하여 규정되기 때문에 접근권의 문제도 동일한 차원에서 접근되어야 한다.

장애인 접근권의 의미는 1993년의 세계인권대회에서 채택된 '비엔나 선언 및 행동 계획'에 잘 나타나 있다. "세계대회는 모든 인권과 기본적 자유는 보편적이며, 따라서 따로 규정을 두지 않더라도 장애인들을 포함하는 것임을 재확인한다. 모든 사람은 평등하게 태어나며 생명과 복지, 교육과 노동, 독립적 삶과 사회 모든 측면에 대한 적극적 참여에 대하여 똑같은 권리를 가진다. 그러므로 장애인에 대한 어떠한 직접적 차별이나 기타 소극적인 차별적 처우도 그 권리에 대한 침해이다. 세계대회는 각국 정부가 필요한 경우에는 장애인에게 이들 및 기타 권리에 대한 접근을 보장해 줄 입법을 채택하거나 체계화할 것을 촉구한다." 즉, 장애인의 접근권을 비장애인과 동등하게 인정하고 있을 뿐만 아니라 국가의 책임을 언급하고 있다. 이

1) 장애인 접근권은 장애인 권리의 일부이며, 장애인의 권리는 생존권, 생활권, 노동권, 교육권, 접근권, 보육권, 건강권, 문화향유권, 거주이주권, 보행권, 이동권, 선거권 등으로 구분하고 있다(한국장애인단체총연맹, 2000: 55 참고).

러한 행동 계획에서 강조하는 것처럼 장애인 접근권은 장애인이 얻고자 원하는 정보에 접근할 수 있는 권리가 사회환경적으로 보장되어야 하는 것을 말한다.

이와 같이 접근권은 장애인이 개인적 차원에서 장애를 극복하거나 벗어나는 것을 의미하는 것이 아니라 장애인에 대한 차별과 배제라는 사회적 장벽으로부터의 억압이 제거되어야 하며, 사회통합과 참여라는 목표를 달성하기 위하여 반드시 보장되어야 하는 정당한 권리이다. 우리나라는 1997년 4월에 장애인의 완전한 사회통합과 참여를 보장하기 위하여 「장애인·노인·임산부 등의 편의증진 보장에 관한 법률」(이하 「편의증진법」이라 함)이 제정되어 공공건물과 공중이용시설을 이용하고 접근할 수 있도록 법제화하였으며, 2005년에 1월에는 「교통약자의 이동편의 증진법」(이하 「교통약자법」이라 함)이 제정되었다.

「편의증진법」과 「교통약자법」의 근본 취지는 장애인에 대한 사회구조적 차별을 금지하고자 하는 것이며, 나아가 인간으로서의 존엄과 가치를 존중하자는 것이다. 장애인도 권리의 주체로서 장애인에 대한 직접적 차별이나 소극적 차별을 거부하고 당당하게 법률상 부여된 권리를 이용하고 활용할 수 있게 된 것이다.

울펜스버거(Wolfensberger)는 사회통합에 이르는 방법으로 가치 있는 물리적·사회적 환경 내에서 가치 있는 사회적 역할에 종사함으로써 완전한 참여의 실현을 강조하였다. 이러한 완전한 참여는 접근권이 보장될 때 가능하다는 것은 두말할 나위가 없다. 울펜스버거가 강조한 것은 장애인의 기본적 인권이며, 기본적 인권은 자립생활의 보장을 통하여 보다 효과적으로 이루어진다. 자립생활은 장애인이 자기주도권을 가지고 삶의 질을 향상하기 위한 선택과 결정에 의하여 이루어진다.

장애인의 접근권은 궁극적으로 볼 때 지역사회로의 완전한 참여와 통합을 의미하며, 장애인이 보호의 대상이 아니라 적극적 권리를 가진 삶의 주체로서 스스로 판단하고 선택하여 결정할 수 있는 기회를 가진다는 것을 의미하는 것이다.

2. 접근권의 원칙

1) 접근권의 법적 근거

접근권은 장애인이 지역사회에서 자립생활을 가능하게 하는 기본적 권리이며, 사회참여를 통하여 평등을 실현할 수 있는 전제 조건이다. 접근권은 물리적 접근권, 이동권, 정보접근권으로 구분할 수 있다.

접근권에 이르는 가장 기초적 방법이 공간 이동이라고 할 수 있다. 공간 이동과 관련된 접근권을 이동권이라고 할 수 있으며, 이동권을 확보하기 위한 법적 근거는 장애인의 편의시설 확보에 관한 법률로서 1997년 4월 11일에 「장애인·노인·임산부 등의 편의증진 보장에 관한 법률」(이하 「편의증진법」이라 함)이 제정되었다.

「편의증진법」은 "장애인, 노인, 임산부 등이 생활을 영위함에 있어 다른 사람의 도움 없이 안전하고 편리하게 시설 및 설비를 이용하고 정보에 접근하도록 보장함으로써 이들의 사회활동 참여와 복지 증진에 이바지함을 목적으로 하는 법"이다.

「편의증진법 시행령」 제4조에는 접근권에 대하여 "장애인 등은 인간으로서의 존엄과 가치 및 행복을 추구할 권리를 보장받기 위하여 장애인 등이 아닌 사람들이 이용하는 시설과 설비를 다른 사람의 도움 없이 동등하게 이용하고 장애인 등이 아닌 사람이 접근할 수 있는 정보에 다른 사람의 도움 없이 자유롭게 접근할 수 있는 권리를 가진다"고 명시하여 물리적 접근권과 정보에 관한 접근권을 구분하고 있다.

「편의증진법」에서 명시한 편의시설은 장애인의 신체적 불편함을 해소하여 이동이나 활동을 편리하게 도와주는 역할을 수행하고 장애인이 스스로 활동성을 강화하여 외부의 지원을 필요로 하지 않아 인력과 예산을 감축할 수 있고 나아가 장애인이 사회에 통합되어 주체적 삶을 영위할 수 있다는 점에서 심리적 지지 효과를 가지고 있다(숭실대학교 장애인복지연구회, 2004: 388).

현실적으로 「편의증진법」의 의미는 개인의 사적 공간을 제외하고 모든 건물에 편의증진시설을 설치하도록 하였으며, 실효성을 높이기 위하여 다양한 행정 형벌을 도입하고 있고, 편의시설 설치를 위한 기금을 설치한다는 특성을 가지고 있다.

또한 장애인뿐만 아니라 노인과 임산부 등으로 이용 대상을 확대하였으며, 다소 부족하지만 접근권을 명시함으로써 다양한 기회를 제공받을 수 있는 근거를 확보하였다는 점에서 의미를 찾을 수 있다. 따라서 「편의증진법」의 제정은 장애인에 대한 사회적 장벽을 제거하고 동등한 권리를 가진 시민으로 인식하는 시도이며 일상생활에서의 자립을 보장하기 위한 방법이다. 즉, 의도적이든 아니든 장애인을 비롯하여 신체가 불편한 시민들의 접근권을 억압하고 차별한 것에 대하여 법률로 금지하는 차별금지법이라고 할 수 있다.

2) 접근권의 원칙

장애인의 접근권은 장애인의 완전한 사회참여와 평등을 보장하기 위한 기본권에 해당된다. 따라서 장애인의 기본권을 보장하지 못하는 것은 장애인에 대한 사회적 차별이며 억압이라고 할 수 있다. 장애인에 대한 사회적 편견과 이해 부족으로 기본적 인권이 침해당하고 있기 때문에 장애인의 이동 욕구를 모든 국민들의 보편적 욕구로 인식함으로써 장애인의 권리는 보장될 수 있다. 따라서 장애인의 접근권은 다음의 원칙을 지킴으로써 완전하게 보장될 수 있다. 「편의증진법」의 내용을 중심으로 살펴보자.

(1) 안전성의 원칙

법 제1조 목적에서 명시하고 있듯이 임시적이고 형식적인 차원의 접근권이 아니라 영구적이고 편리하며 신변의 안전을 보호할 수 있는 접근권의 확보가 보장되어야 한다. 임기응변식으로 이동 수단을 마련하거나 부분적으로 시설을 설치함으로써 장애인의 생명과 신체에 위험을 초래하는 것은 생명권을 위협하는 행위이다.

(2) 편리성의 원칙

법 제1조 목적에서는 편리성을 강조하고 있으며, 제3조에서는 최단 거리로 이동할 수 있도록 설치할 것을 규정하고 있다. 장애인은 신체적으로 조금 더 불편함을 가진 사람이다. 모든 접근권은 사회적 약자를 중심으로 구성됨으로써 모든 사람들이 편리하게 이용할 수 있다. 장애인의 접근권은 편안하게 이용하고 쾌적하게 사용할 수 있도록 보장되어야 한다.

(3) 유용성의 원칙

장애인만의 특별한 대우의 접근성이 아니라 보편적 수단으로서의 접근성이 보장될 때 접근성이 확보된다. 접근권은 특별한 방법으로 이원화함으로써 제공될 수 있다. 그러나 이원화된 특별 방법은 결과적으로 장애인의 선택을 배제하고 특별한 수단을 강제화하는 것이다. 즉, 장애인의 접근권이 유용하게 이용되지 않고 제한적으로 제공됨으로써 불편함을 초래한다. 따라서 보편적 수단으로서의 접근성 보장이 이루어져야 한다.

(4) 즉시성의 원칙

장애인의 욕구와 선택으로 항시 이용할 수 있는 접근권이 보장되어야 한다. 언제 어디서나 장애인이 편리하게 대중교통수단을 이용하여 원하는 곳에 원하는 시간에 접근권이 확보되는 것이 중요하다.

3. 접근권의 내용

1) 접근권의 범위

장애인의 접근권은 기본적으로 시설 등의 물리적 공간을 이용할 수 있는 물리적 접근권과 교육·노동·문화·통신·예술생활을 향유할 수 있는 정보 접근권을 의미한다. 하지만 물리적 접근권과 정보 등에 대한 접근권을 가지기 위한 공간 이동 방법으로서 이동권을 포함하는 것이 일반적이다(숭실대학교 장애인복지연구회, 2004: 387). 「장애인·노인·임산부 등의 편의증진 보장에 관한 법률」(이하 「편의증진법」이라고 함) 제4조에서 장애인 접근권을 다음과 같이 정의하고 있다. “장애인 등은 인간으로서의 존엄과 가치 및 행복을 추구할 권리를 보장받기 위하여 장애인 등이 아닌 사람들이 이용하는 시설과 설비를 동등하게 이용하고 정보에 자유롭게 접근할 수 있는 권리를 가진다.” 이를 상세하게 설명하면 다음과 같다.

(1) 물리적 접근권

물리적 접근권은 장애인이 일상생활과 사회적 활동을 수행하기 위한 물리적 시설물에 아무런 장벽 없이 접근할 수 있거나 필요한 각종 편의를 제공받을 수 있는 권리를 말한다. 장애인의 물리적 접근권과 관련한 내용은 「편의증진법」에 정하고 있다. 물리적 접근권에 대한 내용은 장애인의 사회통합을 촉진하기 위한 수단이므로 구체적으로 살펴볼 필요가 있다. 「편의증진법」에 기초하여 살펴보면 국가 및 지방자치단체의 책임과 의무에 대한 것으로 국가 및 지방자치단체의 의무(제6조), 시설주관기관의 실태 조사 및 설치 계획 수립, 시행(제2조, 제11조) 의무를 규정하고 있으며, 공공건물 및 공중이용시설에 대하여 휠체어 등을 비치하여 무료 또는 실비로 이용하도록 하고(제16조), 편의시설설치촉진기금을 설치(제18조)하여 편의시설 설치에 필요한 자금을 융자하거나 보조사업을 수행하도록 하였다.

따라서 국가는 민간이 편의시설 설치 시 금융, 기술지원 등을 실시하며 설치비용에 대하여는 조세관계법령이 정하는 바에 따라 조세를 감면하도록 한다. 시장, 군수, 구청장은 소관 대상 시설의 설치 및 운영에 관하여 지도, 감독을 하는 한편 편의시설 실태 조사를 실시하고 연도별, 대상 시설별 편의시설 설치 계획을 수립, 시행하여야 한다. 편의시설을 설치하지 않은 경우에는 이행강제금으로 설치 의무자에게 3천만 원 이내에서 편의시설 설치에 필요한 비용의 20/100에 상당하는 금액을 연 1회 과태료로 부과하도록 하였다.

편의시설은 사적 사용 건물 이외에 모든 건물에 반드시 설치하도록 강제화하고 있다. 「편의증진법 시행령」 제3조에서는 물리적 접근을 보장하는 편의시설 설치 대상 시설을 공원, 공공건물 및 공중이용시설, 공동주택, 그리고 통신시설로 정하고 있다. 이 중에서 공공건물 및 공중이용시설은 제1종 근린생활시설 및 제2종 근린생활시설, 문화 및 집회시설, 종교시설, 판매시설, 의료시설, 교육연구시설, 노유자시설, 수련시설, 운동시설, 업무시설, 숙박시설, 공장, 자동차 관련 시설, 교정시설, 방송통신시설, 묘지 관련 시설, 관광휴게시설 및 장례식장으로 규정하고 있다. 공공건물 및 공중이용시설을 상세하게 구분하면 〈표 10-1〉과 같다.

〈표 10-1〉 편의시설 설치 대상 시설의 범위(시행령 제3조 [별표 1] 참조)

구분	대상 시설의 범위
공원	자연공원, 도시공원 및 공원시설
공공건물 및 공중이용시설	불특정 다수인이 이용하는 건축물, 시설 및 부대시설
공동주택	아파트, 연립주택(10세대 이상), 다세대주택(10세대 이상) 및 부대 복리시설, 기숙사
통신시설	공중전화, 우체통

출처: 한국장애인개발원(2019: 87).

〈표 10-2〉 공공건물 및 공중이용시설의 종류(시행령 제3조 [별표 1] 참조)

구분	대상시설	바닥면적
1종근린 생활시설	수퍼마켓, 일용품(식품 · 잡화 · 의류 · 완구 · 서적 · 건축자재 · 의약품 · 의료기기 등) 등의 소매점	300~1,000m^2 이상
	이용원 및 미용원, 목욕장	500m^2 이상
	지역자치센터, 파출소, 지구대, 우체국, 보건소, 공공도서관, 국민건강보험공단 · 국민연금공단 · 한국장애인고용공단 · 근로복지공단 및 그 지사 등	1,000m^2 미만
	대피소, 공중화장실	
	의원 · 치과의원 · 한의원 · 조산소(산후조리원 포함)	500m^2 이상
	지역아동센터	300m^2 이상
2종근린 생활시설	일반음식점, 휴게음식점, 제과점	300m^2 이상
	공연장(극장 · 영화관 · 연예장 · 음악당 · 서커스장 등)	관람석 면적 300m^2 이상
	안마시술소	500m^2 이상
문화 및 집회시설	공연장(극장 · 영화관 · 연예장 · 음악당 · 서커스장 등)	관람석 면적 500m^2 이상
	집회장(예식장 · 공회장 · 회의장 등)	500m^2 이상
	관람장(경마장 · 자동차경주장 등)	
	전시장(박물관 · 미술관 · 과학관 · 기념관 · 산업전시장 · 박람회장 등)	500m^2 이상
	동 · 식물원(동물원 · 식물원 · 수족관 등)	300m^2 이상
종교시설	종교집회장(교회 · 성당 · 사찰 · 기도원 등)	500m^2 이상
판매시설	도매시장 · 소매시장 · 상점	1,000m^2 이상
의료시설	병원(종합병원 · 병원 · 치과병원 · 한방병원 · 정신병원 · 요양병원), 격리병원(전염병원 · 마약진료소 등)	
교육연구 시설	학교(유치원 · 초등학교 · 중학교 · 고등학교 · 전문대학 · 대학교 기타 각종 학교)	
	교육원(연수원 등) · 직업훈련소 · 학원(자동차학원, 무도학원 제외) 등	500m^2 이상
	도서관	1,000m^2 이상

구분	대상시설	바닥면적
노유자시설	제1종 근린생활시설에 해당하지 아니하는 아동 관련 시설(어린이집 · 아동복지시설 등), 노인복지시설 및 기타 사회복지시설(장애인복지시설 포함)	
수련시설	생활권수련시설(청소년수련관 · 청소년문화의 집 · 유스호스텔 등)	
	자연권수련시설(청소년수련원 · 청소년야영장 등)	
운동시설	체육관, 운동장(육상 · 구기 · 볼링 · 수영 · 스케이트 · 롤러스케이트 · 승마 · 사격 · 궁도 · 골프 등)과 운동장에 부수되는 건축물	500㎡ 이상
업무시설	국가 또는 지방자치단체의 청사(제1종 근린생활시설 해당 시설제외)	
	국민건강 보험공단 · 국민연금공단 · 한국장애인고용공단 · 근로복지공단 및 그 지사	1,000㎡ 이상
	일반업무시설(금융업소 · 사무소 · 신문사 · 오피스텔 등)	500㎡ 이상
숙박시설	일반숙박시설 및 생활숙박시설(객실 수 30실 이상), 관광숙박시설(관광호텔 · 수상관광호텔 · 한국전통호텔 · 가족호텔 · 호스텔 · 소형호텔	
공장	물품의 제조 · 가공 또는 수리에 계속적으로 이용되는 건축물로서 「장애인 고용촉진 및 직업재활법」에 따라 장애인고용 의무가 있는 사업주가 운영하는 시설	
자동차 관련 시설	주차장, 운전학원	
교정시설	교도소 및 구치소	1,000㎡ 이상
방송통신시설	방송국 · 전신전화국 등	
묘지 관련 시설	화장시설, 봉안당(종교시설에 해당되는 것 제외)	
관광휴게시설	야외음악당 · 야외극장 · 어린이회관 등	1,000㎡ 이상
	휴게소	300㎡ 이상
장례식장	장례식장(의료시설의 부수시설은 제외)	500㎡ 이상

구분	대상시설	바닥면적
공동주택	아파트	
	다세대주택, 연립주택	10세대 이상
	기숙사(학교 또는 공장에 부설된 시설로 30인 이상이 기숙하는 것)	

출처: 한국장애인개발원(2019: 88-89).

편의시설의 종류는 매개시설, 내부시설, 위생시설, 안내시설, 그리고 기타 시설로 구분할 수 있다. 매개시설은 건축물의 대지 입구로부터 주 출입구까지 이르는 경로에 설치된 편의시설을 의미하는데, 주 출입구 접근로, 장애인전용주차구역, 높이 차이가 제거된 주 출입구 등이 해당된다. 내부시설은 건축물의 내부에 설치된 편의시설을 의미하는데 출입구(문), 복도, 그리고 장애인이 이용할 수 있는 계단, 또는 승강기가 해당된다. 위생시설은 화장실에 설치된 편의시설을 의미하는데 장애인이 이용할 수 있는 화장실, 욕실, 샤워실이 해당된다. 안내시설은 시각 및 청각장애인이 이용하기에 편리하도록 설치된 편의시설을 의미하는데 점자블록, 유도 및 안내설비, 경보 및 피난설비가 해당된다. 그리고 기타 시설은 건축물의 일부 용도에 적용되는 편의시설을 의미하는데, 객실·침실, 관람석·열람석, 접수대·작업대, 매표소·판매기·음료대가 해당된다. 편의시설의 구체적인 종류는 〈표 10-3〉과 같다.

〈표 10-3〉 편의시설의 종류

구분	편의시설의 종류	
매개시설	주 출입구 접근로	보행자가 현관 입구까지 이용하는 통로
	장애인전용주차구역	장애인만 이용하는 주차구역
	주 출입구 높이 차이 제거	휠체어가 이용할 수 있는 바닥 높이

구분	편의시설의 종류	
내부시설	출입구(문)	현관 주 출입구(문) 및 각 실의 출입문
	복도	건물 내부 로비를 포함한 모든 복도
	계단 또는 승강기	장애인용 승강기, 휠체어리프트, 경사로 등
위생시설	화장실(대변기, 소변기, 세면대)	대소변기·세면대 및 부대시설
	욕실	장애인이 이용가능한 욕실
	샤워실·탈의실	장애인이 이용가능한 샤워실
안내시설	점자블록	시각장애인용 점자블록
	유도 및 안내설비	점자안내표지판, 촉지도식안내판, 음성안내장치, 유도신호장치 등
	경보 및 피난설비	소방법에 의해 설치된 비상벨 및 비상경보
기타 시설	객실·침실	숙박시설용도에 설치된 객실이나 침실
	관람석·열람석	문화집회시설 용도에 설치된 관람석이나 도서관 등에 설치된 열람석
	접수대·작업대	공공청사 등의 용도에 설치된 접수대 등
	매표소·판매기·음료대	공연장 등의 용도에 설치된 매표소나 자동판매기, 자동발권기, 음료식수대 등
	임산부 등을 위한 휴게시설	임산부와 영유아를 위한 휴게시설, 모유수유시설 별도 설치

출처: 보건복지부(2019: 99) 재구성.

(2) 이동권

이동권은 장애인이 어느 누구의 도움없이 교육, 의료, 노동, 문화, 레저 등의 사회적 활동과 참여를 위하여 목적지까지 어떠한 장벽 없이 인도, 횡단보도, 도로, 교통 등을 안전하게 이동할 수 있는 권리이다. 「교통약자법」 제3조에서는 이동권을 다음과 같이 정의하고 있다. "교통약자는 인간으로서의 존엄과 가치 및 행복을 추구할 권리를 보장받기 위하여 교통약자가 아닌 사람들이 이용하는 모든 교통수단, 여객시설 및 도로를 차별 없이 안전하고 편리하게 이용하여 이동할 수 있는 권리를 가진다".

「교통약자법」 제2조에서는 이동권을 보장하기 위한 시설로서 이동편의시설과 특별교통수단을 확보하도록 규정하고 있다. 여기에서 "이동편의시설"은 휠체어 탑승설비, 장애인용 승강기, 장애인을 위한 보도(步道), 임산부가 모유수유를 할 수 있는 휴게시설 등 교통약자가 교통수단, 여객시설 또는 도로를 이용할 때 편리하게 이동할 수 있도록 하기 위한 시설과 설비를 말한다. 또 "특별교통수단"은 이동에 심한 불편을 느끼는 교통약자의 이동을 지원하기 위하여 휠체어 탑승설비 등을 장착한 차량을 말한다.

「교통약자법」 제4조에서 국가와 지방자치단체는 "교통약자가 안전하고 편리하게 이동할 수 있도록 교통수단과 여객시설의 이용편의 및 보행환경 개선을 위한 정책을 수립하고 시행하여야 한다"라고 규정하고 있으며, 제5조에서 교통사업자는 이동편의시설 설치기준을 준수하고, 교통수단을 제작하는 사업자는 교통약자가 편리하게 이동할 수 있는 구조·설비 또는 장치를 갖춘 교통수단을 개발·제조하기 위하여 노력하여야 한다고 책임을 명시하고 있다. 이와 관련하여 "국토교통부장관과 지방자치단체장은 교통약자의 이동편의 증진 계획을 5년 단위로 수립하여야 한다(「동법」 제6조, 제7조)"고 규정하고 있다.

현실에 있어서는 장애인의 이동권의 보장이 잘 이루어지지 않고 있는데 도로와 횡단보도를 이동 시 도로와 인도의 단차, 점자블록의 미설치, 평평하지 않은 인도, 불법 주차 차량, 그리고 인도에 쌓여 있는 수하물이나 상점의 불법 홍보물 등이 그 예이라 할 수 있다. 또 대중교통은 휠체어를 이용하는 장애인은 아예 탑승할 수 없거나 매우 불편하게 설치되어 있는 경우가 대다수이다. 시내버스의 경우에 특별교통체계인 저상버스를 두고 있으나 운행 배차시간이 길어서 기다리는 데 오래 걸리는 경우가 많다. 또한 저상버스 내의 공간이 부족하여 버스 내에서 방향을 전환하는 데 곤란을 겪는 경우가 대다수이다. 이러한 한계를 보완하기 위하여 장애인전용 콜택시를 두고 있으나 차량이 절대적으로 부족하여 이용대기시간이 길어서 예약하지 않으면 이용할 수 없다. 또한 늦은 시간이나 새벽에는 운행차량이 거의 없어 이용이 불가능한 경우가 대부분이다.

그러나 장애인의 이동권은 "어떠한 목적으로 통행을 할 때, 출발지에서 목적지까지 수단 및 동선을 확보할 수 있고 여기에 제약을 받지 아니할 권리 또는 원하는 곳을 원하는 때에 어떠한 장애도 받지 않고 자유롭게 움직일 수 있는 권리"(장애인 이동권 쟁취를 위한 연대회의, 2001: 13)를 말하므로 장애인 본인이 가고자 원하는 지역을 물리적으로 어떠한 제약도 받지 않고, 특히 다른 사람의 도움 없이 자유롭게 이동할 수 있는 권리를 보장해야 한다.

(3) 정보접근권

정보접근권은 장애인이 인터넷을 비롯한 새로운 정보습득 및 공유수단, 의사소통수단을 이용하거나 활용할 수 있도록 정보 및 정보기술에 대한 접근성을 보장하는 권리를 의미한다(임종호 외, 2013: 327-328). 정보통신의 발달이 급격하게 이루어지고 있는 현대사회에서 장애인의 정보접근권은 장애인의 삶의 질 향상과 자립생활에 필수적으로 요구되는 권리이다.

즉, 정보접근권은 장애인이 정보사회로의 환경변화에 대한 적절한 적응, 정보접근 기회의 확대와 사회참여를 증대시켜 사회적 소외감을 줄이고 장애로 인한 차별 없이 교육과 의료, 복지서비스 등의 혜택을 통하여 삶의 질을 향상시킬 수 있는 수단이다. 정보접근권이 보장된다면 가상현실, 신체제약의 대체, 여가시간의 활용, 각종 의료와 사회적 서비스의 이용, 재택근무 등 장애를 지닌 개인의 선택의 폭을 넓힐 수 있다.

정보가 필수적인 현대사회는 얼마나 정확한 정보를 빠른 시간 안에 많이 소유하느냐가 생존의 조건이 되는 사회이기도 하다. 예컨대, 정보화가 발달하면서 다양한 콘텐츠, 온·오프라인 산업의 연계로 전자상거래가 가능해지면서 인터넷을 통해 일상생활을 꾸리는 것도 가능해지고 있다. 그러나 정보사회에서 정보를 얻기 위해서는 점점 더 많은 지식과 돈이 필요하게 되는데, 경제적으로 어려운 장애인에게는 '정보격차'가 발생하게 된다. 빈부격차에서 비롯된 '정보격차'는 곧 기회의 불평등을 만들고 이는 다시 빈부격차의 확대로 이어진다.

우리나라의 장애인 정보접근권에 대한 내용은 정보접근권이라고 구체적으로 표현하고 있지 않으나 「장애인차별금지법」에서 그 내용을 살펴볼 수 있다. 제11조에서 규정하고 있는 정당한 편의 제공에는 화면낭독·확대 프로그램, 무지점자단말기, 확대 독서기, 인쇄물 음성 변환출력기 등 장애인 보조기구의 설치·운영과 낭독자, 수화 통역자 등의 보조인을 배치하여야 한다고 규정하고 있다. 또 제14조에서 장애인 및 장애인 관련자가 필요로 하는 경우 교육 보조 인력을 교육기관에 배치하여야 한다고 규정하고 있으며, 제21조에서 폐쇄자막, 수화통역, 화면해설 등 장애인 시청 편의 서비스를 제공하도록 규정하고 있다.

특히 2014년 1월 28일에 개정된 「장애인차별금지법」에서는 정보접근의 대표적 취약계층인 시각장애인이 인쇄물 음성 변환출력기 또는 이를 대체할 수 있는 스마트폰 앱 등을 활용하여 정보에 접근하기 위하여 점자·음성 변환용 코드를 보급하여 각종 민원서류, 공·사문서 및 인쇄물에 시각장애인을 위한 인쇄물 음성 변환용 2차원 바코드 표준에 따른 점자·음성 변환용 코드를 반드시 설치할 수 있도록 법률을 개정하여 시각장애인 정보접근성을 향상시키도록 하고 있다.

그러나 우리나라의 「장애인차별금지법」에서 규정하고 있는 정보접근성의 내용은 그 범위가 매우 협소하다. 또한 현실적으로 정보접근권은 도서, TV, 영화 등의 예술에 대한 접근이 가장 일반적이며, 아직 접근성도 높지 않다. 도서의 경우에는 시각장애인이 이용할 수 있는 점자도서의 보급이 부족한 상황이며, TV는 뉴스를 비롯하여 드라마 등을 청각언어장애인이 이용할 수 있도록 수화방송이나 자막방송의 보편화도 시급한 과제이다. 영화의 경우에는 외국영화는 한글자막이 되어 있지만, 오히려 우리나라 영화의 경우에는 한글자막이 없어 청각언어장애인이 영화를 관람하는 것은 불가능하다. 장애인이 정보를 습득하는 데 사용하는 정보통신기기는 다양하게 개발되고 있으나 장애인이 이들 기기를 사용하기에는 고가이어서 접근성이 떨어진다.

장애인의 정보접근권을 강화하기 위해서는 텔레비전 자막방송, 신문, 점자도서, 비디오 및 한국 영화의 자막 삽입, 컴퓨터 및 인터넷 이용 등의 정보접근권 보장과 더불어 장애인의 다양한 문화체험과 사회참여가 가능하도록 보다 폭넓은 정보접근권의 확대가 필요하다. 따라서 정부와 지방자치단체는 장애인의 삶의 질 향상을 위해 정보접근권 보장이 될 수 있도록 구체적이고 지속적인 지원이 필요하다.

4. 무장애 환경

1) 무장애 환경의 의미

무장애는 '장벽이 없는(barrier free)' 것을 의미한다. 이때 장벽은 크게 세 가지 영역에서의 장벽을 말한다. 첫째는 물리적 장벽(barrier of physical environment)이다. 물리적 장벽은 장애인이 사회에 참여하고 활동하는 것을 가로막는 물리적 환경을 의미한다. 둘째는 태도의 장벽(barrier of attitude)이다. 이것은 장애인의 사회활동과 참여를 가로막는 편견, 차별과 같은 사회구성원의 태도를 의미한다. 셋째는 정보의 장벽(barrier of communication and information)이다. 정보화 시대에 정보에 접근할 수 없는 시각장애인, 청각장애인, 정신적 장애인 등은 사회활동과 참여가 어렵게 된다. 무장애 환경이란 이러한 세 가지 장벽이 없는 사회 환경을 의미한다(이채은 · 김신원, 2017: 608).

무장애(Barrier Free) 환경이란 사회 · 물리적인 환경에 존재하거나 존재하게 될 가능성이 있는 장애물을 모두 제거하는 것을 의미한다. 다시 말해, 이미 만들어진 기존 환경에서의 장애물을 포함하여 새롭게 만들어질 환경에서의 장애물을 모두 제거하는 것을 뜻한다. 따라서 무장애 환경은 누구든 안전하고 편리하게 사회 · 물리적 환경을 만들어 가는 것으로써 그 의미는 새로 만들어질 환경에 대해서는 최대한 장애물이 설계되지 않도록 하는 것이며, 기존에 만들어진 환경에서는 장애적 요소가 최대한 제거될 수 있도록 개선하는 것을 의미한다. 이와 같은 의미를 실현하기 위한 노력은 장애물 없는 생활환경(barrier free)인증으로 현실화되고 있다(한국장애인개발원, 2017: 434).

2) 장애물 없는 생활환경 인증

(1) 인증제도의 도입배경과 추진경과

'장애물 없는 생활환경(barrier free) 인증제도(이하 'BF인증'이라함)'의 도입은 「장애인·노인·임산부 등의 편의증진 보장에 관한 법률」(이하 「편의증진법」이라함)이 지속적으로 추진되고 있는 2005년을 전후하여 관련 분야 전문가들에 의해 그 필요성이 인식되기 시작하였다. 보건복지부는 편의시설 설치 전수조사를 통해 편의시설 설치율은 지속적으로 증가하고 있으나 설치된 편의시설에 대한 이용자 체감율은 상대적으로 낮은 상황에 대한 문제점에 대한 분석이 필요하였으며, 이에 대한 대처로 「편의증진법」에 의해 설치되고 있는 최소수준으로 이용자의 시설이용 편의증대에 한계가 있다고 인식하였고, 이를 해결하기 위한 시설수준의 향상을 위해 인증제도 도입에 대한 논의를 시작하였다.

또한 국토해양부에서도 행정중심복합도시 건설에 있어 새로 건설되는 신도시를 인증을 받아 누구든 편안한 도시이용이 가능하도록 하는 데 대한 검토를 시작하였다. 이에 의해 2006년 하반기에 보건복지부와 국토해양부에서 공동으로 '장애친화(BF)인증제 TF'를 운영하기 시작하여 2007년 4월 마침내 '장애물 없는 생활환경 인증제도 시행지침'(관련 근거: 건설교통부 제2007-001호 2007. 04. 05.)를 발표함으로써 공식적인 인증제도가 시행되었다. 이후 2007년 9월에 한국장애인개발원과 한국토지주택공사는 인정기관으로 지정되었으며 9개월 동안의 시범 운영을 거쳐 2008년 7월부터 본격적으로 인증제도를 시행하였다. 이후 공공시설뿐 아니라 민간시설까지 인증이 점차적으로 확대되고 있다.

인증제도가 2008년 7월 본격적으로 시행되면서 참여율은 점차 높아지고 있다. 인증제도는 2007년 법적 근거 없이 시행지침으로 시작된 제도로 법적 규제는 전혀 없고 자율적 참여제도로 운영되어 왔다. 이로 인해 제도 시작단계에서는 대부분 공공시설물에서 인증을 받는 경향이었다. 2008년 7월 본격 시행된 이후 도로, 교통수단 및 여객시설 등을 인증대상 시설로 하는 「교통약자법」은 2010년 7월에 들어 인증제도 관련 법적 근거를 마련하였다. 또한 2014년 12월 「편의증진법」도 인증의 법적 근거를 마련하기 위한 개정 법안이 통과되어 2015년 1월 28일로 개정이 공포되었으며, 6개월 이후인 2015년 7월 29일부터 개정된 「편의증진법」에 의해 시행되었다. 특히, 「편의증진법」이 개정되어 제10조2(장애물 없는 생활환경 인증)가 신설됨에 따라 2015년 7월 29일부터 국가 및 지방자치단체가 신축하는 모든 시설물이 의무적으로 장애물 없는 생활환경 인증을 받도록 개정되었다(한국장애인개발원, 2017: 434-435). 또한 2015년 7월 「편의증진법」에 장애물 없는 생활환경 인증의 의무시설 범위를 정하였다(진화경 · 고성룡, 2016: 68).

(2) 장애물 없는 생활환경 인증 현황

인증제도가 도입된 이후 실적을 살펴보았을 때 인증의 참여는 2011년을 기점으로 급격하게 늘어나고 있다. 특히 건축물 분야는 2011년 들어 예비인증에서 급격한 증가세를 나타내었으며 2012년부터 비슷한 취득현황을 나타내고 있는 것으로 나타났다.

설계단계 혹은 시공 중인 시설물을 인증하는 예비인증과 시설물이 존재할 때 인증하는 본인증으로 볼 때, 2014년을 기준으로 건축물의 경우에는 예비인증과 본인증의 수가 비슷해지는 것으로 나타나고 있는데, 이러한 현상은 그동안 예비인증을 받았던 시설물이 점차적으로 완공되어 본인증을 받는 시점에 접어들었기 때문이다. 2015년에 접어들어 예비인증이 본인증의 거의 두 배로 증가하는 현상을 나타내는 것은 2015년 1월 28일 「편의증진법」이 개정되어 의무적으로 인증을 받아야 하는 국가 및 지방자치단체의 신축 대상 시설이 늘어나는 것에 따른 영향이라고 볼 수 있다. 특히, 2016년에는 이에 의한 결과로 예비인증이 전년대비 5배 정도 급격히 증가하는 현상이 나타나고 있는 것을 볼 수 있으며 이후 점차적으로 더 늘어날 것으로 예상된다(한국장애인개발원, 2017: 437).

〈표 10-4〉 장애물 없는 생활환경 인증 현황

(단위: 개소)

연도	예비인증(시설수)	본인증(시설수)
2008년	3	1
2009년	13	5
2010년	33	12
2011년	89	7
2012년	89	26
2013년	87	39
2014년	92	63
2015년	123	65
2016년	545	84
종합	1,074	302

출처: 한국장애인개발원(2016: 436) 재인용.

5. 접근권의 과제와 전망

장애인 접근권은 장애인의 권리증진과 더불어 지속적으로 확보될 것이며, 또 확대되어야 한다. 장애인 접근권은 장애인 사회참여를 위하여 반드시 보장되어야 하는 기본적 권리이다. 장애인의 이동에 장벽이 되지 않도록 도로 정비, 건물 설계, 정보 제공 등이 당연하게 이루어져야 한다. 따라서 「편의증진법」, 「교통약자법」, 「차별금지법」 등에서 규정하고 있는 접근권을 보장하기 위하여 국가와 지방자치단체, 그리고 모든 국민들은 적극적으로 노력하여야 한다.

장애인단체에서는 접근권 보장의 실효성을 높이기 위하여 저상버스, 시외버스, 고속버스, 공항버스, 관광버스, 마을버스 등에 대하여 저상버스의 의무화 등을 중심으로 특별교통수단을 보편화하기 위하여 적극적으로 활동하고 있다. 이러한 상황을 중심으로 장애인 접근권의 과제와 전망을 다음과 같이 제시하고자 한다.

첫째, 접근권의 보장은 지금까지 우리 사회를 유지해 온 장애인과 비장애인의 평등의식의 결여에서 문제의 근원을 찾을 수 있다. 비장애인은 장애인의 욕구를 정확하게 이해하기 힘들며, 일상생활에서의 불편함을 파악하기 어렵다. 따라서 장애인의 권리가 보장되는 차원에서 지속적으로 장애인 권리 찾기 및 차별금지에 대한 논의가 이루어지고 비장애인의 의식을 전환시켜야 할 것이다.

둘째, 접근권이 휠체어를 이용하는 지체장애인의 장애인 편의시설과 설비의 설치에 국한되어 적용되고 청각장애인, 시각장애인, 지적장애인 등의 정보접근에 대한 적용이 상대적으로 미약하다는 점이다. 따라서 모든 장애인의 접근권을 강화하는 정책이 도입되어야 한다. 모든 장애인이 이용할 수 있는 다양한 정보기기를 개발하고 정책적으로 지원하여 일상생활에서의 불편함을 해소할 수 있도록 지원되어야 할 것이다.

셋째, 편의시설의 설치가 공공건물 및 공중이용시설을 중심으로 제한되고 있다는 점이다. 사적으로 사용하는 건물 등도 사회적 환경의 요소임에도 불구하고 장애인들이 이용하는 데 어려움을 겪고 있다. 따라서 10인 미만의 공동주택도 편의시설이 의무적으로 추가되어야 할 사항이다. 특히 상대적으로 설치율이 낮은 안내시설과 위생시설의 설치율도 높여야 할 필요성이 있다.

넷째, 장애인의 접근권은 물리적 환경, 특히 일정 공간 내의 공공시설이나 건축물에 대한 접근권에 한정되어 왔을 뿐 공간적 이동을 위한 교통수단에 대한 접근권에는 소홀해 왔다. 대중교통수단에 대한 접근권을 강화하여 장애인의 이동권을 보장하여야 한다. 대중교통은 모든 시민들이 편리하게 이용할 수 있도록 최적의 상태를 유지하여야 되지만, 현재 최소한의 수준에 머물러 있다. 또 장애인만을 위한 특별이동체계는 장애인의 선택권을 제한하고 특정한 방법을 강제하는 것과 다르지 않아 보편성을 상실하고 있다. 특히 대중버스, 철도, 지하철 등을 모든 장애인들이 편리하고 안전하게 이용할 수 있도록 대중교통수단에 대한 접근권을 강화하여야 한다.

다섯째, 장애인의 정보접근권은 현대 사회에서 필요성이 더욱 증대되고 있다.

다양한 전자기기가 개발되어 모든 국민들이 손쉽게 정보에 접근할 수 있기 때문에 장애인의 정보접근권이 확보되지 않으면 정보격차가 심각하게 벌어질 수 있다. 장애인의 정보접근권을 확대하기 위하여 다양한 정보기기가 많이 개발되어야 하며, 더불어 장애인이 손쉽게 이용할 수 있는 소프트웨어의 개발도 이루어져야 한다. 또한 장애인이 문화·예술 활동에 적극적으로 참여할 수 있도록 대중문화에 대한 접근권도 보장되어야 한다.

여섯째, 장애물 없는 생활환경(Barrier Free) 인증은 장애인을 포함한 모든 시설물 이용자들이 이용하는 사회적·물리적 환경의 모든 장애를 제거하는 것을 목적으로 하기 때문에 「편의증진법」에 따른 편의시설과의 격차를 줄이는 것이 필요하다. 「편의증진법」은 장애인 등의 이용을 최소한으로 보장하기 위해 시설물에 설치에 대한 규정이기 때문이다. 따라서 2015년 「편의증진법」 개정에 의해 신축 건물부터 장애물 없는 생활환경으로 인증받도록 의무화한 것처럼 공공기관 및 시설들은 가능한 장애물 없는 생활환경 인증을 받도록 의무화를 추진해 나가면서 민간에게는 적극적 홍보와 인센티브 등의 제공을 통하여 적극적인 참여를 이끌어 내는 것이 필요하다.

ocial Welfare with the Disabled

CHAPTER 11

외국의 장애인복지

1. 스웨덴의 장애인복지
2. 미국의 장애인복지
3. 일본의 장애인복지

1. 스웨덴의 장애인복지

1) 장애인복지의 동향

스웨덴은 1960년에서 1975년까지 '복지국가의 황금기'를 맞았고 1980년대에는 장애인도 '완전 고용'을 꿈꿀 수 있었던 곳(Jeppsson-Grassman & Whitaker, 2013)이 있다. 이때 스웨덴은 장애에 관한 패러다임의 대대적인 전환, 즉 개인적이고 의료적인 모델에서 환경 지향적 관점으로 변화하였다. 스웨덴에서는 '기능장애(impairment)'와 사회적 개념인 '장애(disability)'의 상호작용을 강조하고 있다. 따라서 장애의 진단과 판정도 사회적 맥락 안에서 이뤄져야 하며 욕구와 필요에 따라 주어지는 서비스와 정책 역시 사회적 맥락에서, 그러나 매우 개별적으로 주어져야 한다는 것을 강조한다(신은경, 2018: 18).

오랫동안 스웨덴 장애인정책의 기본 목적은 장애인이 일상생활에서 힘과 영향력을 갖도록 지원하는 것이었으며, 1970년대 이후 장애인정책의 특성은 노멀라이제이션 이념에 근거하여 모든 장애인이 일상생활이나 사회생활을 하는 데 있어 사회구성원과 같이 보편적 생활을 할 수 있도록 지원해 주는 것을 목표로 하고 있다. 따라서 장애인만을 위한 특별법이 없는 국가이다.

스웨덴 장애인정책은 장애인에게 생활조건의 평등과 사회참여를 보장한다는 원칙과 유엔장애인권리협약(UN Convention on the Rights of Persons with Disabilities)에 기반을 둔다(The Swedish government, 2016). 특히 1993년에 제정되어 1994년 1월부터 발효된 LSS[1)]는 시행 이후 장애인에게 평등과 접근성, 그리고 사회참여의 수준을 높여 온 법률로 인정받고 있다(신은경, 2018: 18).

LSS와 같은 장애인정책의 개혁으로 중증장애인을 바라보는 시각에 많은 변화

1) LSS 는 '특정 기능 손상을 입은 장애인을 위한 지원 및 서비스에 관한 법률: 장애인활동지원서비스'임(Lagen om st d och service till vissa funktionshindrade: the Act on Support and Service for Certain Individuals with Disabilities. 이하 LSS로 표기)

가 일어났다. 이전에 장애인은 사회의 돌봄 대상일 뿐이었는데 개혁을 통해 장애인 돌봄과 정책에 영향을 미치는 주체가 되었다(장애인지원 · 서비스법, 1993: 387, Johannan Gustavsson, 2018: 77-78 재인용).

LSS의 원칙은 장애인이 비장애인이 누리는 일상생활을 누릴 수 있도록 돕는 것으로 장애인이 가족과 함께 거주하면서 장애인활동지원제도와 같은 사회적 지원을 받아 일상생활의 어려움을 해결해 나가는 것이다(Johannan Gustavsson, 2018: 77).

2000년대 들어 장애인정책은 모든 사람은 동등한 가치를 지니며, 동등한 권리가 보장된다는 원칙에서 출발하며, 장애인정책의 궁극적 목표는 '완전한 참여'와 '완전한 평등'에 있다. 정부는 '참여'와 '평등'이라는 정치적 목표를 실현하기 위해 장애인의 사회적 접근성을 최대한 보장하고자 애쓰며 이를 위한 투자를 하고 있다. 사회적 접근성을 보장한다는 것은 장애인의 일상생활이 유지되는 주거 환경, 노동과 교육에 대한 권리, 특별 서비스와 보조 등이 법과 사회 문화 속에서 보장되는 것을 의미한다(신필균, 2011: 157-158).

스웨덴 장애인정책의 특징은 장애를 가진 사람과 사회구조 및 환경 사이에서 발생되는 문제를 해결하려는 노력에 있다. 다시 말해, 장애를 가진 개인을 돕는 것에 초점을 맞추는 것이 아니라 그들을 둘러싼 환경과 조건 속에서 과연 이들이 정상적으로 생활할 수 있는지에 중점을 두며, 장애인이 자신의 일상생활을 스스로 관리하고 영위할 수 있도록 이에 필요한 제반 사항과 프로그램을 마련하는 데에 집중한다.

장애인정책을 다루는 또 하나의 관점은 장애인에 대한 이해가 보건과 사회서비스 영역을 넘어서 스웨덴 사회의 주류에 수용되어야 한다는 것이다. 이제 장애인은 사회서비스 대상이 아니라 사회 주류의 하나로 이해되어야 한다는 것이다. 이런 관점은 정책 구상, 법안 구성, 법률 적용의 모든 면에서 찾아볼 수 있으며 스웨덴식 보편주의를 확인할 수 있는 부분이기도 하다.

스웨덴 국회는 2000년 "환자에서 시민으로"라는 장애인정책에 관한 국가행동 계획을 채택하였다. 이 행동 계획은 장애인정책에 대한 근본적이고 혁명적인 발상의 전환을 이룬다.

국가행동계획은 "첫째, 모든 사람들은 모든 사안 처리나 결정 과정에서 우선적으로 장애인의 입장에서 생각한다. 둘째, 스웨덴 사회의 모든 분야와 장소는 장애인을 기준으로 한다. 셋째, 장애를 가진 사람은 우선적으로 존중되어야 한다"라는 세 가지 원칙을 기본으로 한다(신필균, 2011: 158-163).

2) 정책기구

스웨덴에서 장애인 단체가 수행하는 역할은 매우 중요해 정부의 특별기관 3개와 장애인을 대변하는 단체가 사각형을 이루어 완전한 협력 관계를 추구한다. 정부의 특별한 기관으로 민관 협력을 위한 LSS위원회(LSS-kommittèen), 차별 예방과 법 이행을 도모하는 차별 옴부즈만(Diskrimineringsombudsmann: Do), 정부 기관을 감독하는 한디삼(Handisam)이 있고, 장애인을 대변하는 기구로 전국장애인총연맹(HSO)이 있다.

(1) LSS위원회(LSS-kommittèen)

LSS위원회는 1994년 제정된 「장애인서비스법」의 집행위원회로 특정 기능의 손상을 가진 사람(장애인)에 대한 보조와 서비스를 담당한다. 또한 장애인이 비장애인과 똑같은 대우를 받기 위해 지속적으로 변화·개선되어야 하는 사회적 현황과 문제 및 장애인의 요구 사항들을 조사하며 이와 관련된 새로운 제안을 정부에 제출한다. 「장애인서비스법」은 지속적으로 개정되며 LSS위원회의 역할을 더욱 강화하고 있다. 2008년에 개정된 「장애인서비스법」은 "장애를 가진 모든 사람이 개인의 특성에 따라 필요한 보조와 도움을 받아 자기 생활을 할 수 있게 한다. 따라서 개인 보조원 및 대리인, 이동 지원, 보조 도구 제공, 수화 교육 및 활용 등의 다양한 지원을 통해 장애인들이 독립적이고 적극적으로 살아가게 하는 데 이 법의 목적을 둔다. 이를 위해 국가의 세출예산은 장애인정책에서 매우 중요한 부분이다." 그 결과 「장애인서비스법」은 일부 중증장애인을 중심 대상으로 삼았던 초기 안보다는 개인을 중심으로 관련 기관의 협력 프로그램이 밀접하게 연계되도록 정부의 역할과 기능을 강화하고 있다(신필균, 2011: 166).

(2) 차별 옴부즈만(Diskrimineringsombudsmann: Do)

스웨덴은 장애로 인한 차별을 금지하는 벌률 조항이 4개 있다. 1999년 「장애를 가진 사람들의 직업 생활에서의 차별 금지에 관한 법률」, 2002년 「대학에서의 학생에 대한 평등한 처우에 관한 법」, 2003년 「상품과 용역거래 시에 적용되는 차별금지법」, 2006년 「학교와 취학 전 교육기관에 적용되는 장애아동에 관한 차별금지법」이 각각 제정되었다.

이 차별 옴부즈만은 스웨덴 법이 정한 인권보호와 차별금지조항, 유엔이 정한 장애인권리협약을 반드시 지키도록 하는 법률기관이다. 차별 옴부즈만은 일상생활 혹은 직장 등에서 장애인의 차별에 대한 예방과 시정에 관한 규정을 이행할 것을 지시할 수 있으며, 관련 기관은 특별한 이유가 없는 한 이에 따르거나 적어도 이행계획서를 제출해야 한다. 장애인이나 장애아동을 가진 부모가 장애인이기에 차별대우를 받았다고 생각할 때 차별 옴부즈만에 신고할 수 있다. 차별 옴부즈만은 사안에 대한 조사에 따라 규정상 부당한 처우였다고 판단할 때 시정 지시를 내릴 수 있다(신필균, 2011: 167-168).

(3) 한디삼(Handisam)

한디삼은 장애인정책의 집행 결과를 종합적으로 관리하며 2006년 장애인 옴부즈만 산하의 국가접근성 센터와 발달장애위원회를 통합해 설립된 정부 기관이다. 한디삼은 정부가 정한 장애인 규정을 모든 기관이 제대로 지키고 있는지를 감독하는 한편, 장애인의 접근성이 보장되도록 공공기관은 물론 민간기관에까지 장애인에 관한 정보와 필요한 사안을 관리 · 조정한다(신필균, 2011: 167).

(4) 전국장애인총연맹(HSO)

HSO는 대표적인 스웨덴 장애인 운동 단체의 연합체로 전국의 각종 장애인 단체를 회원으로 한 비영리 단체다. 이들의 주된 목표와 임무는 장애인의 접근성이 완전히 실현될 수 있도록 최대한 사회 전반에 영향을 미치고 사회 문화를 변화시키는 데 있다. HSO는 장애인들의 처지와 상황을 담은 보고서를 통해 정책 입안자들에게 핵심적인 정보를 제공한다. 또한 이들은 자기 회원들의 요구와 개선책을 제시하는 동시에 사회 여론을 형성하는 데도 크게 기여한다. HSO는 유럽장애인포럼의 영향력이 있는 조직체 가운데 하나로 유럽 전 지역에 걸쳐 있는 장애인 회원 약 5천만 명의 인권을 향상할 공동 과제를 추진하고 여론화를 수행하는 방식으로 개별 국가의 장애인정책에 영향을 미친다(신필균, 2011: 168-169).

3) 정책

(1) 소득보장

① 장애수당

누구든지 병이나 육체적·정신적 기능 저하로 일상생활, 직장생활, 학업 과정에서 제3자의 도움이 필요하거나 장애 때문에 특별할 비용이 필요할 때 장애수당을 받을 수 있다. 보통 전문의가 1년 이상 도움이 필요하다고 진단할 때 장애수당을 받을 수 있으며 대상 연령은 19~65세까지다. 장애수당은 장애의 정도와 종류에 따라 세 가지 등급으로 나뉜다.

중증장애인은 위생 관리와 식사, 옷을 입고 벗는 행동 및 다른 사람과의 의사소통 등 기본적인 활동에 도움이 필요한 때 보조원을 활용할 수 있다. 그 외 보조도구지원금, 특별장치를 갖춘 컴퓨터 설치나 주택 개조 및 추가 비용이 들어가는 특별한 음식 등에 쓰이는 보조금도 신청할 수 있다. 웬만한 보조도구는 코뮨에서 무상으로 대여된다.

② 장애아동 돌봄 수당

장애아동이나 장기 질병을 앓고 있는 아동을 돌보는 부모나 같은 역할을 하는 이들은 돌봄 수당을 받을 수 있다. 6개월 이상에 걸쳐 특별한 돌봄이 요구되는 아동이 대상이며, 갓난아이부터 19세까지의 자녀를 둔 부모가 신청할 수 있다. 장애아동 돌봄 수당은 부모가 제공하는 노동에 대한 대가와 장애 탓에 발생한 비용을 보상한다는 의미를 지닌다. 따라서 수당은 전일제 혹은 3/4, 2/4, 1/4 시간제의 노동일에 대한 수당과 부가 비용을 합한 것이 된다.

③ 승용차 구입 보조금

대중교통을 스스로 이용하기 어려운 사람이나 중증장애아를 둔 부모는 승용차 혹은 오토바이를 구입할 때 보조금을 지급받을 수 있다. 승용차는 적어도 9년 이상 사용할 수 있을 정도의 품질이 보장되어야 하며, 장애유형에 따라 맞춤형 차를 구입할 수 있다(신필균, 2011: 171-173).

(2) 교육

대부분의 장애아동과 성인들은 일반 정규학교를 다니고 있으나 청각장애, 심한 이동장애, 학습장애가 있는 학생들을 위해 특수학교 형태의 교육이 제공된다.

스웨덴의 「교육법」은 어디에 살든, 어떤 종류의 장애가 있는지와 상관없이 모든 아동들에게 동등한 질의 교육을 제공해야 하고, 학교생활에서 특별한 도움을 필요로 하는 학생들에게 반드시 그 도움을 제공할 것을 명시하고 있다. 이러한 교육정책하에 중학교까지의 의무교육 이후 고등학교 진학률은 장애를 가진 학생이 그렇지 않은 학생보다 약간 높다. 대학 진학률은 아직 낮은 편이나 이 또한 증가하는 추세이다.

(3) 고용

스웨덴 국가 행동 계획의 가장 중요한 기본 목표는 장애인의 완전한 노동시장 참여이다. 교육은 노동시장과 밀접한 관계를 갖기에 스웨덴 정부는 이 두 분야를 통합적으로 다룬다. 1999년에 제정된 「장애를 가진 사람들의 직업 생활에서의 차별 금지에 관한 법」은 중증장애인 고용 촉진을 강화한 것으로 고용주에게 정부 기관과 밀접하게 협력할 것을 요구한다. 대부분의 장애인은 개인별 프로그램에 따라 근로 능력 측정, 직업훈련, 직업 안내 등의 지원을 받으며, 노동시장 진입이 어려운 장애인들은 우선적으로 사회적 기업 '삼할'에서 훈련 과정을 거치거나 삼할에 취업하는 것이 장려된다. '삼할'은 장애인을 위한 스웨덴식 사회적 기업이다.

다른 한편 기능이 부족한 장애인을 고용한 사업주에게는 '임금보조금'을 지원해 쌍방의 편의를 도모한다(신필균, 2011: 171-173).

(4) 활동지원서비스

장애인활동지원제도(LSS)의 취지는 1980년대에 스웨덴으로 유입된 자립생활운동의 이념에서 비롯되었다(Westerberg, 2016). 이 이념에 따르면, 장애인은 자신이 원하는 활동지원을 받을 수 있어야 하고 이러한 지원의 제공 주체를 스스로 선택할 수 있어야 한다. 활동지원 급여는 중증장애인이 외부의 간섭 없이 활동지원사를 직접 고용하거나 활동지원기관을 통해 고용함으로써 자신이 받을 활동지원에 최대한의 영향을 미칠 수 있도록 하는 급여이다.

LSS는 장애인에게 10가지 지원과 서비스의 법적 수급권을 제공함으로써 장애인이 보다 나은 생활을 할 수 있도록 지원하는 것을 목적으로 한다. 장애인에게 제공되는 10가지 지원과 서비스는, ① 장애의 의료·심리·사회·교육에 대한 전문가 자문 및 지원, ② 착·탈의, 개인위생, 식사, 의사소통 등 활동지원서비스, ③ 여가·문화·사회 활동 참여를 위한 외출 등 지원, ④ 수시로 연락할 수 있는 사람 지원(contact person), ⑤ 가정방문 돌봄 서비스, ⑥ 단기 야외 체류 활동 지원, ⑦ 12세 이상 재학 아동의 학기 외 시간 단기 돌봄 서비스, ⑧ 아동·청소년을 위한 위탁가정 및 특별주택지원, ⑨ 성인을 대상으로 특수 서비스나 장치가 제공되는 주택, 그룹홈 등 지원, ⑩ 장애인 일상활동(예: 장애인보호작업장 혹은 주간활동센터) 지원이다(Johannan Gustavsson, 2018: 78).

2. 미국의 장애인복지

1) 장애인복지의 동향

1981년 「사회보장법」이 개정되면서 메디케이드(Medicaid)에 '가정·지역 기반 서비스(HCBS: Medicaid Home and Community Based Service Program)'가 포함되었다. 이는 불필요한 시설화를 막고 장애인이 지역에서 살 수 있도록 하는 지역사회 케어 제도로서 장기보호서비스, 사례관리, 주간보호, 단기보호 등을 포함하는 지역사회 기반 종합 프로그램이다. 구체적인 서비스 내용으로는 재가서비스, 상시보호서비스, 관리서비스(탈시설 과정 및 주거지원, 사례관리), 고용지원, 주간서비스(주간보호 및 훈련 등), 간호, 식사, 돌봄제공자 지원, 정신건강, 기타 보건서비스(영양·재활·의료서비스), 이용자주도서비스, 자립생활 훈련, 도구·기술·보수, 교통, 병원(호스피스 케어) 등을 담고 있다(전지혜, 2018: 42-43).

1990년 제정된 「미국장애인법(Americans with Disabilities Act: ADA)」은 기존의 「시민권법」(1964년 제정)과 「재활법」(1973년 제정)을 근간으로 제정된 장애인차별금지법이라 할 수 있다. ADA는 고용주로 하여금 자질을 갖춘 장애인의 취업 차별을 못하도록 하며, 식당, 호텔, 쇼핑센터, 사무실과 같은 공공시설을 장애인이 쉽게 출입하고 사용할 수 있도록 보장하며, 보다 광범위한 교통서비스를 받도록 하며, 청각장애인과 시각장애인을 위한 통신시설을 확보하도록 하고 있다.

「미국장애인법」의 기본 이념은 장애를 가진 사람을 특별히 보호하는 것이 아니라 '정당한 편의제공(reasonable accommodation)'에 의해 생활의 모든 면에서 장애를 가지거나 가지지 않거나 관계없이 기회가 균등하게 주어지는 것을 기본 이념으로 하고 있다.

「미국장애인법」의 목적은, 첫째, 장애인에 관한 차별을 제거하기 위해 명백하고 종합적인 국가의 기본 방침을 규정하기 위한 것이다. 둘째, 장애인의 차별에 대응하기 위해 명확하고 강력하며 지속적으로 실행 가능한 기준을 제정하기 위한 것이다. 셋째, 「장애인복지법」에서 확립한 기준을 실시함에 있어 장애인을 대신해 미국 연방정부가 주 역할을 하도록 보장한다. 넷째, 장애인이 일상적으로 경험하는 차별의 주요 문제를 해결하기 위해서 「헌법」을 수정하여 제14조의 집행 권한 및 통상 규제 권한을 포함한 의회의 권한을 발동하기 위한 것이다.

2) 미국 장애인복지법(ADA)에 따른 주요 제도

미국 장애인복지법(ADA)은 제1장 고용(employment), 제2장 공공서비스(public service), 제3장 민간단체가 운영하는 공공편의시설과 서비스(public accommodations and services operated by private entities), 제4장 전기통신의 이용권 보장(telecommunications), 제5장 기타 사항(miscellaneous provisions)으로 구성되어 있다.

① 고용

15인 이상의 종업원을 고용하는 고용주는 유자격 장애인에 대하여 고용과 관련된 모든 기회에서 비롯되는 편익을 다른 사람과 동일하게 제공하도록 하였다. 구체적으로 금지된 사항은 종업원의 취업 응시 절차, 채용, 승진, 해고, 종업원 보수, 연수, 고용에 대한 규정, 조건 및 권한에 대해 자격을 갖춘 장애인을 장애라는 이유로 차별해서는 안 된다.

고용관계에서 사용자는 채용 지원자나 종업원에 대해 장애 유무나 장애의 성질이나 정도에 대한 건강진단 또는 문의를 할 수 없다. 다만 채용 이전에 지원자의 직무 관련 기능 수행 능력에 대해 문의할 수 있다. 또한 채용이 결정되면 건강진단을 실시할 수 있다.

② 공공서비스

공공서비스의 주체는 주 또는 지방정부, 주 또는 지방정부의 부서, 기관, 특별관할기관, 기타 기관, 전국철도여객공사, 기타 모든 통근서비스 제공기관이며, 연방정부의 재정 보조 여부와 상관없이 모든 주정부나 지방정부의 활동에 적용된다.

공공서비스는, 첫째, 주정부나 지방정부의 모든 사업, 활동, 서비스, 둘째, 주정부나 지방정부가 운영하는 공공교통에 대한 규정으로 나뉘어 있다. 즉, 주정부나 지방정부는 장애인에 대한 공공교육, 고용, 공공교통, 레크리에이션, 보건의료 조치, 사회서비스, 법원, 투표, 지역회의 등의 모든 기능에 있어서 동등한 편익을 향유할 수 있는 동등한 기회를 제공하도록 하고 있다.

③ 민간단체가 운영하는 공공편의시설과 서비스

민간이 운영하는 공공편의시설, 일정 종류의 교육과정과 시험, 교통수단, 상업시설 등에 대하여 장애인에 대한 배제, 분리 및 불평등 취급 등의 차별 행위를 금지하고 신·개축 건축물에 대한 기준을 설정하고 정책과 관행 및 절차에 대한 합리적 수정 의무를 부과한다. 특히 공공편의시설의 경우 기존 건물에 대해서도 당 시설의 재원을 고려할 때 큰 어려움 없이 장애인의 출입을 가로막는 장벽을 제거할 수 있는 경우에는 그렇게 할 의무를 부과하고 있으며, 공장이나 창고와 같은 상업시설의 경우에는 신·개축할 경우에 ADA의 건축 기준을 준수하도록 하였다.

적용되는 공공편의시설은 여관·호텔 등의 숙박시설, 식당·술집 등의 식음료 제공시설, 영화관·극장·운동장 등의 전시 또는 오락시설, 음악회장·회의장·강연장 등의 다중운집시설, 제과점·식료품점·옷가게·쇼핑센터 등 판매 또는 임대시설, 세탁소·은행·이발소·미장원·여행사·주유소·변호사 사무소·약국·보험회사 사무소·병원 및 건강진료사무소·기타 서비스 제공 장소·터미널·정류장·기타

항공을 제외한 특정 공공 운송에 이용되는 정거장 · 공원 · 동물원 · 오락공원 기타 레크리에이션 장소, 사립유치원 · 초 · 중 · 고등학교 · 대학교 등 기타 교육장소, 보육시설 · 노인정 · 가출자보호소 · 음식구호소 · 입중개소 등 기타 사회서비스 시설 등이다.

④ 전기통신의 이용권 보장

유선 또는 무선 통신서비스 제공업자는 청각 및 언어장애인에 대하여 전화통화 서비스 및 연방정부의 재정보조를 받는 공공서비스의 텔레비전 공고에 대해 장애인의 접근권을 보장하고 있다. 특히 텔레비전 공공서비스 공고는 청각장애인이 그 내용을 알 수 있도록 반드시 그 내용을 자막 처리하도록 하고 있다.

⑤ 기타 사항

1973년의 「재활법(Rehabilitation Act)」을 포함한 다른 법률과 ADA의 관계, 보험의 제공과 관련된 필요조건, 접근위원회(Access Board)에 의한 규칙, 주(州) 면책의 폐지, 의회와 의회의 기관의 포함, 각 장의 실행, 분쟁 해결을 위한 대안의 촉진, 기술 지원의 제공 등과 같은 논점을 다루고 있다.

3) 정책기구 및 전달체계

미국 장애인은 1990년 제정된 「미국장애인법(Americans with Disabilities Act)」, 「리해비리테이션법」, 「사회보장법」, 「미국장애인교육법」에 의해 보호를 받고 있다.

연방정부 차원에서 장애인복지를 담당하고 있는 부서는 보건후생부(Department of Health and Human Services)이다. 산하 사회보장국에서는 노령, 유족, 장애보험(OASDI) 업무를 담당하여 장애인에게 사회보장연금을 지급하고 보충적 소득보장(SSI) 프로그램을 시행하며, 보건의료재정국에서는 저소득 빈곤장애인을 위한 의료부조(Medicaid) 업무를 담당한다.

독립 부서로는 요부양아동가정부조(AFDC)와 인간개발서비스국(Office of Human

Development Service) 산하에 리해비리테이션서비스부(Rehabilitation Service Administration)가 있어서 장애인의 직업적 리해비리테이션 프로그램을 사회서비스기금(SSBG)제도하에서 각 주정부와 지방정부에 보조금을 지급하는 업무를 담당하고 있다.

4) 정책

(1) 소득보장

장애로 인한 근로상실로 소득이 중단되는 경우 가입기간 중의 평균소득에 비례한 연금을 지급하고 있다. 장애연금의 기여 요건을 충족하지 못했거나 장애연금을 수급하고도 최저 생활을 영위하기 어려운 장애인에 대해서는 범주형 부조로서 장애부조를 지급하고 있다. 장애연금과 장애부조의 수급요건을 충족하지 못한 저소득 장애인—즉, 근로능력 평가에서 손상 정도가 심하지 않은 경증 장애인—에 대해서는 일반 사회부조를 통해 소득을 보전하고 있다(김성희 외, 2011: 73-74).

〈표 11-1〉 미국의 장애 소득보전급여체계

구분	급여 성격	급여 명칭 및 내용(2008년 기준)
1차	기여 소득비례 장애연금	• Disability Insurance –근로능력을 완전히 상실한 경우 지급 –가입기간 중의 평균소득에 비례한 연금지급
2차	장애부조	• Supplementary Security Income(SSI) –장애로 인해 근로능력이 손상되어 일을 할 수 없는 자 –1인: 최고 월 623달러/ 2인: 최고 월 934달러(2007년)
	일반부조	• TANF(부양아동이 있는 한부모가정에 대한 사회부조) GA(TANF나 SSI의 수급자격이 없는 빈곤가구 및 개인에 대한 주정부 사회부조) 등

출처: 김성희 외(2011: 74).

(2) 고용

직업적 리해비리테이션 프로그램(Vocational rehabilitation), 보호작업장(Sheltered Work-shops), 직접적 직무 개발(Direct Job Creation), 직접 고용(Direct Employment), 보조 고용(Employment Subsidies) 정책으로 장애인고용을 실시하고 있다.

미국의 고용정책 대상은 주로 ADA에서 정의하고 있는 중증장애인이다. 여기서 중증장애인의 기준은 우선적으로 고용성과와 자립생활능력의 관점에서 구분하고 있다.

또한 미국은 「재활법」, 「와그너법」, 「공정근로기준법」 등에 근거한 보호작업장을 두고 있다. 「재활법」에 근거하여 연방정부와 주정부는 중증장애인에게 직업평가를 실시하고 훈련서비스를 제공하는 보호작업장에 보조금을 지급하며, 「와그너법」에 근거하여 연방정부에게 보호작업장의 물품에 대하여 우선 발주를 의무화하였다. 그리고 「공정근로기준법」에 근거하여 보호작업장에 취업한 장애인에게 장애인의 최저임금 적용 제외에 관한 허가조건을 규정하였다. 보호작업장은 평가 및 훈련프로그램, 직업활동 프로그램, 일반프로그램 등 크게 세 가지의 서비스를 제공한다(이성규, 2008).

(3) 교육

연방정부 차원에서 장애인의 특수교육과 직업적 리해비리테이션을 담당하는 부서는 교육부이며 산하에 특수교육 및 리해비리테이션서비스국이 있어 각 주정부에서 리해비리테이션 교육과 고용을 연계한 자폐성장애인을 대상으로 한 지원고용서비스를 실시하는 경우 정부보조금을 지원하고 있다.

(4) 주택

연방정부의 주택보조 프로그램에 의하여 장애인에게 주거비의 일부를 보조하거나 집단가정 설치 비용을 지원하며, 주택 임대 시 장애인에 대한 차별을 금지하는 「공정주택개정법(Fair Housing Amendment Act)」이 있다. 이 밖에 장애인을 위한 주간보호서비스가 1940년대부터 실시되고 있으며 단기보호시설로 일반병원, 리해비리테이션센터, 일반시설센터 등이 있으며, 장기보호시설로는 요양시설 등이 있다.

(5) 장애인 활동지원제도

미국의 활동지원제도는 장애인 케어서비스(PCA)와 활동지원서비스(PAS)로 구분된다. 케어서비스(PCA)는 요양서비스가 필요한 재가 중증 장애인에게 제공되는 서비스로 케어서비스(PCA)수급자는 활동지원서비스(PAS)를 중복으로 수급할 수 없다.

케어서비스(PCA)는 활동지원서비스(PAS)와 유사하지만 의료적 처치 서비스를 일부 포함한다는 점에서 차이가 있다. 활동지원사에 의해 제공되는 활동지원서비스(PAS)와 달리 장애인 케어서비스(PCA)의 모든 서비스는 메디케이드에 등록된 전문간호사의 관리·감독하에 제공되며 케어도우미(또는 무자격 보조인, Unlicensed assistive personnel)가 서비스를 제공한다. 케어도우미의 자격 요건은 주마다 조금씩 다르지만 대체로 지정된 코스(간호도우미 국가시험 통과, 실습 경험, 주의 유관 부서에 등록 등)를 통과해야 하며 의료서비스에 대한 기술뿐만 아니라 전문적인 대인 관계 기술을 갖춰야 한다.

장애인 활동지원서비스(PAS)는 장애인이 지역사회에서 자립하여 생활할 수 있도록 '활동지원'에 초점을 맞춘 서비스이다. 케어서비스(PCA)와 달리 소득 수준과 관계없이 제공받을 수 있다. 미국의 활동지원제도는 현금지급모델을 기반으로 운영되며 활동지원서비스(PAS)는 주정부와 지방정부의 조세, 카지노 수익 기금 및 본인 부담금으로 재원이 마련된다(전지혜, 2018: 43-46).

3. 일본의 장애인복지

1) 장애인복지의 동향

일본 장애인정책에 영향을 준 것은 '세계 장애인의 해'(1981년), '장애인에 관한 세계 행동계획'(1982년), '유엔 장애인 10년'(1983~1992년)이다. 이 시기에 노멀라이제이션(normalization) 이념이 보급되었으며, 거주시설뿐만 아니라 지역생활 관련 법과 정책이 생겼다. 1985년 「국민연금법」 개정으로 '장해연금을 확충'하였고, 1987년 「신체장해자고용촉진법」을 「장해자고용촉진법」으로 개정하여 지적장애인까지 대상으로 하였다(湯山篤, 2021: 91).

1993년에는 「심신장해자대책기본법」을 「장해자기본법」으로 개정하여 장애를 통합적으로 다루기 시작하였으며, 나아가 지역생활을 포괄하는 법적 기반을 마련하였다. 1994년에 기존의 지방자치단체 조례를 바탕으로 고령자나 지체장애인이 편하게 이용할 수 있는 건축물의 확대를 위해 「고령자, 신체장애자 등이 원활하게 이용할 수 있는 특정 건축물 건축 촉진에 관한 법률」을 제정하였다.

1990년대 후반부터는 장애인의 사회참여 기반을 확충하였다(文部科学省, 2010). 예컨대, 2000년에 지역생활 기반 마련을 위하여 「교통배리어프리법」을 제정하였다. 또한 2002년에는 안내견을 동반하는 장애인의 자립과 사회참여를 촉진하는 「신체장해자보조견법」을, 2006년에는 장애인과 고령자의 교통 편의를 제고하는 법제를 통합하는 「고령자, 장해자 등의 이동 등의 원활화 촉진에 관한 법률」을 제정하는 등 건축물이용 및 교통수단 이용을 고려한 정책들이 추진되었다(湯山篤, 2021: 91-92).

2003년 4월 신체장애인·지적장애인 및 장애아에 대한 지원비제도가 도입된 이래 지금까지의 조치비제도에 큰 개혁이 이루어졌다. 그 개혁은, 첫째, 장애인의 자기결정의 존중, 둘째, 이용자 중심의 서비스 제공, 셋째, 이용자와 사업자와의 대등한 관계 구축, 넷째, 장애인 스스로의 서비스 선택, 다섯째, 계약에 의한 서비스 이용, 여섯째, 이용자의 선택에 따른 서비스 질의 향상을 목적으로 하고 있다. 「장애인자립지원법」은 이러한 개혁의 중요한 역할을 담당하기 위해 2005년 10월 31일 제정되고, 2006년 4월부터 실시되었다. 2012년부터 「장해자자립지원법」을 개정하여 지역사회 이주지원과 지역사회정책이 실시되었다(湯山篤, 2021: 91-93).

나아가 제도의 사각지대가 없는 지원, 개개 장애인의 욕구에 기초한 지역생활지원체계의 정비를 목표로 2012년 6월 20일 '장애자립지원'을 대신하여 「장해자종합지원법」이 제정되었고, 2013년 4월 1일부터 시행되고 있다. 「장해자종합지원법」의 시행에 따라 장애인복지서비스의 대상에 난치희귀성 질환자가 포함되게 되었다. 제도의 대상이 되는 난치희귀성 질환자에게 재가생활지원사업이 제공되게 되었다(内閣府, 2013: 118-122).

2018년부터 '자립생활원조'를 시행하고 있다. 자립생활원조는 지역에서 자립생활을 희망하는 장애인 중 지적장애나 정신장애로 이해력과 생활력이 낮은 장애인에게 '지역생활지원사(특별한 자격은 필요 없음)'가 일정 기간 정기적으로 방문하거나 상담을 통하여 장애인의 이해력과 생활력을 보완하는 서비스이다(湯山篤, 2021: 94).

2) 자립생활 정책기구

장애인들의 지역사회 자립생활을 지원하는 중심조직으로는 '자립지원협의회'가 있다. '자립지원협의회'는 시·정·촌, 보건소, 정신보건센터, 복지사무소, 장애인 복지서비스 제공 기관, 장해자 취업생활지원 센터 등으로 구성된 협의회이다(厚生労働省, 2020a: 1).

자립지원협의회에는 도·도·부·현(광역자치단체) 수준의 자립지원협의회와 시·정·촌(기초자치단체) 수준의 자립지원협의회가 있다. 2019년 47개 도·도·부·현 모두 자립지원협의회를 설치한 상태이다(厚生労働省, 2020b). 2019년 자립지원협의회를 설치한 시·정·촌(기초자치단체)은 1,675개이며, 설치율은 96%이다. 일부 지자체들은 공동으로 하나의 자립지원협의회를 설치하고 있다. 2019년 시·정·촌의 자립지원협의회는 1,195개이다. 1,195개 자립지원협의회 중 장애인 당사자 단체가 포함된 협의회는 84%(999개)이다(厚生労働省, 2020b, 湯山篤, 2021: 99 재인용).

3) 정책

(1) 고용과 취업 촉진 정책

① 공무 부문의 장애인 고용

공무 부문에서 장애인 고용의 부족 문제를 해결하기 위하여 '장애인 활약 추진 계획'의 작성, 공표 및 의무화를 통하여 장애인 고용 달성을 위해 노력하고 있다.

② 지역사회 취업 지원

헬로워크(공공직업안정소)를 중심으로 관계 기관과의 팀 지원 등을 통해 장애인 고용에 대한 이해촉진과 취업 지원을 활성화하고 있다.

③ 장애 특성에 따른 고용 지원책의 충실

장애인 구직을 위하여 헬로워크에 배치된 전문상담원의 상담지원, 사업주에 대한 지원, 취직·직장 정착 지원 등과 관련된 정보를 공유하기 위한 '취업 여권'의 작성 등을 실시하고 있다.

④ 장애인의 취업 지원을 위한 농업단체 협력

농업 분야에 취업하고자 하는 장애인을 위한 농업 분야의 전문가 파견, 농업에 관한 지식·기술 습득 지원, 판매·가공의 조언·지도를 실시하고 있다(内閣府, 2021).

(2) 생활안정지원

① '제6기 장애 복지 계획' 및 '제2기 장애아동 복지 계획'의 책정(2020.5.)

복지 시설 입소자의 지역생활로의 이행, 정신장애도 포함한 지역포괄케어시스템의 구축, 지역 생활 지원 거점 체계 구축, 장애아동 지원 등을 위한 체제를 정비하고 있다.

② 장애 복지 서비스 등 급여 개정

장애인의 중증화 · 고령화에 따른 지역 이행 · 지역 생활의 지원, 상담 지원의 질적 향상, 효과적인 취업 지원, 의료적 케어가 필요한 아동에 대한 지원 등의 장애아동 지원의 추진, 감염증 등에 대한 대응력을 강화하고 있다.

③ 지역의 발달장애인 지원 체제의 정비

당사자 간의 동료 지원, 부모 프로그램 및 부모 멘토에 의한 가족 지원, 발달장애인지원센터 중심으로 한 상담 지원, 청년기 발달장애인의 거주지 지원 등, 지역의 지원 체제 · 대응력을 강화하고 있다.

④ 문화예술활동 추진

'장애인에 의한 문화 예술 활동의 추진에 관한 기본적인 계획'에 기반하여 장애인의 폭넓은 문화 예술 활동 촉진, 예술 작품을 지원하고 있다(內閣府, 2021).

(3) 장애인이 살기 좋은 마을 환경 만들기

① 이동 등의 원활화 추진

2021년 4월, 「고령자, 장애인 등의 이동 등의 원활화의 촉진에 관한 법률(배리어 프리법)」의 일부를 개정하는 법률이 전면적으로 시행되어 대중교통 사업자 등에게 의무적으로 법률을 준수하게 하였다.

② 유니버설 디자인 관점에 따른 배리어 프리 정책의 추진

전국 각지에 '배리어 프리 교실'을 개최하고 있으며, 장애인의 대중교통 이용에 대한 지원을 확대하고 대중 교통기관 지원을 위한 가이드라인 제시 및 연수 모델

프로그램 작성, 교육 · 연수 등을 실시하고 있다(内閣府, 2021).

(4) 정보접근성 향상 정책

① 정보접근성 향상

디지털 활용 공생 사회의 실현을 목표로 장애가 있는 사람이나 고령자 등이 정보통신기술(ICT) 기기의 이용 방법을 배울 수 있는 디지털 활용 지원인의 배치를 추진하고 있다.

② 사회참여를 지원하는 정보 통신 시스템의 개발 · 보급

자필 쓰기가 어려운 장애인이 투표를 쉽게 할 수 있도록 전자투표 시스템의 개선을 위해 노력하고 있다.

③ 독서 배리어 프리 기본 계획 수립

2019년에 시행된 「시각 장애인 등 독서 환경 정비의 추진에 관한 법률」에 근거하여, 2020년 7월에, 접근 가능한 서적 · 전자 서적 등의 양적 확충 · 질의 향상 등을 위한 '시각 장애인 등의 독서 환경정비의 추진에 관한 기본 계획'을 수립하고 있다.

④ 커뮤니케이션 지원 체제의 충실

2020년 시행된 「청각 장애인 등에 의한 전화이용의 원활화에 관한 법률」에 따라 2021년 7월부터 공공 인프라로서의 전화 릴레이 서비스를 실시하고 있다. 즉, 청각 장애인이 가족에 의지하지 않고 전화를 걸 수 있도록, 수어 통역이나 문자 통역을 제공하는 운영자를 배치하고 지원하는 '전화이야기 릴레이 서비스'를 추진하고 있다(内閣府, 2021).

(5) 자립생활 지원 정책

① 지역사회 이주지원

2012년부터 실시되고 있는 지역사회 이주지원은 장애인 거주시설에 입소 중이거나 병원에 입원 중인 장애인을 대상으로 입주할 주거를 확보하는 등 지역생활 이주 준비를 돕는 지원이다. 이용기간은 6개월이며, 2020년 4월 현재 제공 기관 267개, 이용자는 457명이다(厚生労働省, 2020a: 1).

지역사회 이주지원의 대상은 장애인 거주시설, 요양병원, 정신과병원, 구호시설·갱생시설(救施設·更生施設, 생활보호법의 시설), 교정시설, 또는 갱생보호시설에 입소하고 있는 장애인이지만, 장애인으로 간주되는 사람, 즉 장애인수첩을 소지하고 있지 않지만 시·정·촌의 승인을 받은 사람도 대상이 된다. 특히 장기간 입원 중이어서 상대적으로 높은 서비스 욕구를 가지는 1년 이상 입원 환자가 대상이다. 1년 미만 입원 환자인 경우 특별히 도움을 받아야 하는 사람만 대상이 된다. 예를 들면, 긴급보호나 생활보호상 의료보호로 입원한 사람으로, 주거를 확보해 주지 않으면 퇴원 후에 갈 곳이 없는 사람이다(厚生労働省, 2020a: 4).

지역사회 이주지원에서는 지역사회 이주에 앞서 지역의 숙박 체험을 지원한다. 또한 입주할 주거를 확보해 주거나 지역생활 준비를 위한 상담을 한다. 동시에 지역사회 이주에 앞서 지역에서 받을 수 있는 장애인 복지서비스를 체험하게 한다(厚生労働省, 2020a: 4, 湯山篤, 2021: 94-95 재인용).

② 지역정착지원

2012년부터 실시되고 있는 지역정착지원은 자택에서 혼자 사는 장애인을 대상으로 상시 연락할 수 있는 체계를 갖추고, 응급 시에 필요한 지원을 제공한다. 자택에서 혼자 사는 사람과 상시 연락할 수 있는 체계 만들기, 응급방문, 응급보호를 실시한다. 이용 기간은 1년이며, 2020년 4월 현재 제공 기관 540개, 이용자는 3,526명이다(厚生労働省, 2020a: 1).

지역정착지원의 대상은 자택에서 홀로 사는 장애인, 동거 가족의 질병이나 장애로 긴급 시 동거 가족의 도움을 받을 수 없는 장애인, 또는 시설을 퇴소하거나 병원을 퇴원한 장애인, 가족과 동거하고 있었다가 홀로 살기 시작한 장애인이다. 그룹홈이나 숙박형 자립훈련시설입주자는 대상이 아니다(厚生労働省, 2020a: 6).

지역정착지원은 상시 연락할 수 있는 체계를 확보하고, 제공기관 종사자가 수시로 집을 방문하는 등 이용자의 상황을 파악한다. 또한 장애 특성으로 인한 긴급 상황에 대응하여 상담지원을 한다. 제공기관 종사자가 유관기관과의 연락을 조정하거나 일시적으로 체류하며 지원한다(厚生労働省, 2020a:, 6, 유아미 아쓰시, 2021: 97-98 재인용).

③ 자립생활지원

2018년부터 실시되고 있는 자립생활지원은 그룹홈이나 장애인 거주시설을 퇴소하거나 병원을 퇴원한 장애인을 정기적으로 혹은 수시로 방문하여 서비스를 제공하는 지원이다. 즉, 정기적인 방문으로 상황 모니터링, 수시 방문 상담, 이웃 주민과의 관계 만들기, 비공식적 생활환경 만들기를 하며, 자율적인 일상생활에 필요한 지원을 제공한다. 이용 기간은 1년이며, 2020년 4월 현재 제공 기관 203개, 이용자는 922명이다(厚生労働省, 2020a: 1).

자립생활지원의 대상은 주로 장애인복지시설, 그룹홈, 정신과병원 등으로부터 지역 자취생활로 이주한 장애인 중 이해력이나 생활력이 낮은 사람이다. 그 외에 이미 혼자 살고 있으나 자립생활지원을 필요로 하는 사람도 포함된다. 예를 들면, '지역사회 이주지원' 대상 요건에 해당하는 시설에 입소한 사람이나 정신과 병원에 입원한 사람 중 자립 능력이 낮은 사람들이다. 본인의 이해력과 생활력이 낮은 경우는 물론 동거 가족을 잃었거나 동거 가족의 상태 악화로 가족의 지원을 받을 수 없게 된 사람도 대상이 된다(厚生労働省, 2020a: 2, 유아미 아쓰시, 2021: 96-97 재인용).

Social Welfare with the Disabled

CHAPTER 12

장애인복지의 과제

1. 장애인복지의 발전 방향
2. 장애인복지의 발전 과제

1. 장애인복지의 발전 방향

장애인이 사회의 한 구성원으로서 평등한 권리의 주체로 생활하기 위해서는 노멀라이제이션과 사회통합이 이루어져야 한다. 장애인의 사회통합을 위하여 장애인복지 이념이 충분히 강조되어야 하며, 장애인복지 전달체계가 구축되어 국가와 지방자치단체, 국민, 그리고 장애인 본인과 가족들이 적극적으로 장애인복지에 참여할 수 있어야 한다.

그러나 현실적으로 드러난 장애인복지의 문제는 적지 않다. 실업과 무노동으로 기본적 생활보장이 이루어지지 않는 경제적 빈곤, 경쟁교육과 능력교육의 강화로 인한 장애인 교육의 차별화, 건강보험의 열악성으로 인한 의료 접근성의 제한, 사회적 자원에 대한 활용성을 제한하는 접근권의 문제, 그리고 무엇보다 장애인을 무능력자로 평가하고 그들의 능력을 적정하게 발휘할 수 있도록 보장하지 않는 사회문화적 환경과 의식은 반드시 해결되어야 할 문제이다.

따라서 장애인복지의 목표 달성을 위하여 기본적으로 해결되어야 할 과제는 다음과 같다. 먼저 장애인의 인권을 존중하는 사회구조가 형성되어야 한다. 장애인의 인권은 생산성을 중심으로 논의될 수 없기 때문에, 장애인의 존재 의미를 강조하는 사회구조가 확립되어야 한다. 모든 인간이 존엄하다는 것은 장애인을 차별하지 않는다는 것을 의미한다. 그러므로 강조되고 있는 장애인 차별 금지 등의 장애인권익운동이 우리 사회의 보편적 의식으로 확립되어야 할 것이다.

둘째, 장애인 가족이 우선적으로 보호되어야 한다. 장애인을 둔 가족은 그 자체로서도 많은 어려움이 있다. 24시간 동안 장애인을 보호하고 도와주어야 하기 때문이다. 이러한 이유로 장애인 가족은 경제적으로 어려움에 봉착하게 되며, 경제적 빈곤으로 생계가 어려워 장애인을 방치하거나 유기하게 되는 경우가 많다. 따라서 장애인 가족에 대한 다양한 지원 방법이 마련되어야 하며, 장애인 가족이 부담없이 장애인을 보호할 수 있는 정책적 여건이 조성되어야 한다.

셋째, 장애인의 욕구와 문제는 복합적이므로 서비스의 연계체계가 확보되어야 한다. 장애인의 욕구는 의료, 교육, 훈련, 재활, 복지 등의 다양한 서비스가 동시에 제공되어야 충족될 가능성이 높다. 따라서 장애인 욕구와 문제를 효과적으로 충족하기 위하여 다양한 서비스 기관이 설립되어야 하며 서비스를 조정하고 통합할 수 있는 기능이 제공되어야 한다. 이러한 것을 중심으로 볼 때 장애인복지의 구체적 과제는 다음과 같다.

2. 장애인복지의 발전 과제

1) 소득보장 및 사회보장의 현실화

장애로 인하여 소득 기회가 상실된 장애인에 대해서는 최저생계비를 보장할 수 있는 소득보장제도가 마련되어야 하며, 소득에 대한 사회적 불리를 보충하기 위한 각종의 세제 혜택이 이루어져야 한다. 그리고 소득보장을 위한 장기적 대책으로 장애인에게 다양한 소득보장제도가 확충되어야 한다.

뿐만 아니라 장애인의 자립생활을 지원하기 위한 사회보장제도가 현실화되어야 한다. 장애인복지에서의 사회보장제도는 장애인활동지원제도, 장애인연금제도, 발달장애인후견인제도, 그리고 바우처제도 등이 실시되고 있다. 그러나 이러한 사회보장제도는 장애인가족의 소득기준이나 장애정도 기준으로 서비스를 제공하고 있기 때문에 장애인의 자립생활을 보장하기에는 매우 부족한 상황이므로 장애인과 가족의 욕구를 정확하게 파악하여 현실적인 사회보장제도를 구축하여야 한다.

장애인고용의 활성화를 위하여 공공 부문의 장애인고용 의무화 준수, 민간 부문의 장애인고용 비율 달성을 위한 사업장 지도, 장애인 우선 해고에 대한 감시와 통제를 통한 해고 방지, 장애인 실업 상태를 알 수 있는 거시지표의 개발, 장애인상담소 등의 확대를 통한 신속한 고용 관련 상담, 장애 유형별 · 장애 정도별 · 장애인의 개별 욕구별로 다양한 고용 프로그램의 적극 개발 및 실현이 필요하다.

2) 탈시설화와 지역사회보호의 강화

지역사회와 격리된 거주시설은 사회통합을 위하여 관리 중심의 대규모 시설에서 소규모 공동 가정의 형태로 전환되어야 한다. 소규모 시설의 수준도 보편적 생활수준에 맞게 향상되어야 한다. 또한 이용시설의 경우는 이동 가능한 장애인이 그 지역에서 장애를 갖지 않은 사람들과 동등하게 살아갈 수 있도록 자립생활을 위한 다양한 지원 방안이 수립되어야 하며, 자립생활 유지를 위한 사회적·직업적 프로그램의 활성화가 필요하다. 나아가 지역사회 내에 있는 장애인을 방문하여 가족지원, 가정생활지원, 자립지원 등이 가능하도록 재가장애인 방문서비스의 대폭 확대가 필요하다.

탈시설화와 지역사회보호의 효과를 높이기 위하여 의료적 서비스가 충분히 제공되어야 한다. 하지만 장애인의 대다수가 저소득층이기 때문에 의료비를 지속적으로 지불해야 하는 부담이 있으므로 의료급여 진료체계의 개선과 급여 항목의 확대가 필요하다. 또 의료제도가 기존의 지나친 약물 치료에 의존하는 치료 중심의 체제에서 탈피하여 장애의 예방과 국민 건강 증진 중심의 건강관리체제로 전환하는 것이 필요하다. 모든 장애인이 적절한 의료서비스를 받을 수 있도록 일정 규모 이상의 종합병원에 리해비리테이션 의학과를 설치하고 리해비리테이션 관련 전문인을 양성하여 의료적 리해비리테이션 서비스 이용 기회를 확대하는 것이 필요하다. 나아가 장애로 인한 기능손상을 최소화할 수 있는 보장구 개발을 과학화하고 리해비리테이션 공학에 대한 국가적 지원도 필요하다.

3) 배리어 프리 및 이동권 확보

장애인 차별 해소 및 실질적 권리보장을 통하여 장애인의 활동과 사회참여를 제한하는 환경적 장애물을 제거하고 장애인 본인의 의사에 따라 가고자 하는 곳으로 당연하게 이동할 수 있는 이동권이 확보되어야 한다. 장애인 활동의 장을 확대하여 자유로운 사회참여를 위한 정책을 확대하고, 공공시설 등에 편의시설을 확충하여 생활환경 면에서 물리적 장벽을 제거하여야 한다.

또한 장애인의 자립생활을 촉진하기 위한 다양한 프로그램이 개발되고 장애인의 권리를 존중하며 장애인의 가치로운 생활을 보장하기 위한 다양한 운동이 활발히 전개되어야 한다. 인간으로서의 장애인을 수용하고 그들의 능력에 부합되는 역할을 부여함으로써 장애인이 완전하게 사회에 통합되는 사회적 가치가 정립되어야 할 것이며 장애인들의 사회참여를 증진할 수 있도록 이동권과 접근권이 완전하게 보장되어야 한다.

4) 사회참여의 확대

장애인이 지역사회에서 일반 사회구성원과 동등하게 생활하기 위해서는 다양한 사회적 활동이 필요하다. 특히 장애인의 생활을 보다 가치 있게 하기 위한 교육·문화·예술·레크리에이션·스포츠 활동에 대한 사회참여가 가능하도록 서비스가 강화되어야 한다.

예를 들어, 모든 장애아동이 적절한 교육을 받을 수 있도록 조기교육과 중등교육 이후의 교육을 강화하는 일련의 조치가 필요하다. 장애아동의 교육적 접근은 일회적 교육에서 끝나는 것이 아니라 성인이 된 후에도 직업적 리해비리테이션과 사회통합과 연결될 수 있도록 하는 방향으로 전환이 필요하다. 또한 고등학교 졸업 후에 직업과 연결되어 정규 교육을 받을 수 있도록 하는 과정을 개설함으로써 장애인 사회통합의 기초를 확보하는 것이 필요하며, 나아가 특수교육시설 현대화와 일반아동과의 동질성 회복을 위한 통합교육으로의 전환이 필요하다.

장애인이 그린 그림의 개인 전시회를 기획한다든지, 장애인 연주자의 연주회를 개최하는 등 활발한 활동이 이루어져야 한다. 또한 레크리에이션과 스포츠 활동에 있어서도 많은 장애인의 참여가 이루어져야 한다. 이와 같은 활동이 활발하게 이루어지기 위해서는 환경 정비를 비롯한 물리적 장벽을 제거하는 것은 물론 각 영역의 담당자들이 장애인의 니즈(needs)를 고려하는 서비스 제공과 장애인을 이해하고 관심을 가지는 의식 변화가 필요하다.

5) 장애인 권익 강화

사회환경의 개선을 위해서는 장애인에 대한 비장애인의 부정적 인식과 편견을 개선하기 위한 대국민 홍보와 교육이 지속적으로 이루어져야 한다. 장애인의 사회활동 촉진을 위한 편의시설의 설치가 필요하며, 이를 위해서 새로이 건축되는 공공시설이나 공중이용시설은 물론 기존에 건축된 시설물인 경우에도 필요시 편의시설 설치 자금을 지원해 주어 설치를 유도하는 것이 필요하다. 또한 일부 장소의 일정 부문에만 편의시설을 설치하기보다는 장애인의 동선을 고려하여 필요한 장소에 연속적으로 설치하는 것이 필요하다. 나아가 장애인의 대중교통 이용 편의를 도모하기 위한 리프트 장치를 구비한 버스의 보급, 버스와 지하철 내부의 편의시설 확대, 택시에 휠체어를 실을 수 있는 장비 구비 등과 다양한 조치가 필요하며, 정보화 사회와 관련하여 저소득 장애인들에게 디지털 정보통신 서비스 이용료를 무료 또는 저렴한 비용으로 제공하고 디지털 정보통신 서비스로 전달할 수 있는 교재와 프로그램을 적극적으로 개발, 보급하는 것이 필요하다.

그러나 무엇보다 중요한 것은 장애인의 인권을 존중하고 장애라는 이유 때문에 장애인을 차별하지 않는 환경을 조성하는 것이다. 이러한 환경이 조성될 때 장애인이 장애인복지정책을 수립하는 과정에 적극적으로 참여할 수 있으며, 그들이 진정으로 원하는 장애인정책과 서비스를 개발하고 확대할 수 있을 것이다.

Social Welfare with the Disabled

부 록

- 2021년 보건복지부 장애인복지 사업안내

2021년 보건복지부 장애인복지 사업안내

(최종 수정일: 2021년)

1 연금 · 수당

<table>
<tr><th>주요사업명</th><th>지원대상</th><th>지원내용</th><th>비고</th></tr>
<tr><td>장애인연금
(종전 1급, 2급 및 3급 중복장애)</td><td>• 만 18세 이상 「장애인연금법」상 중증장애인
• 2021년도 선정기준액
단독가구: 122만 원
부부가구: 195.2만 원</td><td><table>
<tr><th colspan="2">구분</th><th>계</th><th>기초</th><th>부가</th></tr>
<tr><td rowspan="2">기초
(생계 · 의료급여)</td><td>18~64세</td><td>380,000</td><td>300,000</td><td>80,000</td></tr>
<tr><td>65세 이상</td><td>380,000</td><td></td><td>380,000</td></tr>
<tr><td rowspan="2">주거 · 교육급여 차상위</td><td>18~64세</td><td>370,000</td><td>300,000</td><td>70,000</td></tr>
<tr><td>65세 이상</td><td>70,000</td><td></td><td>70,000</td></tr>
<tr><td rowspan="2">차상위 초과</td><td>18~64세</td><td>320,000</td><td>300,000</td><td>20,000</td></tr>
<tr><td>65세 이상</td><td>40,000</td><td></td><td>40,000</td></tr>
</table></td><td>읍·면·동 주민센터에 신청</td></tr>
<tr><td>장애수당 및 장애아동 수당</td><td>• 장애수당
「국민기초생활보장법」에 의한 수급자 및 차상위 계층(기준중위소득 50% 이하)의 만 18세 이상 등록 장애인 중 「장애인연금법」상 중증장애인에 해당하지 않는 자(종전 3~6급)
• 장애아동수당
「국민기초생활보장법」에 의한 수급자 및 차상위 계층(기준중위소득 50% 이하)의 만 18세 미만 장애아동
* 중증장애인: 「장애인연금법」상 중증장애인에 해당하는 자(종전 1급, 2급 및 3급 중복장애)
* 경증장애인: 「장애인연금법」상 중증장애인에 해당하지 않는 자(종전 3~6급)</td><td>• 장애수당
- 기초(생계, 의료, 주거, 교육) 및 차상위: 1인당 월 4만 원
- 보장시설 수급자(생계, 의료): 1인당 월 2만 원
• 장애아동수당
- 기초(생계, 의료) 중증: 1인당 월 20만 원
- 기초(주거, 교육), 차상위 중증: 1인당 월 15만 원
- 기초(생계, 의료, 주거, 교육) 및 차상위 경증: 1인당 월 10만 원
- 보장시설(생계, 의료) 중증: 1인당 월 7만 원
- 보장시설(생계, 의료) 경증: 1인당 월 2만 원</td><td>읍·면·동 주민센터에 신청</td></tr>
</table>

주요사업명	지원대상	지원내용	비고
장애아동 양육수당	• 어린이집 · 유치원(특수학교 포함), 종일제아이돌봄서비스 등을 이용하지 않는 취학 전 가정양육 영유아 - 보호자가 장애아동 양육수당 지원을 신청하고, 장애인으로 등록되어 시 · 군 · 구가 장애아동 양육수당을 지원하기로 결정한 영유아	• 월령별로 월 10~20만 원 정액지원(취학년도 2월까지 지원) - 0세~35개월: 200천 원 - 36개월~86개월 미만: 100천 원	읍·면·동 주민센터에 방문신청 · 복지로 온라인 신청
장애아동 입양양육 지원	• 「입양특례법」상 허가를 받은 입양기관에 의해, 같은 법의 요건과 절차를 갖춰 장애아동을 국내 입양한 가정	• 장애아동을 입양한 가정에 양육보조금 지원 - 장애의 정도가 심한 장애인: 월 627,000원 - 장애의 정도가 심하지 않은 장애인 등 그 외 지원대상: 월 551,000원	시·군·구청에 신청

2 보육 · 교육

주요사업명	지원대상	지원내용	비고
장애아 보육료 지원	• 만 0세~만 12세 장애아동 - 장애인복지카드(등록증) 소지자 - 장애소견이 있는 의사진단서 제출자 (만 5세 이하만 해당) - 특수교육대상자 진단 · 평가 결과 통지서 제출자(만 3세~8세까지만 해당)	• 지원단가 - 종일반: 47만 8천 원/월 - 방과후: 23만 9천 원/월 - 만 3~5세 누리장애아보육: 47만 8천 원/월 ※ 가구소득수준과 무관	읍·면·동 주민센터에 신청

주요사업명	지원대상	지원내용	비고
여성장애인 교육지원	•「장애인복지법」에 의한 등록 여성장애인	• 여성장애인 사회참여 교육 지원 - 역량강화교육프로그램(기초 교육에서 사회참여를 위한 역량강화 교육을 포괄하는 다양한 프로그램), 상담, 및 사례관리, 자조모임, 지역사회 연계	제공 기관에 신청
장애대학생 교육활동 지원	• 대학에 재학 중인 장애학생 - 장애의 정도가 심하지 않은 장애학생 또는 기준 외 학생은 대학 특별지원위원회 사전 심의를 거쳐 지원 가능	• 일반교육지원인력: 대학 내 학습지원(강의 · 시험대필 등) 및 학습활동을 위한 이동 · 편의 지원 • 전문교육지원 인력: 수어통역사, 속기사, 점역사 등에 의한 학습지원 ※ 원격수업 등으로 인한 실시간 속기, 자막제작, 소프트웨어 지원 가능 ※ 대학에서 교육지원인력을 선발 · 운영하고 활동비 지급	대학 내 장애학생 지원센터 또는 학생지원 부서 신청
장애인 정보화 교육	• 집합교육: 등록 장애인 • 방문교육: 장애의 정도가 심한 장애인	• 집합교육: 전국 147개 장애인 정보화교육기관에서 PC운용, OA운용, 생활활용, 멀티미디어 등 무료 교육 • 방문교육: 컴퓨터기초, 인터넷, 홈페이지 제작 등 교육생 수준을 고려한 맞춤식 1:1 무료 교육(총 20회, 1일 3시간씩 주 3회 실시)	한국 정보화 진흥원 정보화 상담실 (☎1588-2670) 전화신청 국민 정보화 교육 누리집 (www.itstudy.or.kr) 온라인 신청

주요사업명	지원대상	지원내용	비고
장애학생 정보격차 해소 지원	• 「장애인 등에 대한 특수교육법」에 따른 특수교육대상자(시각 · 청각 · 지체 · 지적 · 자폐성 · 정서행동 · 의사소통 · 학습 · 건강 · 발달지체 장애인)의 특수학교 및 특수학급 교사, 일반학교 교사	• 특수교육 교수-학습 콘텐츠를 개발하여 사이트 운영	국립특수교육원 (www.nise.go.kr) 사이트 신청
국립특수학교 및 국립부설학교 특수학급 지원	• 국립특수학교(급)에 재학 중인 장애 학생(특수교육보조원 지원 대상은 특수교육대상학생 중 중증장애 학생 우선 지원) • 방과후 교육비, 돌봄교실은 특수교육학생 희망자 전원 지원	• 특수교육대상학생의 전인적 발달 도모 및 부모의 사회활동 참여 증대를 위한 방과후학교 및 돌봄교실 운영 지원	국립특수학교 및 국립대학 부설학교에 신청
청소년 발달장애 학생 방과후 활동 서비스	• 만 12세~18세 미만으로 중 · 고등학교(일반학교 및 특수학교), 전공과에 재학 중인 「장애인복지법」상 등록된 지적 및 자폐성 장애인 * 단, 학업유예 등으로 인한 만 12세 이상의 초등학교 재학생 및 만 18세 이상의 재학생의 경우 재학증명서 제출 시 방과후 활동서비스 이용 가능 • 시 · 군 · 구청장이 소득, 가족구성 등을 고려하여 예산범위 내에서 선정	• 월 44시간 방과후 활동 바우처 제공 • 청소년 발달장애 학생에게 안전한 돌봄 지원 및 가족의 돌봄 부담 경감과 경제활동 참여 증진	읍·면·동 주민 센터에 신청
어린이집 우선입소 지원	• 장애의 정도가 심한 장애인	• 장애의 정도가 심한 장애인의 자녀 또는 형제자매에 대한 어린이집 우선입소 지원	어린이집 입소대기 관리 시스템에 신청

3 의료 및 재활지원

<table>
<tr><th colspan="2">주요사업명</th><th>지원대상</th><th>지원내용</th><th>비고</th></tr>
<tr><td colspan="2">장애인 의료비 지원</td><td>• 「의료급여법」에 의한 의료급여 2종 수급권자인 등록장애인
• 건강보험의 차상위 본인부담 경감 대상자인 등록장애인 (만성질환 및 18세미만 장애인)</td><td>• 의료기관 이용 시 발생하는 급여 항목 본인부담금의 일부 또는 전액 지원 (비급여 제외)
- 1차 의료기관 외래진료 본인부담금 750원 일괄지원
• 2차, 3차 의료기관 진료
- 의료(요양)급여수가적용 본인부담 진료비 15%(차상위 14%, 암환자 5%, 입원 10% 등) 전액을 지원하되 본인 부담금 식대 20% 및 약제비는 지원하지 않음</td><td>의료급여증과 장애인 등록증을 제시</td></tr>
<tr><td rowspan="3">건강보험 지역 가입자의 보험료 경감</td><td>자동차분 건강보험료 전액 면제</td><td>• 「장애인복지법」 규정에 의해 등록한 장애인 소유 자동차</td><td>• 해당 자동차는 건강보험료 산정 시 제외</td><td>국민건강보험공단 지사에 확인</td></tr>
<tr><td>산출 보험료 경감</td><td>• 지역가입자 중 등록장애인이 있는 세대로 소득이 360만 원 이하인 동시에 과표 재산이 1억 3천 5백만 원 이하</td><td>• 장애정도가 심한 장애인(상이자는 1 · 2등급): 30% 경감
• 장애정도가 심하지 않은 장애인 (상이자는 3~5등급): 20% 경감
• 6 · 7등급 상이자: 10% 경감</td><td>국민건강보험공단 지사에 확인</td></tr>
<tr><td>장기 요양 보험료 경감</td><td>• 장애의 정도가 심한 장애인이 장기요양보험가입자 또는 그 피부양자인 경우</td><td>• 노인장기요양보험 수급자로 결정되지 못한 때 30% 감면</td><td>국민건강보험공단 지사에 확인</td></tr>
<tr><td colspan="2">장애인 등록 진단서 발급비 지원</td><td>• 기초생활수급자로서 신규 등록 장애인
• 재판정으로 재진단 받는 등록 장애인 중 기초수급자 또는 차상위계층
• 직권재판정 대상자(소득 무관)</td><td>• 진단서 발급 비용 지원
- 지적, 자폐성, 정신장애: 4만 원
- 그 외 장애: 1만 5천 원</td><td>읍·면·동 주민 센터에 신청</td></tr>
</table>

주요사업명	지원대상	지원내용	비고
장애등록 검사비 지원	• 기초생활수급자로서 신규 등록장애인 • 재판정으로 재진단을 받는 등록장애인 중 수급자 또는 차상위계층 • 직권재판정 대상자(소득 무관)	• 최대 10만 원 범위 내에서 실비 지원	읍·면·동 주민센터에 신청
발달재활 서비스	• 연령기준: 만 18세 미만 장애아동 • 장애유형: 뇌병변, 지적, 자폐성, 언어, 청각, 시각 장애아동(중복장애 인정) • 소득기준: 기준 중위소득 180% 이하 • 기타요건 -「장애인복지법」상 등록장애아동 -다만, 등록이 안된 만 6세 미만 아동은 발달재활서비스 의뢰서(검사자료 포함)로 대체 가능	• 매월 14만 원~22만 원의 발달재활 서비스 바우처 지원 • 언어 · 청능, 미술 · 음악, 행동 · 놀이 · 심리, 감각 · 운동 등 발달재활서비스 선택하여 이용 -시 · 군 · 구에서 지정한 발달재활서비스 제공기관 중 이용자가 원하는 기관에서 서비스 이용 가능	읍·면·동 주민센터에 신청
언어발달 지원	• 연령기준: 만 12세 미만 비장애아동 (한쪽부모 및 조손가정의 한쪽 조부모가 시각 · 청각 · 언어 · 지적 · 뇌병변 · 자폐성 등록장애인) • 소득기준: 기준 중위소득 120% 이하	• 매월 16만 원~22만 원의 언어재활 등 바우처 지원 • 언어발달진단서비스, 언어 · 청능 등 언어 재활서비스, 독서지도, 수화지도 -시 · 군 · 구에서 지정한 발달재활서비스 제공기관 중 이용자가 원하는 기관에서 서비스 이용 가능	읍·면·동 주민센터에 신청
장애인 보조기기 교부	• 장애유형: 지체, 뇌병변, 시각, 청각, 심장, 호흡기, 언어, 자폐성, 지적장애 • 소득기준: 「국민기초생활법」상 수급자 및 차상위 계층 • 교부대상: 서비스 지원 종합	• 품목 및 교부대상 -욕창예방 방석 및 매트리스: 심장장애 -음성유도장치, 음성시계, 영상확대 비디오, 문자판독기, 녹음 및 재생장치: 시각장애	읍·면·동 주민센터에 신청

주요사업명	지원대상	지원내용	비고
	조사에서 보조기기 필요(적격)로 판정된 자	- 신호장치, 진동시계, 헤드폰: 청각장애 - 보행차, 좌석형 보행차, 탁자형 보행차, 음식 및 음료 섭취용 보조기기, 식사도구, 젓가락 및 빨대, 머그컵, 유리컵, 컵 및 받침접시, 접시 및 그릇, 음식보호대), 기립틀 및 기립을 위한 지지대, 목욕의자, 경사로, 이동변기, 독립형 변기 팔 지지대 및 등지지대, 환경 제어 장치, 지지대 및 손잡이, 장애인용 유모차, 바닥 특수 앉기 자세유지용 장치, 목욕용 미끄럼방지용품: 지체 · 뇌병변장애인 - 미끄럼 및 회전을 위한 보조기기, 의류 및 신발, 휠체어 액세서리, 침대 및 탈착식 침대 판/전동조절식 매트리스 지지단, 소변수집장치: 지체 · 뇌병변 · 심장 · 호흡기장애인 - 대화용장치: 뇌병변 · 지적 · 자폐성 · 청각 · 언어장애인	
장애인 보조기기 건강보험 급여(의료급여) 적용	• 건강보험: 등록장애인 중 건강보험 가입자 및 피부양자 • 의료급여: 등록장애인 중 의료급여 수급권자 * 세부 대상 기준은 「국민건강보험법 시행규칙」 [별표7] 및 「장애인보조기기 보험급여 기준 등 세부사항(보건복지부 고시)」 [별표2] 참조	• 건강보험 대상자: 전동휠체어, 의지 · 보조기, 자세보조용구 등 83개 품목에 대해 지급기준 금액의 90%까지 국민건강보험공단에서 지원(차상위는 100%) • 의료급여 수급권자: 전동휠체어, 의지 · 보조기, 자세보조용구 등 88개 품목에 대해 지급기준 금액의 100%까지 의료급여 기금에서 지원	〈신청기관〉 - 건강보험 국민건강보험공단(지사) - 의료급여: 시·군·구청 ※국민건강보험공단에 등록된 업소 및 품목에

주요사업명	지원대상	지원내용	비고
		* 보험급여 대상 보조기기 유형 및 기준액, 내구연한 등은 「국민건강보험법 시행규칙」 [별표7] 참조	대해 구입한 경우 급여 지원(공단 홈페이지 사이버민원 센터 참조)
장애인 의료재활 시설 운영	• 등록장애인	• 지원 내용 -장애의 진단 및 치료 -보장구 제작 및 수리 -장애인 의료재활상담 등 • 의료급여수급권자 및 시 · 군 · 구청장의 무료진료 추천자는 무료, 그 외의 자는 실비 부담	의료 급여증과 장애인 등록증 (복지카드) 을 제시
여성장애인 출산비용 지원	• 「장애인복지법」 제32조에 의한 등록 여성 장애인 중 출산한 자 및 4개월 이상의 태아를 유산 · 사산한 자 * 인공 임신중절수술은 지원불가(「모자보건법」 제14조제1항의 경우는 제외)	• 출산(유산, 사산포함) 태아 1인 기준 1백만 원 지급	읍·면·동 주민 센터에 신청
장애입양 아동 의료비 지원	• 만 18세 미만 장애아등을 입양하여 양육하는 가정	• 장애아동 의료비(진료, 상담, 재활 및 치료소요 비용)를 연간 260만 원 내에서 지원	시·군·구청 및읍·면·동 주민센터 에 신청
장애친화 건강검진	• 장애인에 국한되지 않으며, 노인 등 거동이 불편한 수검자 이용 가능 * 다만, 중증장애인 이용 시 별도의 검진가산비용에 대해 검진기관 추가 지원	• 유니버설 검진장비, 탈의실, 접수대 등 편의시설, 검진보조인력 배치 등 장애인 건강검진 지원서비스를 제공하여 장애인의 예방의료서비스 이용접근성 보장 ※ 현재 전국 16개소 지정되었으며, 향후 연차별 확대(100여 개소) 예정	장애친화 건강검진 기관(전국 16개소) 방문, 인터넷 신청

주요사업명	지원대상	지원내용	비고
특수교육 대상자 치료지원 서비스	• 특수교육대상자 중 교육을 효율적으로 실시하기 위해 치료지원을 필요로 하는 학생	• 병·의원, 장애인복지관, 사설치료실 등에서 특수교육대상자가 필요로 하는 물리치료, 작업치료, 언어치료 등의 서비스 지원 ※ 보건복지부의 발달재활서비스와 동일 영역일 경우에는 중복 지원 불가	소속 학교 또는 관할 특수교육 지원 센터에 신청
장애인 산소치료 요양비 검사면제	• 장애의 정도가 심한 호흡기장애인 - 동맥혈가스 또는 산소포화도검사검사 결과, 기준적합 여부에 해당하는 경우 • '19.7.1. 이전 호흡기 장애 1급 또는 2급으로 확인되는 장애인 - 내과, 결핵과, 흉부외과, 소아청소년과 전문의가 산소치료가 필요하다고 판단한 경우	• 처방전 발급 후 가정용 또는 휴대용 산소발생기의 월 대여료 지원 ※ 건강보험: 기준금액 또는 실제 대여금액 중 낮은 금액의 90% (차상위계층은 100%) 지원 ※ 의료급여: 기준금액 또는 실제 대여금액 중 낮은 금액의 100% 지원	건강보험: 국민건강 보험공단 (지사)에 신청 의료급여: 시·군·구청에 신청
기초 수급자 출산비용 지원	• 출산한 기초생활수급자(유산, 사산 포함), 긴급복지 지원대상자, 여성장애인	• 생계급여 · 의료급여 · 주거급여 수급자: 아이 1명당 70만 원(쌍둥이는 140만 원) • 긴급복지 지원대상자: 아이 1명당 70만 원(쌍둥이는 140만 원)	읍·면·동 주민 센터에 신청
지역장애인보건의료센터	• 법적 등록장애인 혹은 예비장애인(손상이나 질병 발생 후 완전한 회복이 어려워 일정기간 내 장애가 발생할 것으로 보이는 장애인)	※ 지역 내 의료기관의 장애인 건강보건관리사업 연계 및 보건소 지역사회중심재활사업 지원, 장애인 자조모임, 건강리더, 자원봉사자 양성 등 ※ 현재 전국 10개소 지정운영 중이며, 향후 연차별 확대(19개소) 예정	보건복지 상담센터 (☎129) 지역 장애인 보건의료 센터 전국 10개소

4 서비스

주요사업명	지원대상	지원내용	비고
장애인 활동 지원	• 만 6세~만 64세의 「장애인복지법」상 등록장애인 중 서비스 지원 종합조사 결과 산출된 종합점수에 따라 활동지원급여 수급자격을 인정받은 자	• 월 한도액 - 활동지원급여(1~15구간): 월 842천 원~6,730천 원 - 특별지원급여 • 한시적 지원 · 출산: 월 1,122천 원 · 자립준비: 월 281천 원 · 보호자 일시부재: 월 281천 원 * 장애인활동지원 노인장기요양 전환자 서비스 감소분 지원 시범사업 실시('21년)	읍·면·동 주민 센터에 신청
장애아 가족 양육 지원	• 만 18세 미만 장애정도가 심한 장애아동을 양육하는 가정 • 소득기준: 기준중위소득 120% 이하 *휴식지원 프로그램은 소득 기준 상관없이 만 18세 미만 모든 장애아가족에게 지원(돌봄서비스 받는 가정 우선 지원)	• 돌봄서비스 - 아동의 가정 또는 돌보미 가정 등에서 돌봄서비스 제공 - 아동 1인당 연 720시간 범위 내 지원 • 휴식지원 프로그램 - 문화·교육프로그램, 가족캠프 등 휴식지원 프로그램 운영 및 상담서비스, 생활지도, 자조모임 결성 지원	읍·면·동 주민 센터에 신청
발달장애인 주간활동 서비스	• 만 18~64세 「장애인복지법」상 등록된 지적 및 자폐성 장애인 * 장애인 당사자 및 가구의 소득수준과 무관하게 신청 가능 • 서비스 지원 종합조사 및 지역발달장애인지원센터 이용자 선정 조사를 통하여 적격으로 판정받은 자	• 발달장애인이 지역사회의 다양한 기관이나 장소를 이용 및 참여하여 동료이용자와 함께 낮시간을 보낼 수 있도록 이용권(바우처) 제공 (월 56/100/132시간 제공)	읍·면·동 주민 센터에 신청

주요사업명	지원대상	지원내용	비고
발달장애인 공공후견 지원	• 만 19세 이상 발달장애인 「장애인복지법」상 지적·자폐성 장애인) 및 긴급하게 후견이 필요하다고 지자체·법원에서 판단한 기타 유형 장애인(「장애인복지법」상 등록장애인에 한함)	• 공공후견 심판청구비용: 실비, 1인당 최대 50만 원 • 공공후견인 활동비용: 월 15만 원, 최대 월 40만 원 ※ 후견법인이 공공후견인이 되는 경우 활동비 동일(단, 상한 제한 없음)	시·군·구청 신청
발달장애인 공공후견인 심판청구 비용지원	• 만 19세 이상 발달장애인(지적·자폐성 장애인) • 긴급하게 후견이 필요하다고 지자체, 법원에서 판단한 기타 유형의 「장애인복지법」상 등록장애인	• 공공후견인 선임을 위해 가정법원 심판 청구 시 소요되는 인지대 등 행정비용 지원(청구 건당 최대 50만 원)	읍·면·동 주민센터에 신청 (확인필요)
발달장애인 공공후견인 활동비용 지원	• 가정법원에서 발달장애인의 공공후견인으로 선임 결정을 받은 자	• 공공후견인 선임(월 150천 원) - 월 지급 상한(월 400천 원): 1인: 150천 원, 2인: 300천 원, 3인 이상: 400천 원	공공후견 법인에서 활동비 지급
발달장애인 부모상담 지원	• 발달장애인 자녀를 가진 부모 및 보호자 • 장애인 유형: 「장애인복지법」에 근거한 지적·자폐성 장애인	• 상담(개별/단체) 서비스 지원 - 1인당 월 160천 원 바우처 지원(초과금액은 본인부담) - 월 3~4회, 회당 50분~100분, 12개월간 제공(특별한 경우 연장 최대 12개월 가능)	읍·면·동 주민센터에 신청
발달장애인 가족휴식 지원	• 발달장애인 및 그 가족 • 장애인 유형: 「장애인복지법」에 근거한 지적·자폐성 장애인	• 힐링캠프(가족캠프, 인식개선캠프, 동료상담캠프), 테마여행(역사, 문화 기관방문 등) - 1인당 최대지원 금액: 240,000원 - 돌보미 및 캠프(여행도우미)(발달장애인 2인당 1명까지 지원)	사업수행 선정기관에 신청
장애인 거주시설 운영	• 입소대상: 장애인 중 국민기초생활보장수급자 및 부양자가 없거나 부양을 받을 수 없는 자로서 아래에 해당하는 자	• 일반가정에서 생활하기 어려운 장애인에게 일정 기간 거주·요양·지원 등의 서비스를 제공	

<table>
<tr><th>주요사업명</th><th>지원대상</th><th>지원내용</th><th>비고</th></tr>
<tr><td></td><td><table>
<tr><th>시설종류</th><th>대상</th><th>서비스지원
종합조사
기능제한(X1)
점수</th></tr>
<tr><td rowspan="2">중증장애인
거주시설</td><td>성인</td><td>240점</td></tr>
<tr><td>아동</td><td>190점</td></tr>
<tr><td rowspan="2">장애유형별
거주시설</td><td>성인</td><td>120점</td></tr>
<tr><td>아동</td><td>110점</td></tr>
</table>
※ 장애영유아거주시설, 장애인단기거주시설, 장애인공동생활가정은 서비스지원 종합조사 점수와 관계없이 입소 가능</td><td></td><td>시·군·구청에 상담(중증장애인·장애유형별 거주시설은 읍·면·동 주민센터에 신청)</td></tr>
<tr><td>실비 장애인 거주시설 입소이용료 지원</td><td>• 아래의 소득조건을 만족하여 실비 장애인거주 시설에 입소한 장애인
• 소득조건(지원대상)
-기준 중위소득 이하인 자</td><td>• 실비 장애인거주 시설 입소 시 입소비용 중 매월 290천 원 지원</td><td>시·군·구에서 해당시설에 지원</td></tr>
<tr><td>장애인 자동차 표지 발급</td><td>• 장애인 또는 장애인과 주민등록표상의 주소를 같이 하면서 함께 거주하는 배우자, 직계존·비속, 직계비속의 배우자, 형제·자매, 형제·자매의 배우자 또는 자녀의 명의로 등록하여 장애인이 주로 사용하는 자동차 1대
•「재외동포의 출입국과 법적 지위에 관한 법률」제6조에 의하여 국내거소신고를 한 재외동포와「출입국관리법」에 의한 외국인 등록을 한 외국인으로서 보행장애가 있는 사람 명의로 등록한 자동차 1대</td><td>• 주차가능 표지 부착 차량에 대해 장애인전용주차구역에 주차 가능
※ 장애인의 보행상 장애 여부에 따라 장애인전용주차구역을 이용할 수 있는 표지가 발급되며, 장애인이 탑승한 경우에만 표지의 효력을 인정</td><td>읍·면·동 주민센터에 신청</td></tr>
</table>

주요사업명	지원대상	지원내용	비고
	• 「장애인복지법」 제58조에 따른 장애인복지시설 및 동법 제63조에 따른 단체 명의로 등록하여 장애인복지사업에 사용하는 자동차 ※ 지방자치단체의 명의로 등록하여 장애인복지시설이나 장애인복지단체가 장애인복지사업에 사용하는 자동차 포함 • 「노인복지법」 제34조에 따른 노인의료복지시설 명의의 자동차 • 「장애인 등에 대한 특수교육법」 제28조 제5항에 따라 각급학교의 명의로 등록하여 장애인의 통학을 위하여 사용되는 자동차 • 「영유아보육법」 제26조에 따라 장애아를 전담하는 어린이집의 명의로 등록하여 장애아 보육사업에 사용되는 자동차 • 「교통약자의 이동편의 증진법」 제16조에 따른 특별교통수단으로서 장애인의 이동 편의를 위해 사용되는 자동차		
공동주택 특별 분양 알선	• 무주택세대구성원인 장애인(지적장애 또는 정신 및 제3급 이상의 뇌병변 장애인의 경우 그 배우자 포함)	• 청약저축에 상관없이 전용면적 85제곱 미터 이하의 공공분양 및 공공임대주택 분양알선	시·도에 문의 및 읍·면·동 주민센터에 신청
농어촌 장애인 주택개조 지원	• 농어촌에 거주하는 등록장애인인 주거약자로서 자가주택 소유자 및 임대주택 거주자	• 농어촌지역 주택개조 지원으로 장애인 주거 안정권 확보 - 편의시설 개선에 소요되는 비용지원	읍·면·동 주민센터에 신청

주요사업명	지원대상	지원내용	비고
무료 법률 구조제도 실시	• 기준 중위소득 125% 이하인 등록장애인(외국인 포함) - 법률구조공단에서 심의하여 무료 법률 구조를 결정한 사건에 한함	• 장애의 정도가 심한 장애인 소송 시 법원에 소요되는 일체의 비용(인지대, 송달료, 변호사 비용 등)을 무료로 법률구조 서비스 제공 - 무료 법률 상담 - 무료 민사·가사사건 등 소송대리(승소가액이 2억 원 초과 시 소송 비용 상환) - 무료 형사변호(단, 보석보증금 또는 보석보증 보험 수수료 본인 부담) ※ 장애의 정도가 심하지 않은 장애인은 변호사비용만 지원하며 인지대 등 소송비용은 본인 부담	대한법률구조공단 관할 지부에 유선 또는 방문상담 (☎132 www.klac.or.kr)
장애인 운전교육 사업 안내	• 장애유형별 지원 - 지체장애인, 뇌병변장애인, 청각장애인 중 아래의 면허조건은 만족하는 장애인 면허조건1) (E,F,G,H,I)2)을 부여받은 지체, 뇌병변, 청각장애인(기초생활수급자는 면허 조건 없어도 됨)으로 제1종 및 제2종 보통 면허(수동, 자동) 취득희망자 및 소지자 ※ 뇌병변장애인은 국립재활원 운전능력 평가를 통해 운전이 적합하다고 인정된 경우 1) 면허조건이란 신체장애인의 신체장애 정도에 적합한 운전보조기기나 특수제작·승인 자동차로 운전을 해야 한다는 의미로, 전	• 민간운전학원에서 운전교육 받기 어려운 장애인 중 운전보조기기가 장착된 차량이나 수어로 교육이 필요한 장애인에게 거주지까지 '찾아가는 운전교육'을 무료로 제공	국립재활원 장애예방 운전 지원과 내방 또는 전화상담 후 신청서류 제출 * 전화번호: 02-901-1553

주요사업명	지원대상	지원내용	비고
	국운전면허시험장에서 신체검사 후 부여받을 수 있음 2) E: 청각장애표시 및 볼록거울, F: 수동제어기 및 가속기, G: 특수제작 및 승인차, H: 우측방향 지시기, I: 왼쪽 엑셀러레이터		
장애인 응급안전 알림서비스	• 장애인활동지원 수급자면서, 독거·취약가구 등 우선순위에 따라 지원	• 화재 가스사고 등 안전 사각지대 장애인이 응급 상황을 인지하고 119 신고 등 응급 상황 지원	읍·면·동 주민센터에 신청

5 일자리 융자지원

주요사업명	지원대상	지원내용	비고
장애인 고용 서비스	• 등록장애인	• 장애인 취업지원서비스 제공 - 장애인 직업상담과 직업능력평가를 통한 집중 취업 알선 - 취업지원프로그램 등 구직역량 강화 지원 - 장애인 직업훈련 실시 및 훈련비 지원 - 보조공학기기 및 근로지원인 서비스 지원 • 의무고용사업주(상시 50인 이상)에 대한 장애인 의무고용 이행지원 강화* * 정부, 공공기관: 3.4%, 민간기업: 3.1% - 의무고용률 미준수 사업주에게 장애인고용 부담금 부과(상시 100인 이상 사업체) - 장애인 의무고용률를 초과 고용한 사업주에게 장애인고용장려금 지급	고용노동부 (한국장애인고용공단) (☎1588-1519) ※자세한 사항은 홈페이지 www.kead.or.kr 에서 안내

<table>
<tr><th>주요사업명</th><th>지원대상</th><th>지원내용</th><th>비고</th></tr>
<tr>
<td>장애인 일자리 지원</td>
<td>• 만 18세 이상 등록장애인(단, 시각장애인안마사 파견사업의 경우 시각장애인 중 관련법에 의거 안마사 자격 인증을 받은 자)</td>
<td>• 급여 및 주요내용
<table>
<tr><th>구분</th><th>내용</th><th>근로시간</th><th>급여</th></tr>
<tr><td>일반형(전일제) 일자리</td><td rowspan="2">시·군·구청, 읍·면·동주민센터, 보건소, 공공기관 등에 배치되어 행정보조, 복지서비스 지원, 직업재활시설 지원 업무 수행</td><td>주 5일 40시간</td><td>월 보수 (1~11월) 1,795천 원 (12월) 1,679천 원 /월 운영비 180천 원</td></tr>
<tr><td>일반형(시간제) 일자리</td><td>주 20시간</td><td>월 보수 (1~11월) 897천 원 (12월) 851천 원 /월 운영비 90천 원</td></tr>
<tr><td>복지 일자리</td><td>공공기관, 복지관 등에 배치되어 도서관 사서보조, 주차단속 보조, 환경정리 등 참여자의 직업능력을 반영한 33개 맞춤형 직무 수행</td><td>월 56시간</td><td>월 보수 481천 원/ 월 운영비 20천 원</td></tr>
<tr><td>시각장애인 안마사 파견</td><td>안마서비스 제공을 위한 일정시설 여건 등을 갖춘 노인복지관, 노인여가시설(경로당)에서 안마서비스 제공</td><td>주 5일 25시간</td><td>월 보수 (1~11월) 1,145천 원 (12월) 1,075천 원 /월 운영비 146천 원</td></tr>
<tr><td>발달장애인요양보호사보조</td><td>요양보호사가 배치된 노인복지시설 및 노인전문병원 등에 배치되어 요양보호사의 전반적인 업무 지원</td><td>주 5일 25시간</td><td>월 보수 (1~11월) 1,125천 원 (12월) 1,056천 원/ 월 운영비 146천 원</td></tr>
</table>
</td>
<td>지자체 또는 사업수행 기관(위탁 기관)에서 공개모집</td>
</tr>
<tr>
<td>장애인 생산품 판매시설 운영 지원</td>
<td>• 장애인직업재활시설 등에서 물품을 생산하는 장애인</td>
<td>• 장애인들이 생산한 물품의 판로 확보로 장애인 취업 확대 및 소득 보장
• 설치지역: 시·도당 1개소(17개 지역)</td>
<td>인근장애인 생산품 판매 시설에 의뢰
문의: 한국장애인직업재활시설협회 ☎02-921-5053</td>
</tr>
</table>

주요사업명	지원대상	지원내용	비고
장애인기업 종합지원 센터 운영	• 3년 미만 장애인기업, 창업 3년 미만 장애인기업 및 장애인 예비창업자 대상	• 창업 공간(사무공간, IT인프라 제공 등), 정책정보 제공 등 경영활동 지원을 통한 창업기업 성장기반 조성	장애인기업 종합지원센터 (☎02-2181-6500)
장애인 창업점포 지원사업	• 장애인 예비 창업자 및 업종전환자(사업성 평가를 통해 대상 선정)	• 장애인이 창업 시 점포 임대보증금을 5년 기간 이내, 1억 3천만 원 한도에서 대여	장애인기업 종합지원센터 (☎02-2181-6500)
장애인 창업 육성	• 장애인 예비 창업자 및 업종전환자 * 선정기준 - 장애인 맞춤형 창업교육: 창업의지가 높은 장애인(선착순) - 장애인 창업사업화 지원: 사업성 평가 - 장애인 창업아이템 경진대회: 아이템 사업화 등 평가 - 발달장애인 가족창업 특화사업장 구축: 지역선정위원회를 통한 평가	- 장애인 창업교육, 멘토링 - 장애인 창업아이템 경진대회: 성적 우수자 시상(상금 및 중소벤처기업부 장관 상장) - 창업사업화 자금 지원: 65명(1인당 최대 20백만 원 한도) - 발달장애인 가족창업 특화사업장 구축: 2개소	장애인기업 종합지원센터 (☎02-2181-6500)
중증장애인 직업재활 지원	• 만 15세 이상 등록장애인(수행기관지원)	• 장애인이 취업을 통하여 안정된 생활을 할 수 있도록 직업상담, 직업평가, 직업 적응훈련, 취업알선, 취업 후 지도, 현장 중심 직업훈련 등 취업과 관련된 종합적인 서비스 제공	사업수행기관 내방, 전화 등으로이용신청 ※ 중증장애인 직업재활 통합관리시스템(vr.koddi.or.kr)참고
장애인 직업재활 시설 운영	• 등록장애인	• 일반사업장 취업이 어려운 저소득 중증 장애인에게 자신의 능력과 적성에 맞는 직업생활을 할 수 있도록 보호 고용 실시	시·군·구에 상담

주요사업명	지원대상	지원내용	비고
장애인 자립자금 대여	• 성년(만 19세 이상) 등록 장애인 - 소득기준: 가구의 소득인정액이 기준 중위소득 50% 초과 100% 이하 - 금융기관의 여신규정상 결격사유가 없는 자 ※ 「국민기초생활보장법」상의 수급자 및 차상위 계층은 미소금융재단의 자금대여 상품을 이용(자영업자 관련 대출자금, 장애인 자립자금 대출자금) • 대여목적: 생업자금, 생업용 자동차 구입비, 출퇴근용 자동차 구입비, 취업에 필요한 지도 및 기술훈련비 등 ※ 생활가계자금, 주택전세자금, 학자금 등의 용도로 융자 불가	• 대여한도 - 무보증대출: 가구당 1,200만 원 이내(단, 자동차 구입자금의 경우 특수설비 부착시 1,500만 원 이내) * 요건: 재산세 2만 원 이상 또는 연간소득 600만 원 이상 - 보증대출: 가구당 2,000만 원 이내 * 요건: 재산세 2만 원 이상 또는 연간소득 800만 원 이상 - 담보대출: 5,000만 원 이하 • 대여이자 - 21년 1분기 이전 대상자까지: 최고 3% - 21년 2분기 이후 신규자부터: 최고 2% • 상환방법: 5년 거치, 5년 분할 상환	읍·면·동에 신청
중증장애인 경력경쟁 채용시험 실시	• 「장애인고용촉진법상」에 따른 중증장애인	• 공채의 장애인 구분모집을 통해서도 공직임용에 어려움이 있는 중증장애인의 공직진출을 확대하기 위해 중증장애인만을 대상으로 경력경쟁채용시험 실시	인사혁신처에 문의
국가 공무원 및 외교관 후보자 선발 시험 편의제공	• 장애인 응시자 * 자체규정을 만들어 개인별 시각장애정도를 고려하여 지원	• 「장애인복지법」상 장애정도에 따라 편의지원 서비스 제공	사이버 국가고시 센터에 신청
국가직 5, 7급 공채 영어 검정	• 장애의 정도가 심한 청각장애인	• 국가직 5·7급 공채 영어과목 검정시험 시 장애정도가 심한 청각장애인에 대해서는 듣기(L/C) 시험을 실시	사이버 국가고시 센터에

주요사업명	지원대상	지원내용	비고
시험 대체		하지 않고 별도 기준점수 적용 대체	문의
장기복무 제대군인 자녀 지정 취업	1) 전역 후 3년이 지나지 않은 장기복무 제대군인 2) 전역 후 3년이 지난 장기복무 제대군인 중 생활수준 등을 고려하여 대통령령으로 정하는 기준에 해당하는 사람 3) 1) 또는 2)에 해당하는 장기복무 제대군인이 생활능력을 상실하는 정도의 질병이나 장애로 취업하기 어려운 경우 그가 지정한 자녀 중 1명(취업지원을 하는 질병이나 장애의 기준 등에 필요한 사항은 대통령령으로 정한다.)	• 장기복무 제대군이 심신장애가 있거나 중증장애인에 해당하여 생활능력을 상실한 경우, 그가 지정한 자녀 지원	보훈지청에 문의
중증장애인 직업재활 지원 (훈련수당)	• 만 15세 이상 등록장애인 지원	• 직업적응훈련 일상생활훈련, 사회적응훈련, 작업환경적응 직업능력 향상 훈련 및 현장중심직업훈련 • 실시기관 - 직업적응훈련 직업재활센터(장애인복지관), 직업재활시설 및 현장중심직업재활센터 • 훈련수당 직업적응훈련 월 10만 원	한국 장애인 개발원
장애인 표준사업장 설립지원	• 사업주: 장애인표준사업장을 설립, 운영하고자 하는 사업주(단, 「장애인복지법」 제58조 제1항 제3호에 따른 장애인직업재활시설은 제외)	• 지원대상자로 선정된 사업주에게 실제 투자액의 75%를 지원 • 지원한도: 10억 원 이내(장애인 신규고용 인원 1인당 30백만 원) • 지원조건: 법 시행규칙 제3조에 따른 장애인 표준사업장 기준과 지원에 따른 신규장애인 고용의무 모두	한국 장애인 고용공단 ☎ 1588-1519

주요사업명	지원대상	지원내용	비고
		를 7년간 준수 ※ 장애인표준사업장 기준 · 최소 장애인 10명 이상 근무, 상시근로자의 30% 이상 장애인으로 고용상시근로자의 일정비율 이상 중증장애인으로 고용 · 편의시설을 설치 · 장애인 근로자에게 「최저임금법」 제5조에 따른 최저임금액 이상 지급	
장애인고용 시설 장비 융자·지원	• 장애인을 고용하여 사업을 운영하고 있거나 장애인을 고용하여 사업을 운영하고자 하는 모든 사업주 -「장애인복지법 시행령」 제2조에 따른 장애인 기준에 해당하는 자 -「국가유공자 등 예우 및 지원에 관한 법률 시행령」 제14조제3항에 따른 상이등급 기준에 해당하는 자 • 선정기준 신청서 접수 후 지사별 (융자)심사위원회 심사 또는 기술위원 검토를 통해 융자지원사업주 결정 -장애인고용계획 타당성, 투자계획의 타당성 등 심사	• 시설장비융자 -지원용도: 장애인고용 관련 작업시설, 부대시설, 편의시설 설치·구입·수리 비용 -지원한도: 사업주 당 15억 원 이내 -지원조건: 3년 거치 5년 균등분할 상환, 대출금리 1%, 융자금 1억 원 당 장애인 1명을 융자기간(8년) 동안 고용(고용의무인원의 25% 중증장애인 고용) • 시설장비지원 -지원용도: 장애인용 작업장비·공구, 편의시설, 통근용 승합차 구입비용 -지원한도: 사업주당 3억 원 이내 -지원조건: 무상지원금 1천만 원(중증장애인 1천 5백만 원)당 장애인 1명을 2년간 고용	한국 장애인 고용공단 ☎ 1588-1519
장애인 취업성공 패키지	• 1유형: 취업을 희망하는 만 18세 이상 구직 장애인 • 2유형: 중위소득 50% 이하의 취업을 희망하는 만 18	• 장애인에게 성공적인 취업과 직업적응을 지원하기 위해 단계별로 전문적인 서비스를 제공하는 통합 취업지원프로그램	한국 장애인 고용공단 ☎

<table>
<tr><th>주요사업명</th><th>지원대상</th><th>지원내용</th><th>비고</th></tr>
<tr><td></td><td>세 이상 구직 장애인
※ 단, 만 69세 초과할 경우 상담 및 평가를 통해 참여여부 판단</td><td><table><tr><th>1단계</th><th>2단계</th><th>3단계</th></tr><tr><td>- 장애인 전문 상담
- 장애인 직업평가
- 장애인 집단상담 프로그램</td><td>- 직업훈련
- 중증장애인 지원고용
- 국민내일 배움카드 훈련연계 등</td><td>- 집중취업 알선 및 취업 후 적응지도 적합일자리 동행면접 · 취업 후 적응지도 등</td></tr></table></td><td>1588-1519</td></tr>
<tr><td>장애인 직업능력 개발운영 (훈련수당)</td><td>• 만 15세 이상 장애인 중 직업능력개발훈련을 희망하거나 필요로 하는 자
- 훈련수당지급 대상: 정규훈련(융복합훈련, 특화훈련) 또는 1개월 이상의 맞춤훈련 과정 훈련생
- 한국장애인고용공단에서 지원하는 공공(폴리텍) · 민간훈련기관 훈련생</td><td>직업능력개발원(5개소), 맞춤훈련센터(7개소), 발달장애인 훈련센터(19개소)

식비: 통학생 중 개인적 사정(식이조절 등으로 인한 개별 도시락 지참) 또는 1일 5시간 이상(월 평균 100시간 이상)인 훈련생이 식비지급을 희망할 경우 월 6만 6천 원 지급</td><td>한국 장애인 고용공단
☎
1588-1519</td></tr>
<tr><td>장애인 고용장려금 지원</td><td>• 「장애인고용법」에 따른 의무고용률을 초과하여 장애인을 고용한 사업주에게 월별 초과 고용한 장애인근로자수에 지급단가(30~80만 원)를 곱한 금액을 고용장려금으로 지원
(단, 최저임금 이상자 또는 최저임금 적용 제외 인가를 받은 장애인에 한해 지원)
※ 「고용보험법」에 따른 고용보험 가입대상으로 고용보험에 가입하지 않은 장애인근로자는 고용장려금 대상인원에서 제외</td><td><table><tr><th rowspan="2">구분</th><th colspan="2">경증장애인</th><th colspan="2">중증장애인</th></tr><tr><th>남성</th><th>여성</th><th>남성</th><th>여성</th></tr><tr><td>2019년 발생분 까지</td><td>30만 원</td><td>40만 원</td><td>50만 원</td><td>60만 원</td></tr><tr><td>2020년 발생분 부터</td><td>30만 원</td><td>45만 원</td><td>60만 원</td><td>80만 원</td></tr></table>※ 지급단가와 임금액의 60%를 비교하여 낮은 단가로 지원</td><td>한국 장애인 고용공단
☎
1588-1519</td></tr>
</table>

주요사업명	지원대상	지원내용	비고
보조공학 기기 지원	• 장애인을 고용한 사업주 또는 고용하려는 사업주 • 국가 및 지방자치단체의 장(공무원이 아닌 장애인근로자 대상) • 상시근로자 4인 이하의 장애인사업주로서 장애인을 고용하였거나 고용하려는 사업주 • 장애인근로자(차량용 보조공학기기에 한함)	• 장애인의 직업생활에 필요한 작업보조공학기기 또는 장비를 지원(42개 품목 359여 개 제품) • 지원품목 - 정정보접근제품: 점자정보단말기, 점자프린터, 확대독서기, 특수키보드 및 마우스 등 - 작업기구제품: 높낮이조절작업테이블, 특수작업의자, 작업물운송 운반장치 등 - 의사소통제품: 신호장치, 화상전화기, 소리증폭장치, 음성메모기 등 - 사무보조제품: 팔지지대, 필기보조도구, 원고홀더, 수화기홀더 등 - 개조 또는 주문제작 보조공학기기: 장애인의 장애특성 및 업무환경에 적합한 보조공학기기를 개조 및 제작하여 지원 - 자동차개조 및 차량용 보조공학기기: 장애인근로자의 출퇴근을 위해 자가 차량개조 및 운전 보조장치	한국 장애인 고용공단 ☎ 1588-1519

6 공공요금 관련

주요사업명	지원대상	지원내용	비고
차량 구입 시 도시 철도 채권 구입 면제	• 장애인 명의 또는 장애인과 주민등록상 같이 거주하는 보호자 1인과 공동 명의로 등록한 보철용의 아래 차량 중 1대	• 도시철도채권 구입의무 면제(지하철공사가 진행되고 있는 특별시와 광역시에 해당)	시·군·구청 차량등록 기관에 신청 (자동차

주요사업명	지원대상	지원내용	비고
	-비사업용 승용자동차 -15인승 이하 승합차 -소형화물차(2.5톤 미만)		판매사 영업사원 에게 문의)
고궁, 능원, 국·공립 박물관 및 미술관, 국·공립공원, 국·공립공 연장공공 체육시설 요금 감면	• 등록장애인 및 중증장애인과 동행하는 보호자 1인 -국 · 공립 공연장 중 대관공연은 할인에서 제외	• 입장요금 무료 ※ 실비 차원의 시설 이용료 등은 자체규정에 따라 감면 가능 ※ 국 · 공립 공연장(대관공연 제외) 및 공공 체육시설 요금은 50% 할인 ※ 공공체육시설: 생활체육관, 수영장, 테니스장, 스키장 등	장애인 등록증 (복지카드) 제시
공영주차장 주차요금 감면	• 등록장애인 -장애인 자가 운전 차량 -장애인이 승차한 차량	• 지방자치단체의 조례에 의거 할인 혜택 부여 ※ 대부분 50% 할인 혜택이 부여되나 각 자치단체별로 상이	장애인 등록증 (복지카드) 제시
철도· 도시철도 요금 감면	• 등록장애인	• 등록장애인 중 중증장애인 및 중증장애인과 동행하는 보호자 1인 KTX, 새마을호, 무궁화, 통근열차: 50% 할인 • 경증장애인 -KTX, 새마을호: 30% 할인(토 · 일, 공휴일을 제외한 주중에 한하여) -무궁화, 통근열차: 50% 할인 • 도시철도(지하철, 전철): 100%	장애인 등록증 (복지카드) 제시
유선통신 요금 감면	• 등록장애인 • 장애인 복지시설, 장애인 복지단체, 특수학교, 아동 복지시설	• 시내전화: 월 통화료 50% 감면 • 시외전화: 월 통화료 50% 감면 (월 3만 원 한도) • 인터넷전화: 월 통화료 50% 감면 * 이동전화에 거는 요금: 월 1만 원 사용 한도 이내에서 30% 감면 • 114 안내요금 면제(자동연결은 요금부과)	해당 통신회사 또는 읍·면·동 주민센터 신청

주요사업명	지원대상	지원내용	비고
		• 초고속인터넷 월 이용료 30% 감면 * 단체의 경우 2회선 감면(청각장애인 단체 등은 FAX용 1회선 추가 제공), 시 · 내전화, 인터넷전화 중복 감면 없음	
이동통신 요금 감면	• 등록장애인 • 장애인 복지시설, 장애인 복지단체, 특수학교, 아동 복지시설	• 가입비 면제 • 기본료 및 통화료(음성 및 데이터 한함) 35% 할인 * 차상위계층은 가구당 4인 한도 감면 가능, 월 최대감면액은 10,500원 * 단, 이동전화재판매사업자(MVNO, 알뜰폰) 사업자는 감면 미실시	해당 통신회사 또는 읍·면·동 주민센터 신청
시·청각 장애인 TV 수신료 면제	• 시각 · 청각 장애인이 있는 가정	• TV수신료 전액 면제 ※ 시 · 청각장애인 가정의 수신료 면제는 주거 전용의 주택 안에 설치된 수상기에 한함	주소지 관할 한전지사, KBS수신료 콜센터 (1588-1801), 인터넷 www.oklife.go.kr 또는 읍 · 면 · 동 주민센터에 신청
시·청각 장애인용 TV(방송수신기) 보급	• 「장애인복지법」에 따른 시각 · 청각 장애인 및 국가보훈처등록(국가유공자, 보훈대상자) 눈 · 귀 상이등급자(저소득층 우선보급) - 소득, 장애정도, 연령 등을 반영하여 우선순위에 따라 보급	• 시 · 청각 장애인용 TV	시청자미디어재단 (☎ 02-6900-8322)
장애인 방송 시청 지원	• 시청각장애인(자막방송, 화면해설방송, 수어방송)	• 시 · 청각장애인을 위한 장애인방송(자막, 수어, 화면 해설방송) 지원	방송통신

주요사업명	지원대상	지원내용	비고
	• 발달장애인(발달장애인용 방송프로그램)	-국내 방송사업자(지상파, SO, PP, 종편, 위성 등) 장애인방송 제작지원 • EBS 장애인교육방송물 보급 -시 · 청각장애인 학생을 위해 EBS교육방송물을 자막 · 화면해설방송으로 재제작하여 웹을 통해 지원 (http://free.ebs.co.kr) • 발달장애인이 쉽게 이해할 수 있도록 기 제작된 영상물을 '알기 쉬운 자막 · 음성해설방송'으로 재제작하여 보급	위원회 산하 시청자미디어재단 (☎ 02-6900-8322)
항공요금 할인	• 등록장애인	• 대한항공 중증장애인 및 기존 1~4급, 국내선 요금 50%(중증장애인은 동행하는 보호자 1인 포함), 경증장애인 및 기존 5~6급 국내선 30% 할인(1588-2001) • 아시아나 항공 중증장애인 국내선 요금 50% 할인(중증장애인은 동행하는 보호자 1인 포함)(1588-8000) • 에어부산 중증장애인 국내선 요금 30% 할인(중증장애인은 동행하는 보호자 1인 포함)(1666-3060) • 이스타항공 중증장애인 및 기존 1~4급 국내선 요금 50% 할인(중증장애인은 동행하는 보호자 1인 포함) (1544-0080) • 제주항공 중증장애인 및 기존 1~4급 국내선 요금 40% 할인(중증장애인은 동행하는 보호자 1인 포함) (1599-1500) • 진에어 중증장애인 및 기존 1~4급, 국내선 요금 40% 할인(중증장애인은 동행하는 보호자 1인 포함) (1600-6200) • 티웨이항공 중증장애인 국내선 요금	장애인 등록증 (복지카드) 제시

주요사업명	지원대상	지원내용	비고
		50% 할인(중증장애인은 동행하는 보호자 1인 포함)(1688-8686) ※ 모든 항공사 할인은 항공사 정상운임 기준 할인이며, 이 중 할인은 적용되지 않음 ※ 이용방법: 할인 항공권 구입 시 또는 할인 적용하여 항공권 구입 후 항공편 수속 시 장애인등록증 또는 장애인복지카드 제시	
연안여객선 여객운임 할인	• 등록장애인	• 연안여객선 중증장애인 여객운임 50% 할인 ※ 선사별 개별운송약관에 의해 구체적 할인율이 상이할 수 있음	장애인 등록증 (복지카드) 제시 한국해운조합(☎ 02-6096-2044)
고속도로 통행료 할인	• 장애인 또는 장애인과 주민등록표상 같이 기재되어 있는 보호자(배우자·직계 존속·직계비속·직계비속의 배우자·형제·자매)의 명의로 등록한 아래 차량 중 1대(장애인자동차표지 부착)에 승차한 등록장애인 - 배기량 2,000cc 이하의 승용자동차 - 승차정원 7~10인승 승용자동차 (배기량 제한 없음) - 승차정원 12인승 이하 승합차	• 고속도로 통행료 50% 할인 - 일반차로: 요금 정산소에서 통행권과 할인카드 또는 장애인통합복지카드를 함께 제시하면 요금 할인 - 하이패스 차로: 출발 전 하이패스 감면 단말기에 연결된 지문인식기에 지문을 인증한 후 고속도로(하이패스 차로) 출구를 통과할 때 통행료 할인 ※ 지문인식기 내 지문인증 시 유효시간은 4시간이며 초과 또는 전원 재부팅 시 재인증 필요 * 장애인복지카드와 고속도로 통행료 할인 기능을 통합한 '장애인통합 복지 카드' 신청 개시('14.12月부터)	장애인통합 복지카드 발급 신청: 주소지 읍·면·동 주민센터 감면단말기 지문정보 입력: 전국 읍·면·동 주민센터. 한국도로공사 지역본부

주요사업명	지원대상	지원내용	비고
	-최대적재량 1톤 이하 화물 자동차 ※ 경차와 영업용차량 (노란색 번호판의 차량)은 제외		
전기요금 할인	• 중증장애인	• 전기요금 정액 감액 * 여름철(6~8월): 월 20,000원 한도 * 기타계절: 월 16,000원 한도 -문의전화: 국번없이 123 -인터넷: www.kepco.co.kr	한국전력 관할지사 · 지점 또는 읍 · 면 · 동 주민센터
도시가스 요금 할인	• 중증장애인	• 주택용(취사용 및 개별난방용에 한함) 도시가스 할인 ※ 구비서류: 장애인복지카드 사본, 실거주 확인서(주민등록등본등) • 한국도시가스협회(02-554-7721) -인터넷: www.citygas.or.kr	지역별 도시가스 지사 · 지점 또는 읍면동 주민센터
장애인 자동차 검사 수수료 할인	• 「장애인복지법」 제32조에 의한 등록 장애인 본인 또는 세대별 주민등록표상 같이 기재되어 있는 보호자(배우자, 직계존비속, 직계 비속의 배우자, 형제, 자매)의 명의로 등록된 아래의 비사업용 자동차 1대 -승용차, 12인승 이하 승합차, 적재량 1톤 이하 화물차	• 정기검사 및 종합검사 수수료의 50~30% -중증장애인: 50% -경증장애인: 30% ※ 일반수수료 * 정기검사(15,000~25,000원) * 종합검사(45,000~61,000원) • 대상자동차 확인 방법 -장애인차량표지(부착) 확인 후 * 장애인복지카드, 장애인증명서 등 • 장소: 교통안전공단 자동차검사소 ※ 일반검사소가 아님	교통안전공단 (문의) (☎ 1577-0990) www.ts2020.kr

7 세제해택

주요사업명	지원대상	지원내용	비고
승용 자동차에 대한 개별 소비세 면제	• 중증장애인 본인 명의 또는 장애인과 주민등록표상 생계를 같이하는 배우자·직계존속·직계비속·직계비속의 배우자·형제·자매 중 1인과 공동명의로 등록한 승용자동차 1대 ※ 5년 이내 양도할 경우 잔존년도분 부과	• 개별소비세 500만 원 한도로 면제 (교육세는 개별소비세의 30% 한도) ※ 장애인을 위한 특수장비 설치비용은 과세표준에서 제외	자동차 판매인에게 상담 국세청소관 관할세무서
장애인용 차량에 대한 지방세 감면	• 차량 명의를 중증장애인(시각 4급은 자치 단체 감면조례에 의함)의 장애인 본인이나 그 배우자 또는 주민등록 표상 장애인과 함께 거주하는 직계 존·비속 (재혼포함), 직계 비속의 배우자 (외국인 포함), 형제, 자매 중 1인과 공동명의 - 배기량 2,000cc 이하 승용차 - 승차정원 7인승 이상 10인승 이하인 승용자동차, 승차정원 15인승 이하 승합차, 적재정량 1톤 이하인 화물차, 이륜자동차 중 1대	• 취득세(종전 등록세 포함)·자동차세 면세	시·군·구청 세무과에 신청 (행정안전부 지방세특례제도과)
차량 구입 시 지역개발 공채 구입 면제	• 지방자치단체별 조례에서 규정하는 장애인용 차량 ※ 도지역에 해당	• 지방자치단체별 조례에 의거 장애인 차량에 대한 지역개발공채 구입 의무 면제	시·군·구청 차량등록 기관에 신청 (자동차 판매사

주요사업명	지원대상	지원내용	비고
			영업사원에 문의)
소득세 공제	• 등록장애인	• 부양가족(직계존 · 비속, 형제 · 자매 등) 공제 시 장애인인 경우 연령제한 미적용 (「소득세법」 제50조) • 소득금액에서 장애인 1인당 연 200만 원 추가 공제(「소득세법」 제51조)	연말정산 또는 종합소득 신고 시 공제신청 (국세청 전화세무 상담126)
장애인 의료비 공제	• 등록장애인	• 당해년도 의료비 - 의료비 지출액 전액의 15% 공제	근로소득자의 연말정산 또는 종합소득 신고 시 공제신청 (국세청 전화세무 상담 126)
장애인 특수 교육비 소득공제	• 등록장애인	• 사회복지시설이나 보건복지부장관으로부터 장애인재활교육시설로 인정받은 비영리법인에 지급하는 특수교육비 전액의 15% 공제	
장애인 보험료 공제	• 등록장애인	• 장애인전용보장성보험의 보험료 공제 - 연 100만 원 한도, 15% 공제율 적용	
상속세 상속 공제	• 등록장애인 - 국가유공 상이자 및 이와 유사한 사람으로서 근로능력이 없는 사람, 항시 치료를 요하는 중증환자 포함	• 상속인 및 동거가족인 등록장애인에게 상속 공제 • 「상속세 과세가액」에서 1천만 원에 상속 개시일 현재 「통계법」 제18조에 따라 통계청장이 승인하여 고시하는 통계표에 따른 성별 · 연령별 기대여명의 연수(소수점 이하는 버림)를 곱한 금액을 공제 ※ 상속세과세가액 = 당초의 상속세과세 가액 - (1천만 원×기대여명의 연수)	관할 세무서에 신청
증여세 과세가액 불산입	• 등록장애인 - 「소득세법 시행령」 제107조 '장애인의 범위'에 해	• 장애인이 증여받은 재산을 신탁업자에게 신탁해 그 이익을 지급받은 경우 최고 5억 원까지 증여세 과세	관할 세무서에 신청

주요사업명	지원대상	지원내용	비고
	당하는 자	가액에 미포함 ※ 증여세 부과사유가 발생하면 즉시 부과 - 신탁이 해지 또는 만료된 경우. 다만, 해지일 또는 만료일로부터 1개월 이내에 신탁에 다시 가입한 경우 제외 - 신탁기간 중 수익자를 변경한 경우 - 신탁의 이익 전부 또는 일부가 해당 장애인이 아닌 자에게 귀속되는 것으로 확인된 경우 - 신탁원본이 감소한 경우	
장애인 보장구 부가가치세 영세율 적용	• 등록장애인	• 부가가치세 감면 - 의수족, 휠체어, 보청기, 점자판과 점필, 시각장애인용점자정보단말기, 시각장애인용 점자프린터, 청각장애인용 골도전화기, 시각장애인용 특수제작된 화면낭독 소프트 웨어, 지체장애인용으로 특수제작된 키보드 및 마우스, 보조기(팔·다리·척추 및 골반 보조기에 한함), 지체장애인용 지팡이, 시각장애인용 흰지팡이, 청각장애인용 인공달팽이관 시스템, 목발, 성인용 보행기, 욕창 예방 물품(매트리스·쿠션 및 침대에 한함), 인공후두, 장애인용 기저귀, 텔레비전 자막수신기(국가·지방자치단체 또는 「전파법」 제66조에 따라 설립된 한국 방송통신 전파진흥원이 청각장애인에게 무료로 공급하기 위하여 구매하는 것에 한함), 청각장애인용 음향 표시장치, 시각장애인용 인쇄물 음성변환 출력기, 시각장애인용 전자독서확대	별도신청 없음 ※ 텔레비전 자막수신기 (국가·지방자치단체·한국농아인협회의 구매 시)

주요사업명	지원대상	지원내용	비고
		기, 시각장애인 전용 음성 독서기, 화면해설방송수신기(국가 · 지방자치단체 또는 「민법」 제32조에 따라 설립된 사단법인 한국시각장애인 연합회가 시각장애인에게 무료로 공급하기 위하여 구매하는 것에 한함)	
장애인용 수입물품 관세 감면	• 등록장애인	• 장애인용 물품으로 「관세법 시행규칙」 별표2에서 정한 101종의 수입물품에 대하여 관세 면제 • 재활병원 등에서 사용하는 지체 · 시각 등 장애인 진료용구에 대하여 관세면제	통관지 세관에서 수입신고 시에 관세면제 신청
특허출원료 또는 기술 평가청구료 등의 감면	• 등록장애인	• 특허 출원 시 출원료, 심사청구료, 1~3년 차 등록료, 기술평가 청구료 면제 • 특허 · 실용신안원 또는 의장권에 대한 적극적인 권리범위 확인심판 시 그 심판 청구료의 70% 할인	출원, 심사청구, 기술평가 청구, 심판 청구 시 또는 등록 시 특허청에 감면 신청

8 지역사회 복지사업(재활시설) 및 기타

주요사업명	지원대상	지원내용	비고
지역사회 중심 재활사업	• 법적 등록장애인 • 손상이나 질병 발생 후 완전한 회복이 어려워 일정기간 내 장애인이 될 것으로 예상되는 자(의료기관 퇴원환자)	• 조기적응프로그램, 건강관리서비스(통증관리, 만성질환 등), 재활훈련서비스(재활운동교육, 2차장애예방교육 등), 자원연계서비스(통합건강증진 사업 내 연계, 의료기관 연계 등)	지역 보건소 또는 읍 · 면 · 동 주민센터 신청
주간	• 등록장애인	• 재가장애인 낮 동안 보호	해당지역

주요사업명	지원대상	지원내용	비고
보호시설 운영			주간보호 시설 등을 내방 이용
장애인 복지관 운영	• 등록장애인 및 가족	• 장애인에 대한 상담, 의료재활, 직업 재활, 사회생활 적응지도, 사회 교육 및 계몽 사업 등	해당지역 복지관 내방 및 전화 등으로 이용 신청
장애인 재가복지 봉사센터 운영	• 등록장애인	• 장애인복지관에 재가복지봉사센터를 부설하여 운영 - 재가장애인을 방문, 상담, 의료·교육 재활, 직업재활 등의 서비스 제공	해당 복지관에 이용 신청
장애인 체육시설 운영	• 등록장애인 등	• 장애인의 체력증진 및 신체기능회복 활동 지원 • 이용료는 재가장애인, 시설장애인 지역 주민으로 이용자를 구분 시설별 산정 이용료 부담	해당지역 장애인 체육시설 등으로 이용신청
특별교통 수단 운행	• 장애의 정도가 심한 장애인 중 보행상 장애가 있는 장애인	• 교통약자의 이동편의를 위해 장애인에게 장애인 콜택시 등 특별교통수단 운행	시·군·구 및 읍·면·동에 문의
장애인특별 운송사업 운영	• 이동에 장애를 가진 자(보호자 포함)	• 리프트가 장착된 특장차 운영 - 셔틀 및 콜 운행 병용	시·도지사 운영 (국토교통부 소관 지방 이양 사업)
여성장애인 가사도우미 파견	• 저소득 가정의 등록 여성장애인	• 여성장애인의 임신·출산·육아 및 가사 활동 지원을 위한 - 가사도우미 파견 - 산후조리, 자녀양육, 가사활동 지원	시군구청 문의
가사·간병 방문	• 만 65세 미만의 생계·의료·주거·교육급여수급자,	• 한 달에 일정시간 가사 또는 간병 서비스를 이용할 수 있는 이용원	읍·면·동 주민센터

주요사업명	지원대상	지원내용	비고
지원사업	차상위계층 중 아래의 어느 하나에 해당하는 사람으로서 가사·간병 서비스가 필요한 자 -장애정도가 심한 장애인(단, 장애인활동지원 서비스 대상에서 탈락한 경우) -6개월 이상 치료를 요하는 중증질환자 -희귀난치성 질환자 -소년소녀가정·조손가정·한부모가정 (법정보호세대) -만 65세 미만의 의료급여 수급자 중 장기입원 사례관리 퇴원자 ※동일 또는 유사 서비스 이용자는 제외됨	(바우처)지원 ※ 자격 결정일로부터 1년 지원(단, 재판정 절차를 통해 1년 단위로 연장 가능), ※ 장기입원사례관리자는 6개월 지원(연장 불가)	에 신청
장애인 생활이동 지원센터	• 등록장애인	• 사업 내용 -이동에 제약이 있는 장애인에게 차량운행을 통하여 민원업무 보조, 직장 출·퇴근, 시장보기, 외출보조 및 병원 이용보조 등 각종 이동서비스 및 안내 보조 • 이용요금: 실비 • 사업 주체: 한국시각장애인연합회	해당지역 장애인 생활이동 지원센터에 신청 문의: 한국시각장애인연합회 서울지부 ☎02-2092-0001 ☎02-2092-0088
수어통역 센터 운영	• 청각·언어장애인	• 출장수어통역 -관공서, 법률·의료기관 등 이용 시 출장 수어통역, 일반인 수어	지역별 수어통역센터에 신청 문의: 한국

주요사업명	지원대상	지원내용	비고
		교육, 청각·언어 장애인에 대한 고충상담 등 지원 • 일반인에 대한 수어교육 • 청각·언어장애인에 대한 고충 상담	농아인협회 ☎02-461-2261~2
장애인 재활지원센터 운영	• 등록장애인 및 가족, 관련 전문가	• 장애인과 가족지원 - 정보격차해소지원사업: 정보제공 및 상담, 장애인 IT대회 - 인권·교육지원사업 - 생활·문화지원사업: 정서적, 사회적, 경제적 자원 제공 • 전문가와 지역사회지원 - 전문가와 종사자 교육지원사업: 전문인력을 활용한 학술연구활동 지원 - 지역사회통합지원사업: 장애 이해와 예방, 인식개선 활동	문의: (사)한국장애인 재활협회 (☎02-3472-3556) www.freeget.net
지적장애인 자립지원 센터 운영	• 등록 지적장애인과 가족	• 지적장애인에 대한 상담지원 • 지적장애인의 자기권리주장활동 및 사회참여활동 지원 • 지적장애인 부모 및 종사자 교육 • 지적장애인 자립지원 프로그램 개발·보급 등	문의: (사)한국지적장애인 복지협회 (☎02-592-5023) www.kaidd.or.kr
편의시설 설치시민 촉진단 운영	• 편의시설 적합성 확인업무 위탁단체(한국지체장애인협회, 17개 시·도 협회 및 시·군·구지회) • 시·도(시·군·구), 시·도지사가 선정한 장애인단체	• 주요업무 기능 - 편의시설 설치 홍보 및 안내 - 편의시설 실태조사 지원 - 시설주관기관에 의견 제시 등	시·도지사
시각장애인 편의시설 지원센터 운영	• 한국시각장애인연합회	• 주요업무 기능 - 시각장애인 편의시설의 제작과 절차에 관한 기술지원 및 상담	문의: (사)한국시각장애인연

주요사업명	지원대상	지원내용	비고
		-시각장애인 편의시설 설치 실태조사 -시각장애인 편의시설에 대한 인식개선, 설치 및 이용방법 홍보 등	합회 (☎02-799-1021)
지체장애인 편의시설 지원센터 운영	• 편의시설 적합성 확인 대행기관 (한국지체장애인협회, 시·도협회, 시·군·구 지회)	• 주요업무 기능 -편의시설 설치 관련 자문·기술적 지원 -편의시설 설치 실태조사 참여 -편의시설에 대한 인식개선, 설치 및 이용방법 홍보 등	문의: (사)한국 지체장애인 협회 (☎02-2289-4343)
청각장애인 인공 달팽이관 수술비 지원	• 인공달팽이관 수술로 청력회복이 가능한 저소득 청각장애인	• 인공달팽이관 수술비 및 재활치료비 지원 ※ 치료지원기간, 지원대상 및 지원금액은 시도, 시군구에서 정함	읍·면·동 주민센터 신청

〈참고문헌〉

감정기(1996), "장애인고용촉진정책에 관한 평가적 연구" 『한국사회복지학』 29: 1-23.

강영실(2004), 『장애인복지의 이해』, 신정.

강위영 · 나운환 · 박경순 · 류정진 · 정명현 · 김동주 · 정승원 · 강윤주(2013), 『직업재활개론』, 나눔의 집.

강종건 · 김태민(2003), "지역사회조직사업을 통한 장애인생활체육 활성화 방안" 『재활복지』 7(1): 219-230.

교육과학기술부 · 문화체육관광부 · 보건복지부 · 노동부 · 국토해양부 · 관계부처합동(2010), 제3차 편의증진 국가종합 5개년 계획.

교육인적자원부(2016), 특수교육 연차보고서.

국토해양부 · 교통안전공단(2013), 2012년 대중교통 현황조사 대중교통통계.

길귀숙(2010), 『사회복지실천론』, 양서원.

김규수 · 심경순 · 이지훈(2003), 『정신장애인의 사회통합』, 학지사.

김동배 · 이윤로(2004), 『집단사회사업의 실천과 평가』, 21세기사.

김미옥 · 김용득 · 이선우(2004), 『장애와 사회복지』, 학지사.

김성희 · 윤상용 · 김대철 · 서동명 · 박수지 · 이현민(2011), 『장애인 복지지표를 통해 살펴 본 OECD 국가의 장애인정책 비교 연구』, 한국보건사회연구원.

김영종(2001), "민간사회복지조직의 재원과 서비스 전달" 2001년 한국사회복지학회 추계학술대회 자료집.

김용득(1994), "지역사회중심재활 연구 – 구성 개념과 프로그램 개발을 중심으로" 한국사회복지학회 1994 추계학술대회 자료집.

김용하 · 석재은(1999), "국민연금제도 전개의 한국적 특성과 지속가능성" 『한국사회복지학』 37: 89-118.

김정권 · 이상춘(1995), 『정신지체인 직업지도의 이론과 실제』, 이레.

김종인 · 우주형 · 이준우(2004), 『재활복지개론』, 인간과 복지.

김종일(2003), 『지역사회복지론』, 현학사.

나병균(1995), "우리나라 사회보험 개별법들의 특성과 과제" 『한국사회복지학』 25: 77-103.

나운환(2003), 『재활론』, 홍익재.

남기민(2004), 『사회복지정책론』, 학지사.

남상만 · 나운환 · 유명화(2002), 『장애인복지개론』, 홍익재.

류상열(2004), 『지역사회복지론』, 형설출판사.

박명호(2001), “한국 장애인복지법제 입법정향에 관한 연구” 대구대학교 대학원 박사학위논문.

박석돈 외(2004), 『사회복지학개론』, 삼우사.

박석돈(2005), 『사회복지서비스법』, 삼영사.

박옥희(2001), 『장애인복지론』, 학문사.

박은혜 · 이대식 · 이숙향 · 이영선 · 강지인 · 진창원(2015), 『통합교육 정책의 효과와 발전방안』. 교육인적자원부

박정임(2002), “정신장애인을 위한 강점 관점 사례관리모델의 효과성에 관한 연구” 서울여자 대학교 박사학위논문.

박혜정(1982), 『정신박약아 직업교육과정 모형개발』, 한국교육개발원.

변용찬 외(2006), 『2005년도 장애인 실태조사 보고서』, 보건복지부 · 한국보건사회연구원.

보건복지가족부 · 한국보건사회연구원(2011), 『2011 장애인 실태조사』.

보건복지부 외 11(2013), 제4차 장애인정책발전 5개년(2013~2017) 계획.

보건복지부(2012), 『보건복지백서』.

________(2014), 『2014년 장애아동실태조사』.

________(2018), 『장애인현황』통계정보보고서.

________(2021), 『2021 장애인복지시설 사업안내』.

________(2021), 『2021 장애인복지시설 일람표』.

________(2021), 『2021 장애인연금 사업안내』.

________(2022), 『2022년 장애인활동지원 급여비용 등에 관한 고시』.

보건복지부 · 한국보건사회연구원(2018), 『2017 장애인 실태조사 결과』.

서화자(2002), 『장애인 가족원조론』, 홍익재.

숭실대학교 장애인복지연구회 감수(2004), 『현대장애인복지론』, 현학사.

신은경(2018), “스웨덴 장애인활동지원서비스와 자기결정권” 『국제사회보장리뷰』 5: 17-30.

신필균(2011), 『복지국가 스웨덴』, 후마니타스.

심연수(1998), 『복지국가와 정의』, 인간사랑.

심진예 · 유완식 · 전영환 · 남용현 · 홍자영 · 윤경인(2012), 『논의로 풀어보는 장애인고용(1차 개정)』, 한국장애인고용공단 고용개발원.

아산사회복지사업재단(1981), 『장애인복지편람』.

안병즙 · 강소영 · 우재현(1987), 『장애자의 직업재활』, 설운출판사.

안혜영(2012). “뇌병변 환자의 생태체계적 요인이 삶의 질에 미치는 영향” 건국대학교 대학원,

석사학위논문.

요한나 구스타프손(2018). “스웨덴 장애인 돌봄 정책: 장애인활동지원제도를 중심으로” 『국제사회보장리뷰』 6: 76-85.

우주형(1991), “장애인 기본권의 사회법적 보장에 관한 연구” 중앙대학교 대학원 미간행 석사학위논문.

유야미 아쓰시(2021). “일본의 장애인 탈시설화 정책” 『국제사회보장리뷰』 18: 91-104.

유장춘(2000), “교회사회복지활동 결정요인으로서 목회자와 그 생태체계에 관한 연구” 연세대학교 박사학위논문.

유태완 · 김성철 · 김용환 · 최금주 · 허영숙(2010), 『장애인복지론』, 창지사.

윤찬영(1995), “사회복지법의 체계화를 위한 연구” 서울대학교 미간행 석사학위논문.

이금진(2003), “지역 기반 정신장애인 직업재활수행기관 간 연계 강화에 관한 연구: 연계 경험 및 예측 요인 분석을 중심으로” 『한국사회복지학』 54(3): 35-64.

이동석(2004), “장애학의 다중 패러다임과 한국 장애인복지의 성격” 『한국사회복지학』 56(3) 227-251.

이병은(1998), “우리나라 장애인의 소득보장제도에 관한 연구” 경희대학교 행정대학원 미간행 석사학위논문.

이선우(2001), “장애인의 경제활동유형 결정요인에 관한 연구: Multinominal Logit(다항로짓)을 이용한 분석” 『사회복지연구』 18: 113-135.

이성규(2001), 『장애인복지정책과 노멀라이제이션』, 홍익재.

이영호 · 심경순 · 김태준(2010), 『정신보건사회복지의 이해』, 학지사.

이정환 · 변보기 · 노병일(2002), 『장애인복지론』, 도서출판 그린.

임종호 · 이영미 · 이은미(2013), 『장애인복지론』, 학지사.

장애우권익문제연구소(2001), 『장애우복지개론』, 나눔의집.

장애인 · 노인 · 임산부 등의 편의증진 보장에 관한 법률(2012).

장애인 · 노인 · 임산부 등의 편의증진 보장에 관한 법률 시행령(2012).

장인협 · 우국희(2001), 『케어 · 케이스매니지먼트』, 서울대학교 출판부.

전용호(2000), 『장애인복지론』, 학문사.

______(2003), 『차별로부터의 자유, 그 당당한 삶을 위한 장애인복지』, 학문사.

전재일(2003), 『사회복지개론』, 형설출판사.

전지혜(2018). “미국의 장애인활동지원제도와 시사점” 『국제사회보장리뷰』 5: 42-52.

정기룡(1998), “연금적립금의 복지사업 운용에 관한 한일 비교연구” 『한국사회복지학』 35:

345-374.

정무성 · 양희택 · 노승현(2009), 『장애인복지개론』, 학현사.

정기원(2001), "민간복지자원의 추정과 관련 쟁점들" 2001년 한국사회복지학회 추계학술대회 자료집.

정원철(2002), "정신사회재활을 위한 재가정신장애인중심 사례관리모형 개발" 대구대학교 대학원 박사학위논문.

정일교(1997), "장애인의 자립생활 개념에 관한 일고찰: 일본을 중심으로" 『사회복지정책』 5: 142-153.

_____(1999), "일본에 있어서 공적개호보험과 케어메니지먼트와의 관계에 대한 일고찰" 『사회복지연구』 6: 209-224. 협성대학교 사회과학연구소.

_____(2000), "우리나라에 무기여 장애기초연금 도입을 위한 연구" 『사회복지정책』 10: 249-270.

_____(2000), "장애인 자립생활센타 활동에 관한 연구" 『사회복지연구』 7:138-158, 협성대학교 사회과학연구소.

_____(2020), 『한국 뇌성마비장애인의 QOL에 대한 이해-여가문화활동을 중심으로』, 양성원.

진화경 · 고성룡(2016), "진주시 무장애시설 인증기준을 적용한 공공시설 분석 연구" 『대한건축학회연합논문집』 18(5): 65-76.

최성재 · 남기민(1999), 『사회복지행정론』, 나남.

한국갤럽(2001), 한국 장애인과 일반인의 의식.

한국보건사회연구원(1998), 한국의 사회보장과 국민복지기본선.

한국장애인개발원(2012), 『2012 장애인백서』.

______________(2008), 『지적장애인의 직무환경 및 작업보조와 제도적 지원방안』, 장애인직업안정연구원.

______________(2017), 『2017 장애인백서』.

______________(2019), 『2019 장애인백서』.

한국장애인고용공단 고용개발원(2020), 『한눈에 보는 2020장애인통계』.

__________________________(2020), 『2020장애인통계집』.

한국장애인단체총연맹(2000), 『장애인인권지침서』.

한국재활재단 편(1996), 『한국장애인복지변천사』.

佐藤久夫(1994), 『障害者福祉論』, 誠信書房.

東北福祉大學社會福祉研究室(1994), “東北地方における自立センター設立の動向,” 『社會福祉研究室報』 第4号.

總理府編(1999), 『平成11年版 障害者白書』.

障害者自立生活・介護制度相談 センター(1998), 『How to 介護保障 別册資料 生活保護と住宅改造・福祉機器 の制度』, 身體障害者團體定期刊行物協會.

鄭逸敎(1998), “韓國における重度障害者の保護作業場の現狀と問題,” 『關西學院大學社會學部紀要』 第81集, 關西學院大學 社會學部.

共同作業所全國連絡會(1997), 『小規模作業所に關する第2次政策提言』, 共同作業所全國連絡會.

關宏之(1997), 『障害者問題の認識とアプローチ』, 中央法規.

定藤丈弘(1996), 『現代の障害者福祉』, 有斐閣.

全國自立生活センター協議會(1996), “當事者主體の自立生活サポート,”『リハビリテーション研究』 No.89.

立岩眞也(1995), “自立生活運動の生成と展開,” 安積純子外 編, 『生の技法』, 藤原書店.

立岩眞也 外(1993), 『障害者という場所』, 千葉大學文學部行動科學科社會學研究室.

岡田武世編(1993), 『人間發達と障害者福祉』, 川島書店.

定藤丈弘 外(1993), 『自立生活の思想と展望』, ミネルヴァ書房.

定藤丈弘(1993), “日本的自立生活センターの機能と課題,” 定藤丈弘・北野誠一・中西正司編,『障害者の自立生活センター』, 朝日新聞厚生文化事業 .

定藤丈弘(1993), “障害者福祉の基本的思想としての自立生活理念,” 定藤丈弘外 編, 『自立生活の思想と展望』, ミネルヴァ書房.

齊藤明子(1993), “日本にふさわしい自立生活センター像,” 定藤丈弘・北野誠一・中西正司編, 『障害者の自立生活センター』, 朝日新聞厚生文化事業.

中西正司(1993), “當事者主體の福祉サビースの構築,” 『社會福祉研究』 第57.

北野誠一(1993), “自立生活センターの組織・運營・財政,” 定藤丈弘・北野誠一・中西正司編, 『障害者の自立生活センター』, 朝日新聞厚生文化事業 .

山田輝之(1992), “共同作業所における障害者の工賃を考える,” 『共作連實踐研究報告』No.2.

手塚直樹(1992), 『障害者福祉論』, 光生館.

八代英太・安芳和 編(1991), 『ADAの衝擊』, 學苑社.

大阪市障害者(兒)地域施設研究會(1990), 『障害兒者の地域自立生活の今日的課題』, 大阪市民生局福祉部障害福祉課.

仲村優一・板山賢治 編(1988), 『自立生活の道』, 全國社會福祉協議會.

共同作業所全國連絡會(1985),『すべての障害者のゆたかな労動と生活の場をめざして』.

全國社會福祉協議會 小規模作業所のあり方に關する研究會(1985),『重度障害者の社會生活を保障するために－小規模作業所のあり方についての提言』.

全國社會福祉協議會 授産事業基本問題研究會(1985),『人權復權の場をめざして－福祉作業振興方策への提言』.

ガベン・デジョング(1983), "自立生活: 社會運動にはじまり分析規範となるまで," 障害者自立生活セミナー-實行委員會 編,『障害者の自立生活』, 障害者自立生活セミナー－實行委員會.

吉田昌生 外(1983), "アメリカの自立生活運動," 障害者自立生活セミナー-實行委員會 編,『障害者の自立生活』, 障害者自立生活セミナー－實行委員會.

森 和子(1983), "バークレー自立生活センター," 障害者自立生活セミナー-實行委員會 編,『障害者の自立生活』, 障害者自立生活セミナー－實行委員會.

日米障害者自立生活セミナー－中央實行委員會 編,『JAPAN－U.S. IL SEMINAR』, 日米障害者自立生活セミナー－中央實行委員會.

全國障害者解放運動連絡會議 編(1982),『障害者解放運動の現在』, 現代書館.

兒島美都子(1982),『障害者雇用制度の確立をめざして』, 法律文化社.

內閣府(2013),『障害者白書』.

______(2021),『障害者白書』.

Baldwin, M. L.(1997), "Gender Differences in Social Security Disability Decisions," *Journal of disability policy studies*, 8(1 & 2), 25-50.

Berkowitz, M., Dean, D., & Mitchell, P.(1987), *Social security disability programs: An international perspective,* New York: Rehabilitation International.

Dinitto, D. M. & Dye, T. R.(1987), *Social welfare: Politics & public policy,* Englewood Cliffs: Prentice Hall Inc.

Gilbert, N. & Specht, H.(1974), *Dimensions of social welfare policy*, Englewood Cliffs: Prentice Hall.

Holloway, F., & Carson, J.(2002). Quality of life in severer mental illness. *International Review of Psychiatry*. 14: 175-184.

Moore, S. T.(1990), "An social work practice model of case management: The case management grid," *Social Work*, Vol.35.

Moxley, D. P.(1989), *The practice of case management*, Newbury Park, CA: Sage Publications Inc.

Nirje, B.(1980), *The Normalization Principle*. Normalization, Social Intergration and Community Srevices. Fiynn, R. J. & Nitsch, K. E., Baltimore.

Rubin, S. E. & Roessler, R. T.(1995), *Foundations of the vocational rehabilitation process,* Texas: Pro-ed.

Schalock, R. L., & Keith, K. D.(2016). *Cross-cultural quality of life: Enhancing the lives of people with intelectual disabilty*(2nd ed.) Washington, DC: American Asociation on Intelectual and Developmental Disabilties.

Shrey et al.(1991), "Returning social security beneficiaries to the work force: A Proactive Disability Management Model," *Rehabilitation Counseling Bulletin*, 34(3).

The Independence(March/1991), *New childhood disability rules ready*.

Theresia Degener(2016). *Routledge Handbook of Disability Law and Human Rights*. Edited ByPeter Blanck, Eilionóir Flynn.

The Swedish Government. (1993). *The Act (1993: 387) concerning support and services for persons with certain functional disabilities, the LSS,* Swedish acronym.

WHO(1980), *International Classification of Impairments, Disabilities, and Handicaps*.

_____(2001), ICF: *International Classification of Functioning, Disability and Health*. 일본어판.

Wright, G. N.(1980), *Total rehabilitation,* Boston: Little, Brown and company Inc.

DARU: http://www.daru.org.au/.

한국장애인고용공단(https://www.kead.or.kr 2021.12.14.검색).

보건복지부(https://www.mohw.go.kr/. 2021,12,15검색).

한국장애인복지관협회(http://www.hinet.or.kr/ 2021.12.15. 검색).

충주장애인자립생활센터(https://cjil.or.kr, 2021. 12.15검색).

한국장애인자립생활총연합회(http://www.koil.kr, 2021. 12.15검색).

보건복지부(mohw.go.k, 2021.12.15.검색).

대한민국법원(https://help.scourt.go.kr, 2021. 12. 15일 검색)

厚生労働省. (2020a). 自立生活援助、地域相談支援地域移行支援･地域定着支援) に係る報酬･基準について≪論点等≫障害福祉サービス等報酬改定検討チーム第14回(2020. 9. 11.) 資料3. https://www.mhlw.go.jp/content/12401000/000670105.pdf에서 2021. 9. 23. 검색.

厚生労働省. (2020b). 障害者相談支援事業の實施狀況等の調査結果について. https://www.mhlw.go.jp/content/12203000/000593428.pdf에서 2021. 9. 23. 검색.

〈찾아보기〉

〈인명〉

〈내용〉

[ㄱ]

[ㄴ]

[ㄷ]

[ㄹ]

[ㅁ]

[ㅂ]

[ㅈ]

| 저자 약력 |

정 일 교

중앙대학교 대학원 석사 과정 졸업(사회정책 전공)
일본 關西學院大學 大學院 博士課程 수료(사회복지 전공)
일본복지대학 대학원 사회복지학 박사
한국복지정책연구소 연구원 근무
일본 자립지원센터 오사카 근무(1997~1999)
현, 가톨릭상지대학교 사회복지과 교수
전자우편: ilgyo314@csj.ac.kr

〈저서 및 논문〉

한국 뇌성마비장애인의 QOL에 대한 이해(2020)
뇌성마비 장애인의 영성이 삶의 질에 미치는 영향(2017)
보편주의 관점에서 지역아동센터의 활성화 방안 모색(2014)
지역사회의 포괄케어와 케어매니지먼트에 관한 일고찰(2013)
장애인 법률, 그 비판과 전망(공저, 2010)
활동보조서비스 활용에 따른 장애인 역량강화(2008)
장애인 활동보조서비스 제도화방안에 관한 연구(2007)
케어복지실천기술론(공저, 2003), 장애우복지개론(공저, 2001)
중도장애인재활가이드(공저, 2004, KBS 사랑의 소리 방송)

김 만 호

경북대학교 대학원 사회복지학과 졸업(문학석사)
경북대학교 대학원 사회복지학과 졸업(문학박사)
한국 SOS 어린이마을 사회복지사
대구상인종합사회복지관 부장
대구가톨릭사회복지회 법인사무국 복지부장
가톨릭상지대학교 사회복지과 교수
현, 계명문화대학교 사회복지상담과 교수
전자우편: kimho1030@hanmail.net

〈저서 및 논문〉

지역사회복지론(2009), 사회복지학개론(공저, 2004)
보건소 중심 CBR사업의 포괄적 모형 개발의 탐색(공동, 2008)
지역사회복지협의체의 효과적 운영방안 모색(2007)
일본 자녀양육지원센터의 복지·보건 연계에 대한 일고찰(공동, 2006)
보건소 중심 CBR 사업에 대한 산출분석(공동, 2006)
사회복지사의 조직몰입 수준이 이직의도에 미치는 영향(공동, 2005)
생태주의 관점에서 사회복지이념의 분석적 고찰(공동, 2004)
생태주의적 지역사회복지모형 개발(2003)
생태주의 이념의 특성과 유효성(2002)

[제6판]

장애인복지론

4판 1쇄 발행 — 2016년 1월 30일
4판 2쇄 발행 — 2017년 8월 10일
5판 1쇄 발행 — 2019년 8월 30일
6판 1쇄 발행 — 2022년 2월 28일
6판 2쇄 발행 — 2023년 2월 28일

저　　자 – 정일교 김만호
발 행 인 – 강철원
발 행 처 – 양성원
주　　소 – 경기도 파주시 검산로 173번길 29-12
전　　화 – 031-946-3861(代)
팩　　스 – 031-946-3864
이 메 일 – tnwpub@naver.com
홈페이지 – tnwpub.co.kr
출판등록 – 2015년 8월 31일 제2015-000211호

ISBN 979-11-6126-427-1

정가 21,000원